Christian Dürr

„Verschwunden“

Reihe Zeitgeschichte*N*

Herausgegeben von
Sonja Häder und Ulrich Wiegmann

Band 15

CHRISTIAN DÜRR

„Verschwunden"

Verfolgung und Folter unter der argentinischen Militärdiktatur (1976–1983)

(M) | METROPOL

Gedruckt mit freundlicher Unterstützung des
Zukunftsfonds der Republik Österreich

*Zukunfts***Fonds**
der Republik Österreich

Umschlagbild:
Ehemalige *Escuela de Mecánica de la Armada*,
heute Gedenkort *Espacio para la Memoria*, Buenos Aires, 2014.
Foto: Christian Dürr

ISBN: 978-3-86331-279-4

Ansbacher Str. 70
D–10777 Berlin
www.metropol-verlag.de

Druck: Arta Druck, Berlin

Inhalt

In Erinnerung an Pablo Zelenay
(1947–2014)

Vorwort

Christian Dürr untersucht in seiner Studie eine spezifische Kontrollmaschinerie, welche die Menschheit im Verlauf des 20. Jahrhunderts hervorbrachte: die geheimen Internierungszentren (*Centros Clandestinos de Detención*, CDD) in Argentinien. Die verschiedenen aufeinanderfolgenden Militärdiktaturen in diesem Land während der Epoche des Kalten Krieges waren stets das Ergebnis spezifischer politischer und sozialer Beziehungen zwischen Sektoren der Zivilgesellschaft und den auf Zwang setzenden Teilen des Staates, die im Rahmen der Nationalen Sicherheitsdoktrin polizeiliche und militärische Mittel miteinander verbanden. Die Herrschaftsepoche dieses Machtdispositivs erstreckte sich insbesondere auf die Jahre zwischen 1966 und 1983.

Die vorliegende Arbeit hat eine Besonderheit: Sie bietet die Möglichkeit, uns dieser Maschinerie des Terrors auf methodisch fundierte Weise anzunähern, um sie verstehen zu lernen. Sie macht aus dem spezifisch argentinischen Dispositiv der geheimen Internierungs-, Folter- und Vernichtungszentren (*Centros Clandestinos de Detención, Tortura y Exterminio*, CCDTyE) mit ihrem Ziel einer normativen Zurichtung der Bevölkerung mit den Mittel des Terrors einen Untersuchungsgegenstand. Ebenso eröffnet sie eine vergleichende Perspektive, die es der Leserin und dem Leser ermöglicht, die Frage nach dem strukturellen Grundgerüst institutioneller Terrormechanismen im Allgemeinen zu stellen.

Dem Autor gelingt dies, indem er auf subtile Weise existierende Literatur mit den Zeugnissen der Überlebenden der Internierungszentren verwebt, die an manchen Stellen des Textes auch als „wiederaufgetauchte Verschwundene" bezeichnet werden. Ein gewagtes Unternehmen: Mittels der komparativen Analyse setzt er nämlich die historische Wirklichkeit in Argentinien in Bezug zu einer – wie es James Burnham nennen würde – der großen „managerialen Meisterleistungen", die einst die Völker Europas disziplinieren sollte: dem System der nationalsozialistischen Konzentrationslager.

Doch über den vergleichenden Zugang zu diesen zwei spezifischen historischen Momenten – des europäischen und des argentinischen – hinaus gibt uns der Text auch zu verstehen, dass beide Prozesse, jeder auf seine Weise, konstitutiv für den Auf- und Umbau der jeweiligen Gesellschaft waren. Die erschreckenden Zeugnisse der Überlebenden erlauben es uns, die zutiefst gesellschaftliche Dimension der CCDTyE ebenso wie der NS-Konzentrationslager zu begreifen. Beide waren Formen der sozialen, normativen, diskursiven, in Summe: konstitutiven Umsetzung einer neuen sozialen Ordnung in Argentinien wie in Deutschland.

Was Argentinien betrifft, so kann man behaupten, dass die CCDTyE konstitutive Bestandteile dessen sind, was den argentinischen Staat historisch gesehen ausmacht. Zugleich sind sie aber auch einer anderen machttechnologischen Tradition entlehnt, die sich aus den Militärdoktrinen zur Aufstandsbekämpfung herleiten, die in Frankreich ab 1951 implementiert wurden und die sich selbst aus den schrecklichen Erfahrungen der Kriege in Algerien, Kamerun und Indochina speisten, ebenso wie sie an der Wurzel des letzten großen Genozids des 20. Jahrhunderts liegen: jenem gegen die Tutsis in Ruanda im Jahr 1994.

Dem aufmerksamen Leser dieses Textes wird insbesondere die narrative Seite dieser spezifischen Technologie der Gewalt nahegelegt, die von den CCDTyE ausgeht. Als konstitutiver Teil der gesellschaftlichen Realität in Argentinien verkörpern diese das Monopol, Gewalt über die Körper und über den Geist auszuüben, wie dies zu seiner Zeit Max Weber ausdrückte. Christian Dürr bietet in diesem Rahmen die methodologisch fundierte Analyse von Narrativen, die Anknüpfungspunkte zwischen den Erfahrungen der Überlebenden der argentinischen CCDTyE und jenen der nationalsozialistischen Konzentrationslager aufzeigen. Er greift dafür auf eine reich- und stichhaltige Bibliografie sowie auf eine theoretisch fundierte Untersuchungsweise zurück. Die vorliegende Arbeit, die auf einem klar definierten Korpus mündlicher Zeugnisse –

von Überlebenden der *Escuela de Mecánica de la Armada* (ESMA) und des Lagerkomplexes *Club Atlético/El Banco/Olimpo* – basiert, öffnet sich so zu einem nicht minder spezifischen Untersuchungsgegenstand hin: dem „Verschwinden- und Wiederauftauchen-Lassen".

Jenseits der analytischen Kontrastierung der CCDTyE und der nationalsozialistischen Konzentrationslager stellt der Text auch klar, dass es einen wesentlichen Punkt der Übereinstimmung gibt: Beide repressive Institutionen verorten das soziale Leben von Menschen innerhalb eines bestimmten institutionellen Raumes, der in unseren sich „demokratisch" nennenden Gesellschaften ständig präsent ist: jenem des Ausnahmezustands. Der Ausnahmezustand ermöglicht eine spezifische Form sozialer Beziehungen, die für die Körper konstitutiv sind und die von der Kriminalisierung bestimmter Formen politischer Opposition bis zum Verschwindenlassen und der Folter von Menschen reichen. Die Literatur über die CCDTyE – zu der künftig auch diese außergewöhnliche Arbeit zählen wird – berichtet aber auch von Vergewaltigungen, von der Sexualität als Teil des Machtkalküls und anderen – ausgesprochenen oder unausgesprochenen – Formen von Gewalt. Die Gewalt, auf der diese neu geschaffene Gesellschaft basiert – und das ist gewissermaßen ihr utopisches Ziel – ist zugleich die Lust der Täter.

Dieser Text ist in eine Tradition einzuordnen, die durch Pilar Calveiro eröffnet worden ist und die an dieser Stelle unbedingt erwähnt werden sollte. Beide Arbeiten betonen, dass der vom CCDTyE eingesetzte Ausnahmezustand eine über sich selbst hinausgehende soziale Realität schafft. Der Ausnahmezustand beraubt das Individuum des Menschseins. Die Aussagen der Überlebenden legen aber auch davon Zeugnis ab, dass die Normativität, die dem Körper der „Verschwundenen" auferlegt wird, ihren Widerhall in der Gesellschaft außerhalb des Lagers findet. Dies definiert zugleich die Rolle der „wiederaufgetauchten Verschwundenen", als die die Überlebenden später Zeugnis abzulegen beginnen. Christian Dürr zeigt, dass die „wiederaufgetauchten Verschwundenen" selbst Teil des Machtkalküls werden, indem sie durch ihre Erzählung die Logik der Gewalt über die Körper nach außen weitergeben. Sie fungieren genauso als deren Beweis, als deren Zeichen wie die zerschundenen Körper der „Verschwundenen“, die – Opfer von Todesflügen – an den Ufern des Río de la Plata angeschwemmt aufgefunden werden. Die individuelle Erfahrung einer Einzelperson transformiert sich auf diese Weise in einen gesellschaftlich wirksamen Diskurs, der die Folter, die Vergewaltigungen, die Vernichtung der Körper in einen sprachlichen Ausdruck der Gewalt überführt. Die Nachbarn der mitten in urbanen Gebieten gelegenen CCDTyE konnten weithin die Schreie derjenigen hören, die in den Kellern gefoltert wurden. Dieselben Nachbarn konnten auch die berüchtigten grünen Ford Falcon beobachten, wie sie ein- und ausfuhren, und daraus ihre Schlüsse ziehen. Das Geheimnis, das die CCDTyE sein sollten, kannte auch seine Grenzen. Diese entfernten Schreie sind es, die wir wahrzunehmen glauben, wenn wir heute dem Zeugnis der Überlebenden zuhören.

Christian Dürr zeigt uns, wie das CCDTyE und das KZ den Ausnahmezustand gesellschaftlich in die Tat umsetzten. Bei beiden handelt es sich nicht um Improvisationen, sondern um ausgeklügelte Institutionen im Kampf gegen die „subversive Delinquenz“ und alles, was die bestehende Gesellschaft durcheinanderbringen oder verändern könnte. Das CCDTyE hatte das Ziel, all diejenigen zum Verschwinden zu bringen, die für ein revolutionäres Projekt und eine demokratische Veränderung eintraten. So wie – der Darstellung Foucaults folgend – für Bentham das Panoptikum das ideale Modell sozialer Kontrolle war, war auch das CCDTyE ein konkreter Raum, in dem eine politische und soziale Utopie mit den Mitteln des Terrors und zur Lust der Täter in die Tat umgesetzt wurde. Der Ausnahmezustand wurde instituiert, um „die Ordnung wiederherzustellen“. Aber was für eine Ordnung soll das sein? Das ist die Frage, die Christian Dürr am Ende aufwirft.

Gabriel Périès *Paris, im Februar 2016*
Professor der Politikwissenschaften am Institut Mines-Télécom/
Ecole de Management, Paris, und Gastprofessor an der
Universidad Nacional de Tres de Febrero, Argentinien

Einleitung und methodische Überlegungen

Am 24. März 1976 putschte in Argentinien das Militär gegen die Regierung von Präsidentin María Estela „Isabel" Martínez de Perón. Zehntausende Menschen wurden während der folgenden sieben Jahre aus politischen Motiven verschleppt, interniert, gefoltert und ermordet. Schätzungen von Menschenrechtsorganisationen zufolge wurden etwa 30 000 Personen getötet oder blieben bis heute „verschwunden". Das Ziel der Militärs war die totale Auslöschung der linken Opposition und der sozialen Räume, in denen diese gedieh. Zur Durchführung ihres Massenmords errichteten die Militärs ein Netz von über das gesamte Land verteilten geheimen Internierungszentren, in denen sie diejenigen, die sie als ihre Gegner definierten, isolierten, nach systematischen Methoden folterten und danach zum Großteil töteten. Nur eine Minderheit wurde wieder entlassen, doch auch die Zurückkehrenden waren Teil des institutionellen Kalküls der Täter. Von ihnen handelt dieses Buch.

Einer der grundlegenden Gedanken des Werks des französischen Philosophen Michel Foucault ist wohl, dass man Macht nicht besitzen, sondern nur ausüben kann. Die Ausübung von Macht erfolgt stets über spezifische Praktiken und Diskurse, und diese sind wiederum vermittelt durch gesellschaftliche Institutionen. Ebenso wie sich die Macht an solche Institutionen bindet, muss sich auch der Widerstand gegen diese, gegen ihre konkreten Praktiken und Diskurse richten. Um Widerstand leisten zu können, muss man daher die Institutionen studieren, ihre Funktionsweisen analysieren und beschreiben, was mit den Menschen geschieht, die in ihren Einflussbereich gelangen.

Diese Arbeit versucht, ein Bild davon zu zeichnen, wie die geheimen Folter- und Tötungszentren der argentinischen Militärdiktatur der Jahre 1976–1983 funktionierten, welche Form der Macht sie über die Gefangenen ausübten und was dies für die Gesellschaft als ganze bedeutete. Die empirische Basis der Arbeit bilden in erster Linie Interviews mit Überlebenden dieser Orte. Zugleich verfolgt sie eine komparative Herangehensweise, die sowohl nach Gegensätzen als auch nach Übereinstimmungen in der Funktionsweise und Art der Machtausübung der Institution der geheimen Internierungs-, Folter- und Tötungszentren in Argentinien mit anderen vergleichbaren Institutionen sucht. Zentrale Referenzpunkte für diesen Vergleich sind die Arbeiten von Michel Foucault zum modernen Gefängnis bzw. des deutschen Soziologen Wolfgang Sofsky zu den nationalsozialistischen Konzentrationslagern.

In seinem gesamten Werk widmet sich Michel Foucault der Analyse und Beschreibung dessen, was er in einer bestimmten Phase seines Schaffens „Machtdispositive" nannte. Jedes dieser von ihm beschriebenen Dispositive entfaltet sich innerhalb des strategischen Dreiecks von Wissen, Macht und Subjektivität und etabliert darin seine je eigenen Diskurse und Praktiken.[1] Ausgehend von seiner konkreten Analyse des modernen Gefängnisses gelangte Foucault zur Beschreibung des modernen Disziplinarsystems als eines spezifischen Machtdispositivs, welches die Disziplinierung der Individuen als eine Form der Subjektivierung vorantreibt.[2] Dieses System zeichnet sich in seinem Inneren durch Prinzipien wie Einschließung, Trennung, Isolierung, Überwachung, Sanktionierung und einen evolutiven Zeitbegriff aus. Die Disziplinarmacht will „konzentrieren; im Raum verteilen; in der Zeit anordnen; im Zeit-Raum eine Produktivkraft zusammensetzen, deren Wirkungen größer sein muss als die Summe der Einzelkräfte."[3]

1 Vgl. Gilles Deleuze, Was ist ein Dispositiv?, in: Francois Ewald/Bernhard Waldenfels (Hrsg.), Spiele der Wahrheit. Michel Foucaults Denken, Frankfurt a. M. 1993, S. 153–162.

2 Vgl. Michel Foucault, Überwachen und Strafen. Die Geburt des Gefängnisses, Frankfurt a. M. 1991.

3 Gilles Deleuze, Postskriptum über die Kontrollgesellschaften, in: ders., Unterhandlungen. 1972–1990, Frankfurt a. M. 1993, S. 254.

In ihrer konkreten Durchsetzung knüpft sich die „Disziplinarmacht", so wie auch jedes andere Machtdispositiv, an spezifische Institutionen als Brennpunkte, Trägerinnen und Verteilerinnen ihrer Diskurse und Praktiken. Das moderne Gefängnis gilt Foucault zwar als die paradigmatische disziplinäre Institution. Neben der Kaserne, der Schule oder auch der fordistischen Fabrik ist sie aber bei Weitem nicht die einzige. In ihnen allen verwirklicht sich die Disziplinarmacht und wird auf diese Weise erst zu konkreter gesellschaftlicher Realität.

Der deutsche Soziologe Wolfgang Sofsky übernimmt in seiner Arbeit implizit dieses Foucaultsche Konzept der Disziplinarmacht, stellt diesem jedoch das gegenüber, was er „absolute Macht" nennt. Das Prinzip der absoluten Macht ist für Sofsky wiederum an das nationalsozialistische Konzentrationslager als seine paradigmatische Trägerinstitution geknüpft. Die absolute Macht zeichnet sich dadurch aus, dass sie eines letzten Zieles entbehrt:[4]

4 Wichtig ist hier zu betonen, dass das „Fehlen eines letzten Zieles" der Macht nicht bedeutet, dass diese nicht zugleich eine gesellschaftlich-politische Funktion erfüllt. Die Logik des Ausnahmezustands, wie sie sich im Konzentrationslager ebenso wie in den geheimen argentinischen Folterzentren manifestiert, basiert auf einer raum-zeitlichen Aufhebung jedes Sinns, als solcher jedoch hat er selbst wiederum „Sinn". Die Konsequenz ist, dass der Raum des Ausnahmezustands und jener, der diesen umgibt und hervorbringt, zwei völlig unterschiedlichen Logiken folgen und unterschiedliche Sprachen sprechen: „Die Ausnahme entsteht tatsächlich in einer anderen Welt, einer Parallelwelt, einer Welt, die abgeschlossen ist und jenseits der Norm liegt. Danach entsteht eine eigene Sprache dieser anderen Welt, eine zerbrochene Sprache, mit einer unbehaglichen Grammatik, voll von Begriffen, die die enormen Spannungen markieren, welche diesen Raum des Ausnahmezustands durchziehen." Gabriel Gatti, Las narrativas del detenido-desaparecido (o de los problemas de la representación ante las catástrofes sociales), in: CONfines 2 (2006) 4, S. 27–38, hier S. 32 (Übersetzung Christian Dürr).

> „Absolute Macht gründet auf sich selbst. Sie ist kein Mittel zum Zweck, sondern Selbstzweck. Eine Macht, die sich legitimieren muss, ist eine schwache Macht. […] Absolute Macht gehorcht nicht dem Muster ergebnisorientierten Handelns. Sie ist ziellose, negative Praxis, nicht Poiesis.“[5]

Ihre Methoden zielen nicht auf die Schaffung von Neuem – wie etwa die Neuzusammensetzung von Körpern und Kräften innerhalb eines raum-zeitlichen Feldes, die für die Disziplinarmacht typisch ist –, sondern vielmehr auf die Auslöschung von etwas. Eine ihrer vorrangigen Methoden ist dabei der Exzess: „Der Exzess ist ein Akt ungehemmter Selbstexpansion, der zugleich Sozialität auslöscht.“[6]

Dieser Text wird die geheimen Internierungs-, Folter und Tötungszentren[7] während der letzten argentinischen Militärdiktatur (1976–1983) ebenso als paradigmatische Institutionen einer spezifischen Form gesellschaftlicher Machtausübung – eines bestimmten Machtdispositivs – analysieren, wie dies Foucault für das Gefängnis und Sofsky für das nationalsozialistische Konzentrationslager gemacht haben. Die Arbeiten Foucaults und Sofskys markieren den konzeptionellen Rahmen dieser theoretischen Annäherung. Der spezifische Charakter dieser Institutionen als „Milieus“[8] des Einschlusses von Individuen und der Auslöschung von Subjekten soll dabei anhand der konkreten Praktiken und Diskurse, die sich in ihnen und um sie

5 Wolfgang Sofsky, Die Ordnung des Terrors. Das Konzentrationslager, Frankfurt a. M. 1997, S. 33.

6 Ebenda, S. 36.

7 Auf Spanisch: *Centro clandestino de detención, tortura y exterminio*, kurz: CCDTyE; zur Bedeutung und Verwendung dieses Begriffs im Zusammenhang dieses Textes siehe unten.

8 Das Konzept der „Einschlussmilieus“ als zentrale Machträume moderner Gesellschaften durchzieht einen Großteil des Foucaultschen Werks. Vgl. etwa Michel Foucault, Mikrophysik der Macht. Michel Foucault über Strafjustiz, Psychiatrie und Medizin, Berlin 1976.

herum etablieren, nachgezeichnet werden: die Praktiken, die die Täter gegen ihre Opfer anwenden, aber auch die Gegenpraktiken der Opfer in ihrem alltäglichen Kampf ums Überleben; die Diskurse, die der Verfolgungs- und Unterdrückungsapparat implementiert, und die Gegendiskurse, auf die die Gefangenen in ihrem Streben nach Freiheit zurückgreifen; schließlich auch die Diskurse, die sich gegen die „symbolische Vollendung"[9] der diktatorialen Massenverbrechen in den kollektiven historischen Narrativen der postdiktatorialen Gesellschaft wenden.

Aufgrund der Tatsache, dass schriftliche Quellen der Täterseite – von Militär und Polizei – nicht erhalten, nicht bekannt oder nicht zugänglich sind, stellen die Zeugenberichte der Überlebenden in all ihren unterschiedlichen Formen[10] gegenwärtig die wichtigste Quellenbasis für die historische Rekonstruktion des Staatsterrors der argentinischen Militärdiktatur und die Analyse der geheimen Folterzentren als dessen zentrale Institutionen dar. Macht wirkt, wie Foucault nachgewiesen hat, (auch) über Subjektivierungsprozesse. Theoretischen Zugang zum Subjekt erhält man, wie etwa die Psychoanalyse zeigt, nur über dessen Selbstwahrnehmung. Die subjektive Versprachlichung und Interpretation dessen, „was mit einem geschehen ist", sind daher die Basis für jede weiterführende Analyse nicht nur individuell, sondern auch gesellschaftlich relevanter Machtprozesse. Die Erzählungen der Überlebenden sprechen davon, *was* ihnen geschah – also von konkreten Praktiken und Diskursen –, und sie tun dies auf eine Art und Weise, die versucht, dem Erlebten im Kontext eines Gesamtnarrativs „Sinn" zu verleihen. Überlebende, die sich dazu entscheiden, Zeugnis abzulegen, tun dies, weil sie der Meinung sind, dass sie „etwas zu erzählen haben",

9 Zum Konzept der „symbolischen Vollendung" (*realización simbólica*) vgl. Daniel Feierstein, El genocidio como práctica social. Entre el nazismo y la experiencia argentina, Buenos Aires, Fondo de Cultura Económica, 2007, S. 330–347; ders., Memorias y representaciones. Sobre la elaboración del genocidio, Buenos Aires, Fondo de Cultura Económica, 2012, S. 179–188.

10 Seien dies Zeugenaussagen vor Gericht, schriftliche Erinnerungsberichte, Interviews in Form von Audio- und Videodokumenten etc.

das heißt: weil in ihnen ein Reflexions- und Aufarbeitungsprozess in Gang gekommen ist, der seinen Ausdruck in der Möglichkeit findet, „es zu erzählen". In ihren Erzählungen vollziehen die Überlebenden somit eine diskursive Annäherung an das „Wesen" des Erlebten im Kontext ihrer zunächst individuellen Erfahrungsgeschichten. Dieses „Wesen" ist jedoch nicht eindeutig, sondern hat – im Sinne Gabriele Rosenthals – zumindest vier unterschiedliche Facetten oder Ebenen:

> „Die erzählte Lebensgeschichte konstituiert sich wechselseitig aus dem sich dem Bewusstsein in der Erlebenssituation Darbietenden (Wahrnehmungsnoema) und dem Akt der Wahrnehmung (Noesis), aus den aus dem Gedächtnis vorstellig werdenden und gestalthaft sedimentierten Erlebnissen (Erinnerungsnoemata) und dem Akt der Zuwendung in der Gegenwart des Erzählens. Erlebte und erzählte Lebensgeschichte stehen in einem sich wechselseitig konstituierenden Verhältnis."[11]

Das Ereignis, das Erleben, das Erinnern und das Erzählen – alle diese vier Ebenen wirken wechselseitig aufeinander ein und bringen gemeinsam das hervor, was wir die erzählte Lebensgeschichte nennen. Diese, so könnte man sagen, ist die Praxis der sinnhaften Verknüpfung vergangener Erlebnisinhalte und Erfahrungen aus der Perspektive der gelebten Gegenwart, eine Art diskursiver *Bewusstwerdung*[12] der erlebten Vergangenheit, oder auch – um mit Paul Ricœur zu sprechen – die Praxis der Konstituierung einer „narrativen Identität" des Erzählers oder der Erzählerin.[13] An diese – um die Erfahrung der Internierung

11 Gabriele Rosenthal, Erlebte und erzählte Lebensgeschichte. Gestalt und Struktur biographischer Selbstbeschreibungen, Frankfurt a. M./New York 1995, S. 20.

12 Vgl. ebenda, S. 169: „Die Erzählung der Lebensgeschichte kann zur *Bewusstwerdung* der biografischen Gesamtsicht führen." (Herv. C. D.).

13 Paul Ricœur, Zeit und Erzählung 3. Die erzählte Zeit, München 1991, S. 209–235.

als deren traumatischen Kern herum geformte – narrative Identität gilt es in der Analyse anzuschließen, um aus ihr heraus Schlussfolgerungen hinsichtlich der Interaktion zwischen Individuum – den Gefangenen – und repressiver Institution – den geheimen Folterzentren – abzuleiten. Dem Trauma, das durch Internierung und Folter verursacht wurde, somit der wesentlichen Funktionsweise des geheimen Folterzentrums als repressiver Institution, kann man sich letztlich nur indirekt über genau jene (Lebens-)Geschichten annähern, die von ihm „unterbrochen" wurden.

Subjektives Bewusstsein und Identität entstehen jedoch nicht allein in der Auseinandersetzung des Individuums mit sich selbst, sondern verknüpfen sich, um überhaupt Bewusstsein und Identität werden zu können, mit einer Vielzahl anderer, „fremder" Erzählungen zu einer kollektiven Geschichte. Sie können „keinesfalls als zufällige, individuelle Leistung verstanden werden", sondern sind „vielmehr sozial konstruiert. Sie [vollziehen] sich in der Interaktion mit anderen und [orientieren] sich an sozialen Vorgaben, an ‚Rezepten' dafür, ‚wie was wo' einzuordnen ist."[14] Erzählte Lebensgeschichten greifen in ihrem Entstehungsprozess auf die symbolischen Ressourcen einer kollektiven Geschichte zurück, hinterlassen in ihr zugleich aber ihre Spuren. Diese wechselseitige Beeinflussung der subjektiven Erzählung einerseits und des kollektiven Diskurses andererseits verweist auf eine weitere Analyseebene, die in Betracht gezogen werden muss: Jede Zeugenaussage, jede individuelle Erzählung, jede erzählte Lebensgeschichte ist das Ergebnis der kollektiven Verhandlung einer individuellen Erfahrung, eine Interpretation des subjektiv Erlebten im Kontext eines gesellschaftlich geteilten historischen Diskurses.

Diese Verknüpfung von individueller und kollektiver Geschichte spiegelt sich nicht nur im expliziten Inhalt der Erzählung, sondern auch in ihrer Form. Ihre innere zeitliche Struktur, ihre Auslassungen, ihre Brüche, ihre Leerstellen – alle diese Merkmale der Erzählung legen

14 Rosenthal, Erlebte und erzählte Lebensgeschichte, S. 13.

Zeugnis von diesem Artikulationsprozess ab, dessen Zweck es immer auch ist, gegen jenes Trauma anzukämpfen, das die Erfahrung des „Verschwundenseins" in den Erzählern und Erzählerinnen hinterlassen hat. Wenn sich das Trauma darin manifestiert, dass die eigene Geschichte – die eigene narrative Identität – in keine kohärente Erzählung mehr gefasst werden kann, so ist der Versuch der Aufhebung der eigenen individuellen Geschichte in der Geschichte des Kollektivs zugleich der Versuch einer Überwindung des Traumas. Eine der zentralen Fragen ist, inwiefern die traumatisierenden Erfahrungen auf die Art und Weise des Erzählens einwirken und inwieweit sie womöglich sogar der Ausformung einer neuen narrativen Identität im Weg stehen.

Um sich einem Verständnis der Erfahrung des „Verschwundenseins" überhaupt annähern zu können, ist es unumgänglich, denjenigen zuzuhören, die diese Erfahrung selbst gemacht haben. Die Interviews mit Überlebenden der geheimen argentinischen Folterzentren stehen daher im Mittelpunkt dieser Arbeit. Methodisch wurden die individuellen Erzählungen der Interviewees zunächst einem „close reading" oder besser: einem „close listening" unterzogen. In Rückgriff auf Methoden der „Grounded Theory"[15] wurden die in den individuellen Erzählungen explizit wie implizit bereits präsenten Interpretationen zunächst vertieft und diese danach innerhalb eines gemeinsamen interpretativen Rahmens zueinander in kohärenten Bezug gesetzt.

An dieser Stelle ist auf eine wichtige methodische Einschränkung hinzuweisen: Die Erfahrungen und Erzählungen der Überlebenden der geheimen Folterlager handeln in letzter Konsequenz immer von einer „Wiedereingliederung" der ehemals „Verschwundenen" in die Gesellschaft. Wer sein oder ihr eigenes „Verschwinden" überlebte, wurde am Ende wieder zurück in die Gesellschaft entlassen, wo er oder sie darum

15 Für einen kompakten Überblick über die Methodik der „Grounded Theory" siehe Anselm Strauss/Juliet Corbin, Grounded Theory Methodology. An Overview, in: N. K. Denzin/Y. S. Lincoln (Hrsg.), Handbook of Qualitative Research, Thousand Oaks 1994, S. 273–285.

rang, das Leben auf die eine oder andere Art wieder aufzunehmen. Dieser Prozess, den die Überlebenden bis zu ihrer „Wiedereingliederung" in die Gesellschaft zu durchlaufen hatten, seine Auswirkungen auf individueller ebenso wie auf gesellschaftlicher Ebene sind ein wesentliches Element dieses spezifischen Machtdispositivs, das hier analysiert werden soll. Wovon die Überlebenden jedoch nicht Zeugnis ablegen können, ist der Tod als die gewissermaßen komplementäre Seite desselben Dispositivs. Obwohl die Todesraten in den einzelnen Folterzentren beträchtlich voneinander abweichen konnten, so steht doch fest, dass die überwiegende Mehrheit der Entführten am Ende auch ermordet wurde.[16] Wenn sich diese Arbeit also zum Ziel setzt, aus den Erfahrungen der Überlebenden Schlussfolgerungen über das Machtdispositiv der Folterlager und die dafür spezifische Interaktion zwischen Individuum und Institution zu ziehen, so bedeutet das zugleich, dass die massenhafte Ermordung der „Verschwundenen" als jener Aspekt, der die individuelle Erfahrung der Überlebenden übersteigt, nicht Teil der Analyse sein kann. Das „Verschwindenlassen" und die „Rückholung" von Menschen sind zwei komplementäre Strategien innerhalb desselben dualen Machtdispositivs, zwei Seiten derselben Medaille. Mit den Methoden und Quellen, die für diese Arbeit zur Verfügung standen, konnte jedoch nur eine Seite dieser Dualität beleuchtet werden.

Aus Gründen der Vergleichbarkeit wurden für die Analyse Interviews herangezogen, die sich alle auf bestimmte Inhaftierungsorte beziehen. Im Wesentlichen sind dies der Lagerkomplex *Club Atlético/El Banco/Olimpo* sowie die *Escuela de Mecánica de la Armada (ESMA)*, alle in Buenos Aires.[17] Bei aller Unterschiedlichkeit der diversen geheimen

16 Obwohl in den letzten Jahren und Jahrzehnten durch die Arbeit des *Equipo Argentino de Antropología Forense* (Argentinisches Forschungsteam anthropologischer Forensik; http://www.eaaf.org/) die sterblichen Überreste einer beträchtlichen Zahl von Opfern der Militärdiktatur identifiziert werden konnten, gilt die überwiegende Mehrheit der Entführten heute nach wie vor als „verschwunden".

17 Für eine kurze Geschichte dieser Orte siehe unten.

Folterzentren während der letzten argentinischen Militärdiktatur geht diese Arbeit dennoch davon aus, dass alle im Wesentlichen von ein und demselben Machtdispositiv durchzogen sind. Die in der Folge herausgearbeiteten und beschriebenen Machtstrategien mögen zwar an unterschiedlichen Orten in unterschiedlicher Form und Ausprägung existiert haben, sie folgen aber dennoch – das ist die Hypothese dieser Arbeit, die durch künftige empirische Fallstudien zu bestätigen wäre – einer allen gemeinsam zugrunde liegenden Logik.

Schließlich möchte ich noch eine kurze Anmerkung zur Redaktion dieses Textes machen. Wie bereits angesprochen, wurde für diese Arbeit methodisch eine komparative Herangehensweise gewählt, die die geheimen Folterzentren der letzten argentinischen Militärdiktatur im Vergleich und in Abgrenzung zum modernen Gefängnis, vor allem aber zum nationalsozialistischen Konzentrationslager zu verstehen versucht. Schwerpunkt des Textes ist aber dennoch der Fall Argentiniens. Die komparativen Darstellungen beschränken sich daher an vielen Stellen im Text lediglich auf Fußnoten. Das bedeutet nicht, dass die darin enthaltenen Informationen und Gedanken nebensächlich wären. Im Gegenteil: Für ein besseres Verständnis des Textes würde ich dem Leser und der Leserin empfehlen, die Fußnoten in der Lektüre mit zu berücksichtigen.

Kurze Geschichte Argentiniens im 20. Jahrhundert[1]

Die Spaltung der argentinischen Gesellschaft, die bis in die Gegenwart wirkt und die mit der von 1976 bis 1983 herrschenden Militärdiktatur ihre blutige historische Zuspitzung erfuhr, lässt sich – wie in vielen anderen lateinamerikanischen Ländern – bis zum Aufkommen der ersten demokratischen Massenparteien in der ersten Hälfte des 20. Jahrhunderts zurückverfolgen. Im Jahr 1912 wurde in Argentinien das allgemeine Wahlrecht für die männliche Bevölkerung eingeführt.[2] Vier Jahre später gelangte mit der *Unión Cívica Radical* (UCR) erstmals eine Partei an die Macht, die nicht den traditionellen oligarchischen Eliten gehörte, die demokratisch gewählt war und die eine solide Massenbasis hatte. In den Jahren und Jahrzehnten davor hatte die massive Einwanderung aus verschiedenen Teilen Europas radikale politische Kräfte ins Land gebracht: Anarchisten, Sozialisten, Syndikalisten aus Italien, Russland, Deutschland und anderswo, die allesamt wussten, wie man Massen politisch mobilisiert, und die selbst jahrelange politische Verfolgung hinter sich hatten.[3]

1 Das Kapitel basiert auf zwei erstmals in der Zeitschrift *Konkret* erschienenen Artikeln: Christian Dürr, Operación Masacre. Über die Verbrechen der argentinischen Militärjunta. Teil eins, in: Konkret (2013) 9 und ders., Nunca más! Über die Gerichtsverfahren gegen die argentinische Militärjunta. Teil zwei, in: Konkret (2013) 10.

2 Frauen wurde das Recht zu wählen erst 1947 zuerkannt.

3 Lesenswert sind zu diesem Thema die Werke des argentinischen Historikers Osvaldo Bayer, darunter Osvaldo Bayer, Los anarquistas expropiadores y otros ensayos, Buenos Aires 2003; ders., La Patagonia rebelde, Buenos Aires 2008.

Gegen diese Selbstermächtigung der Massen bildete sich in relativ kurzer Zeit eine Allianz aus Militär, katholischer Kirche und Oligarchie.[4] Der Militärputsch gegen die demokratisch gewählte Regierung unter Präsident Hipólito Yrigoyen (UCR) im Jahr 1930 war der erste in der konstitutionellen Geschichte Argentiniens und nur ein Vorspiel zu dem, was sich in den kommenden Jahrzehnten zutragen sollte. Das Militär wurde zu einem wesentlichen politischen Machtfaktor, der immer dann in das Geschehen eingriff, wenn gesellschaftliche Entwicklungen Herrschaftsverhältnisse ins Wanken brachten. Nach Jahren der politischen Korruption, die auch als die *época infame* (infame Epoche) in die Geschichte Argentiniens eingingen, brachte im Jahr 1943 ein weiterer Putsch einen Mann an die Macht, der für die kommenden Jahrzehnte politisch prägend sein sollte: Juan Domingo Perón.

Als Arbeitsminister im ungeliebten, von den Militärs besetzten Kabinett verdiente er sich die ersten politischen Sporen und errang das Vertrauen der Unterschichten. Als er 1946 – nun frei gewählt – als Präsident sein Amt antrat, konnte er auf jene Fundamente bauen, die er zuvor gelegt hatte. Die politische Rolle Peróns ist ambivalent. Einerseits setzte er auf Verstaatlichung, begründete moderne Arbeitsgesetze und baute den Wohlfahrtsstaat massiv aus. Zugleich war er ein glühender Verehrer Mussolinis und des italienischen Faschismus. Eines seiner

4 Die Staatskrise der Jahre 2001/2002 und der nachfolgende politische Wandel der Regierung Néstor Kirchner führten auch zu Veränderungen in der offiziellen Geschichtsschreibung Argentiniens. Ein wichtiger Aspekt dabei ist die Kontinuität der Verfolgung, von der Niederschlagung der Arbeiterbewegung zu Beginn des 20. Jahrhunderts bis zum Staatsterror der Diktatur 1976–1983 oder sogar bis hinein in die neoliberale Ära der postdiktatorialen Demokratie. Deutlichen Ausdruck findet dieses Geschichtsnarrativ in dem 2010 aus Anlass des 200. Jahrestages der Mai-Revolution eröffneten *Museo del Bicentenario* (http://www.museobicentenario.gob.ar/); vgl. dazu auch De la ley de la resistencia al terrorismo de Estado. La actividad represiva del Estado ante los movimientos sociales emergentes durante el siglo XX, Buenos Aires, Archivo Nacional de la Memoria, 2009.

politischen Ziele waren daher folgerichtig die Entmachtung und Zerschlagung der kommunistisch und anarchistisch geprägten Gewerkschaftsbewegung, die in Argentinien seit Beginn des 20. Jahrhunderts, getragen vor allem von europäischen Einwanderern, massiven Zulauf erfahren hatte. Er brachte die in den 1940er-Jahren urbanisierte, ehemals ländliche Unterschicht auf seine Seite und gegen die traditionelle Linke in Stellung. Unabhängige linke Gewerkschaften wurden kooptiert oder verfolgt. Das peronistische Regime war korporativistisch, populistisch und führerfixiert. Zugleich sorgte es für relativen Wohlstand, sozialen Ausgleich und eine moderne Arbeitsgesetzgebung. Über all dem schwebte die Figur Peróns, der selbst – oft gemeinsam mit seiner Frau Evita – bereitwillig eine Projektionsfläche für allerlei politische Utopien bot: Diese reichten von der Arbeiteremanzipation bis zum nationalen Wiedererstarken des argentinischen Vaterlands. Als Perón 1955 selbst vom Militär aus der Regierung geputscht und des Landes verwiesen wurde, blieb seine Anhängerschaft allein mit der Frage zurück, was der Peronismus in seiner Essenz nun eigentlich gewesen sei. Die innerperonistischen Widersprüche begannen, sich immer mehr zuzuspitzen.

Perón hatte die Herrschaftsverhältnisse zwar im Wesentlichen unangetastet gelassen, doch die Ahnung von sozialer Emanzipation hatte Teile der Linken inner- wie außerhalb der peronistischen Bewegung radikalisiert. Dies kulminierte erstmals in dem Volksaufstand von 1969, der als *Cordobazo* in die argentinische Geschichte einging. In der Provinzhauptstadt Córdoba kam es zu von Studenten und linken Gewerkschaften angeführten Massenprotesten gegen das Militärregime von General Juan Carlos Onganía, das 1966 durch einen erneuten Putsch die Macht errungen hatte. Onganía sah sich mit dem Rücken an die Wand gedrängt und setzte Einsatzkräfte in Marsch, die mit beispielloser Brutalität gegen die Demonstranten vorgingen. Die Repression durch Polizei und Militär wie auch die Gegenwehr der Demonstranten forderten Tote und Verletzte. Entscheidend für die kommenden Jahre waren jedoch die längerfristigen politischen Folgen. Angesichts der allgemeinen Verschärfung der politischen Gegensätze wuchs der radikale linke Widerstand massiv an. Nicht nur war der *Cordobazo* die Geburtsstunde einer breiten außerparlamentarischen linken Opposition, in dieser Atmosphäre des Aufbruchs und der Hoffnung auf einen grundlegendem gesellschaftspolitischen Wandel gründeten sich auch die argentinischen Guerillaorganisationen der 1970er-Jahre: die *Montoneros*, hervorgegangen aus dem linken Flügel der peronistischen Bewegung, sowie die *Ejército Revolucionario del Pueblo* (ERP – Revolutionäre Volksarmee), der bewaffnete Arm des trotzkistischen *Partido Revolucionario del Trabajo* (PRT – Revolutionäre Arbeiterpartei).

Vor dem Hintergrund des Kalten Krieges und der geopolitischen Lage Argentiniens boten diese gesellschaftlichen Entwicklungen den reaktionärsten Teilen der argentinischen Gesellschaft Anlass zu immer stärkerer Repression. Die Zeit des sich systematisch radikalisierenden Staatsterrorismus, der schließlich in der von 1976 bis 1983 herrschenden Militärdiktatur kulminieren sollte, wurde jedoch bereits in den 1950er-Jahren eingeläutet. Seine Brutstätten waren die Kasernen und Ausbildungszentren des Militärs, während seine ursprünglichen Apologeten kirchlichen oder kirchennahen Kreisen entstammten.[5] Inspiriert von einem religiösen Manichäismus und politisch sozialisiert im kollaborationistischen Vichy-Frankreich, lieferten die Zirkel eines erzreaktionären Katholizismus der militärischen Elite des Landes die entsprechende ideologische Deutung der nationalen wie geopolitischen Lage: die Welt als Kampf zwischen Gut und Böse und die Vorstellung eines inneren Krieges, der gegen einen unsichtbaren und daher umso gefährlicheren Feind geführt werden müsse. Natürlich ging es um das Gespenst des

5 Vgl. Mario Ranalletti, Contrainsurgencia, catolicismo intransingente y extremismo de derecha en la formación militar argentina. Influencias francesas en los orígenes del terrorismo de Estado (1975–1976), in: Daniel Feierstein (Hrsg.), Terrorismo de Estado y genocidio en América Latina, Buenos Aires 2009, S. 249–280; Gabriel Périès, La doctrina militar contrainsurgente como fuente normativa de un poder de facto exterminador basado sobre la excepcionalidad, in: Feierstein (Hrsg.), Terrorismo de Estado, S. 221–247.

Weltkommunismus, und dieses trat in der Anschauung der reaktionären Ideologen in unterschiedlichsten Masken auf. Für diese vermeintlich im Verborgenen agierenden Kräfte bürgerte sich in Argentinien der Begriff der „Subversion" ein. Die Imagination von derartigen „Kräften", die das Land aus den Angeln heben wollten, wurde allmählich aus den Kasernen und Militärakademien hinaus in die Gesellschaft getragen und als politisches Deutungsmodell mehrheitsfähig.

Konkreten politischen Ausdruck fanden diese Ideologien in den diversen, in den jeweiligen Perioden gültigen Militärdoktrinen. War den argentinischen Militärs seit den 1950er-Jahren die aus den einschlägigen Erfahrungen des Indochina-Kriegs entwickelte französische Militärdoktrin zentraler Orientierungspunkt, so gewann nun die US-amerikanische Nationale Sicherheitsdoktrin mehr und mehr Einfluss.[6] Ihr lag die Idee zugrunde, dass künftige militärische Auseinandersetzungen weniger zwischen den regulären Heeren unabhängiger Staaten ausgetragen würden, sondern zunehmend gegen einen „unsichtbaren inneren Feind" geführt werden müssten. Die Rolle des Militärs in diesem „Krieg" beschrieb der ehemalige Oberkommandierende der argentinischen Streitkräfte Carlos Severo Toranzo Montero bereits 1962:

> „Die Streitkräfte [...] stellen wie ein ‚rettendes Radar' die Anwesenheit von Feinden des Vaterlands fest, wo immer diese sich auch verbergen mögen. [...] Ihre vestalische Funktion ist dauerhaft und transzendiert die Abfolge der Regierungen, welche die repräsentative Demokratie erschafft, um die legitimen Ziele der Gemeinschaft zu verfolgen, jedoch nie um das Nationale Wesen zu zerstören. Denn damit verschwände zugleich das souveräne Subjekt ihres Willens."[7]

6 Vgl. Daniel Feierstein, National Security Doctrine in Latin America, in: Dirk Moses/Donald Boxham (Hrsg.), The Oxford Handbook of the History of Genocide, Oxford 2010, S. 489–508.

7 Zitiert nach: José Luis D'Andrea Mohr, Memoria Debida, Buenos Aires 1999, S. 38 (Übers. C. D.).

So geriet immer mehr die eigene Bevölkerung ins Visier der militärischen Ordnungsmacht. Die Repression wuchs langsam, aber stetig. Ab einem bestimmten Zeitpunkt der argentinischen Geschichte, wahrscheinlich schon seit den späten 1950er-Jahren, wurde der klassische politische Mord an einem individuellen politischen Gegner abgelöst von einer Politik der Einschüchterung, Bedrohung und letztlich der systematischen Vernichtung dessen, was man als politische und soziale „Milieus" bezeichnen könnte. Den Feind zu besiegen war nun nicht mehr genug, man wollte ihn gar nicht erst „emporkommen lassen". Nicht mehr nur Aktivisten und Wortführer gerieten ins Visier der Repression, bereits eine vage politische Gesinnung oder auch nur eine bestimmte soziale Vernetzung waren ausreichend. Auf eine der ersten staatlichen Mordaktionen, die auf die systematische Auslöschung bestimmter politischer Zirkel zielte, machte der Journalist Rodolfo Walsh öffentlich aufmerksam. In seinem Buch „Operación Masacre" beschrieb er schon 1957 im Detail den Massenmord an einer Gruppe aufständischer Peronisten durch Einheiten der Polizei ein Jahr zuvor.[8] Mit diesem politischen Massaker waren gewissermaßen die Schleusen für die später eskalierende staatliche Gewalt geöffnet worden. Zwanzig Jahre später wurde Walsh selbst von Einsatzkräften des Militärs ermordet.

1973 gewannen die wieder zugelassenen Peronisten die ersten freien Wahlen nach dem Militärputsch sieben Jahre zuvor. Der knapp achtzigjährige Perón kehrte aus dem Exil zurück und übernahm erneut das Präsidentenamt. Doch in den Jahren seiner Abwesenheit hatte die peronistische Bewegung längst ihre eigenen internen Dynamiken entwickelt, die sich auf Perón nur noch als leeres politisches Symbol bezogen.[9] Der linke Flügel des Peronismus sagte sich von der Regierungspolitik los und sammelte sich in der außerparlamentarischen Opposition und

8 Rodolfo Walsh, Operación Masacre, Madrid 2008 (dt.: Das Massaker von San Martin, Zürich 2009).

9 Vgl. Ernesto Laclau, Why do Empty Signifiers Matter to Politics?, in: ders., Emancipation(s), London/New York 1996, S. 36–46.

zum Teil auch in der bewaffneten Bewegung der *Montoneros*. Dagegen brachte sich die innerperonistische extreme Rechte in Stellung, angeführt von Peróns Privatsekretär und späterem Minister José López Rega. Die von der Rechten provozierten blutigen Auseinandersetzungen im Rahmen der feierlichen Rückkehr Peróns aus dem Exil[10] waren lediglich ein Vorspiel für Kommendes. Nur ein Jahr später, nachdem Perón verstorben und seine zweite Frau María Estela alias Isabel ihm im Präsidentenamt nachgefolgt war, wuchsen sich die Auseinandersetzungen zwischen der Rechten und Linken – inner- wie außerhalb des Peronismus – zu einem bewaffneten Konflikt aus.

Gegen die *Montoneros* stellte López Rega paramilitärische Mördertrupps auf, die *Alianza Anticomunista Argentina* (AAA – Antikommunistische Argentinische Allianz). Sie übernahmen in den folgenden Jahren die schmutzige Arbeit für den Staat. Ihre Aktionen richteten sich jedoch weniger gegen die bewaffneten linken Gruppen als die Speerspitze der Bewegung, sondern auf Oppositionelle, Gewerkschafter, Studenten, Intellektuelle und Sympathisanten als deren Basis. Dass die systematische staatliche Verfolgung von Oppositionellen, insbesondere über den Umweg der Mobilisierung paramilitärischer Banden, nicht auf nationale Grenzen beschränkt war, ist heute allgemein bekannt. Unter Federführung der USA und dem Decknamen *Operation Condor* hatten sich die Geheimdienste mehrerer lateinamerikanischer Länder zusammengetan, um politische Gegner auch über Landesgrenzen hinweg zu verfolgen, zu terrorisieren und zu ermorden.[11] Militärs aus ganz Lateinamerika waren jahrzehntelang von den USA in der berüchtigten

10 Vgl. Tomás Eloy Martínez, La novela de Perón, New York, Vintage, 2011 (dt.: Der General findet keine Ruhe, Frankfurt a. M. 1999).

11 Vgl. J. Patrice McSherry, Tracking the Origins of a State Terror Network. Operation Condor, in: Latin American Perspectives 29 (2002) 1, S. 38–60; Armin Wertz, Operation Condor, in: Journal21, https://www.journal21.ch/operation-condor (8. 4. 2015); Daniel Feierstein, Guerra, genocidio, violencia política y sistema concentracionario en América Latina, in: ders. (Hrsg.), Terrorismo de Estado, S. 9–32.

Escuela de las Americas in der Aufstandsbekämpfung ausgebildet worden. Der Einsatz von Paramilitärs war zentraler Bestandteil der US-Strategie.

Bereits die konstitutionelle Regierung Isabel Peróns war von militärischen Zirkeln infiltriert und gelenkt, weshalb heute der Beginn des systematischen Staatsterrors in Argentinien häufig schon auf das Jahr 1974 datiert wird. Abgesehen von der Formierung paramilitärischer Banden verschaffte sich die terroristische Gewalt des Staates erstmals 1975 in aller Deutlichkeit Ausdruck: mit einer Militäraktion in der nördlichen Provinz Tucumán. Der sogenannte *Operativo Independencia* (Operation Unabhängigkeit) sollte sich in erster Linie gegen die Präsenz von Guerillaverbänden des *ERP* in den Bergen Tucumáns richten. Tatsächlich trug das dortige Agieren der Militärs jedoch schon viele Merkmale in sich, die auch die spätere Verfolgungspolitik der Militärdiktatur prägen sollten: das gewalttätige Vorgehen gegen das soziale und kulturelle Umfeld, aus dem die bewaffneten Gruppen vermeintlich hervorgingen; die Verfolgung von Arbeitern, Gewerkschaftern, Studenten und Oppositionellen; der systematische Einsatz von Entführung, Folter und „Verschwindenlassen“ sowie die Installierung erster geheimer Internierungszentren. Tucumán kann somit als eine Art Laboratorium zur Entwicklung und Erprobung später systematisierter Verfolgungsmethoden bezeichnet werden.[12]

12 Eine der jüngsten und gut recherchierten Darstellungen zu diesem Thema findet sich in: Daniel Gutman, Sangre en el monte. La increíble aventura del ERP en los cerros tucumanos, Buenos Aires 2012; siehe auch Alipio E. Paoletti, Como los nazis, como en Vietnam. Los campos de concentración en la Argentina, Buenos Aires, Ediciones Madres de la Plaza de Mayo, 2008, S. 15–34; Pilar Calveiro, Poder y desaparición. Los campos de concentración en Argentina, Buenos Aires 2001, S. 26–27. Unter anderem heißt es dort: „Als im Februar 1975 auf Basis eines Dekrets der Exekutivmacht der Befehl zur Vernichtung der Guerilla ausgegeben wurde, begann in Tucumán im Zuge des *Operativo Independencia* [Aktion Unabhängigkeit] eine institutionalisierte Politik des Verschwindenlassens von Personen […]. In diesem Moment

Das politische Klima war also schon längst von staatlichem bzw. staatlich gelenktem Terror geprägt, als im März 1976 das Militär erneut putschte. Die kommenden sieben Jahre brachten eine Radikalisierung alles bisher Dagewesenen. Die neuen Machthaber, eine Junta bestehend aus Generälen der drei Teile der Armee, ließen unter dem Vorwand des Kampfes gegen die Subversion alle Skrupel fallen. Tausende politische Gegner und deren Sympathisanten verschwanden innerhalb von nur wenigen Monaten. Niemand wusste, was mit ihnen passiert war. Der halboffen ausgeübte Terror säte in weiten Teilen der Gesellschaft Angst, die immer mehr Menschen wegsehen ließ und das Denunziantentum nährte. Große Teile der Oligarchie und Unternehmerschaft konnten sich indes vornehm zurücklehnen und das ideologische Wüten bequem aus der Distanz beobachten, es aus dem Hintergrund anheizen oder sich gar aktiv beteiligen – was einige in aktuellen Gerichtsprozessen mitverhandelte Fälle privater Unternehmen bezeugen. Allzu gern überließen sie den radikalen Apologeten eines politischen Manichäismus das ideologische und politische Feld. Mit ihrem „Kampf gegen den Kommunismus" lieferten ihnen die Militärs im Gegenzug die neoliberalen Grundlagen für künftig erfolgreiche wirtschaftliche Beutezüge.[13]

entstanden die ersten Einrichtungen, die untrennbar mit dieser Form der Repression verbunden waren: die Konzentrations- und Vernichtungslager." (Übers. C. D.) Eine sehr gute filmische Aufarbeitung, basierend auf den Forschungen des *Grupo de Investigación sobre el Genocidio en Tucumán* (GIGET), bietet die Dokumentation: Famaillá, Tucumán. Historias de surcos y luchas, R.: Ezequiel Monteros und Jenny Wolka, Argentinien 2013.

13 So etwa der Fall des Agrarunternehmens *Ledesma*, das in der Zeit der Diktatur seine eigene Belegschaft verfolgen ließ und auf dem Firmengelände ein Internierungszentrum unterhielt, oder der Fall des Papierherstellers *Papel Prensa*, in den führende Medienunternehmen des Landes verwickelt waren. Aber auch die Verwicklung internationaler Unternehmen wie Ford und Mercedes-Benz gelten als nachgewiesen, vgl. http://www.zeit.de/2013/03/Argentinien-Daimler-Militaerjunta-Gerichtsverfahren; „Spucken Sie ihm ins Gesicht!" Interview mit Daniel Feierstein, in: Konkret (2015) 1, S. 36 f.

Nicht zufällig nannten die Militärs ihre politische Intervention *Proceso de Reorganización Nacional* (Prozess der nationalen Reorganisation). Es ging ihnen um nicht weniger als um den Umbau der gesamten Gesellschaft mittels Einschüchterung, Verfolgung und Mord. Emblematisch für die Ziele der argentinischen Militärs steht ein mittlerweile berühmter Satz von Ibérico Saint Jean, dem von den Diktatoren eingesetzten Gouverneur der Provinz Buenos Aires. 1977 verkündete er bei einem Abendessen im Kreis von Offizieren: „Zuerst töten wir alle Subversiven, später töten wir ihre Kollaborateure, danach ihre Sympathisanten, in der Folge die Gleichgültigen, und schließlich töten wir die Ängstlichen."[14]

Die Mittel für diesen gesellschaftlichen Umbau waren die geheimen Internierungszentren von Polizei und Militär. Zwar hatten die Entführung, Folterung und Ermordung von politischen Gegnern schon vor der Machtübernahme der Militärs als Praxis existiert, doch wurden diese nun nach dem Putsch mittels eines über das gesamte Land verbreiteten organisierten Netzwerks von Zentren systematisiert und ausgebaut. Als die Diktatur in den Jahren 1982 und 1983 auf ihr Ende zusteuerte, war die *Escuela de Mecánica de la Armada* (*ESMA*) als einziges davon noch in Betrieb. Bis dahin hatte der Staat ganze Arbeit geleistet. Nach Schätzungen von Menschenrechtsorganisationen wurden in Argentinien während der letzten Militärdiktatur etwa 30 000 Menschen ermordet oder „zum Verschwinden gebracht", ein großer Teil von ihnen in den Folter- und Tötungszentren des Staates.

Als der verlorene Krieg gegen Großbritannien um die Falklandinseln – in Argentinien *Islas Malvinas* genannt – das Ende der politischen Macht der Militärs endgültig besiegelte und mit Raúl Alfonsín erstmals seit acht Jahren wieder ein frei gewählter ziviler Präsident sein Amt antrat, wurden in Argentinien auch erste Schritte in Richtung einer Aufarbeitung der staatlichen Verbrechen gegangen. Dass

14 Zitiert nach: http://www.pagina12.com.ar/diario/ultimas/20-205033-2012-10-06.html (22. 5. 2015; Übers. C. D.).

Menschen während der Diktatur einfach verschwunden waren, war keinem Argentinier und keiner Argentinierin verborgen geblieben. Nun sollte eine staatlich eingerichtete Untersuchungskommission Klarheit über das tatsächliche Ausmaß und die Dimension der begangenen Verbrechen bringen. Die *Comisión Nacional sobre la Desaparición de Personas* (Nationale Kommission über das Verschwinden von Personen, *CONADEP*) sammelte in Zusammenarbeit mit verschiedenen Menschenrechtsorganisationen zahllose Informationen, analysierte Quellen, trug Zeugenaussagen von Überlebenden der Lager und Angehörigen von Verschwundenen zusammen, identifizierte Orte, an denen Menschen illegal festgehalten, gefoltert und getötet worden waren, benannte einige der Täter und versuchte, eine erste Bilanz der staatlichen Verbrechen zu ziehen. 1984 wurde der Endbericht der Kommission unter dem Titel *Nunca Más* (Nie mehr wieder) publiziert. Er bildet bis heute eine der wichtigsten Grundlagen sowohl für die historische Aufarbeitung als auch für die Gerichtsverfahren gegen die Täter.

Ein Jahr später wurden die obersten Verantwortlichen für den staatlichen Massenmord, die Mitglieder der Militärjuntas, die Argentinien von 1976 bis 1983 regiert hatten, vor einem öffentlichen Gericht angeklagt. Der Prozess endete mit zwei lebenslangen Haftstrafen, drei weiteren mehrjährigen Haftstrafen sowie drei Freisprüchen aus Mangel an Beweisen. Das Ergebnis des Verfahrens darf durchaus als einzigartig bezeichnet werden: Erstmals in der Geschichte eines lateinamerikanischen Landes waren die Verantwortlichen eines Staatsstreichs gegen eine demokratisch legitimierte Regierung angeklagt und auch verurteilt worden.[15] Damit unterschied sich der Redemokratisierungsprozess in Argentinien zunächst von dem vieler anderer Länder – wie etwa Chile, Brasilien, Uruguay oder auch Spanien –, in denen man auf Amnestien und „gesellschaftliche Aussöhnung“ setzte und wo die

15 Für eine kompakte Darstellung der juristischen Verfolgung der Verantwortlichen der Militärdiktatur von 1985 bis in die Gegenwart siehe auch „Spucken Sie ihm ins Gesicht!“ Interview mit Daniel Feierstein.

ehemaligen Machthaber weiterhin ihren Platz in der Mitte der Gesellschaft besetzten.

Doch auf die frühe Aufarbeitungseuphorie folgte in Argentinien eine Entwicklung, die frappant an die Geschichte hierzulande erinnert. So wie in Österreich und Deutschland die Verfolgung der nationalsozialistischen Täter nur wenige Jahre nach der Befreiung allmählich verebbt war und einer stillschweigenden Reintegration der früheren Machteliten und Mitläufer in Staat und Gesellschaft der Nachkriegszeit Platz gemacht hatte, verlor auch in Argentinien der anfängliche Wille, radikal mit den Fundamenten der alten Gesellschaft zu brechen, an Nachdrücklichkeit. Nicht nur die Angst, eine dauerhafte Spaltung der Gesellschaft oder gar einen neuen Militärputsch zu riskieren,[16] sondern auch die Tatsache, dass weite Teile der politischen und sozialen Eliten in die Machenschaften der Militärs verstrickt waren, führte dazu, dass den Tätern die Tür zurück in die Gesellschaft wieder geöffnet wurde. Die juristische Verfolgung der Verantwortlichen für den zehntausendfachen Mord kam nur wenige Jahre nach Wiedereinführung der Demokratie zum Erliegen. Verantwortlich dafür waren mehrere Gesetze, die sowohl von der Regierung Alfonsín als auch von dessen Nachfolger, dem Peronisten Carlos Menem, verabschiedet wurden.

Ein als *punto final* (Schlusspunkt) bezeichnetes Gesetz aus dem Jahr 1986 verordnete eine Sechzig-Tage-Frist, nach deren Ablauf es keine Anklagen wegen mutmaßlicher Verbrechen im Zusammenhang mit der letzten Militärdiktatur mehr geben durfte. Ein weiteres Gesetz aus dem Jahr 1987 mit dem Namen *obediencia debida* (Gehorsamspflicht) legte fest, dass Angehörige des Militärs bis zu einem bestimmten Dienstrang der Gehorsamspflicht unterlagen und daher für begangene Delikte gegen Leib und Leben anderer nicht zur Verantwortung gezogen werden können. Da zum Zeitpunkt des Inkrafttretens dieser beiden Gesetze zum einen nur wenige der Folterer und Mörder bereits

16 So scheiterten in den Jahren 1987 der sogenannte Oster-Aufstand und 1988 zwei weitere von Offizieren der Armee ausgehende Putschversuche.

identifiziert waren und zum anderen die meisten, die in den geheimen Internierungslagern tätig gewesen waren, niedrigeren Dienstgraden angehört hatten, hatte die Mehrheit von ihnen nun juristisch nichts mehr zu befürchten. Den Höhepunkt dieses Prozesses der gesellschaftlichen Reintegration der Täter bildeten schließlich die von Präsident Menem verordneten Amnestiegesetze von 1989 und 1990, mit denen nicht nur die 1985 verurteilten Angehörigen der Militärjuntas, sondern auch viele andere politische und militärische Verantwortungsträger begnadigt wurden.

Das war der Zustand der argentinischen Gesellschaft bis Ende 2001. In diesem und dem Folgejahr zogen die zunehmende Wirtschaftskrise, der darauffolgende Staatsbankrott und Massenarbeitslosigkeit radikale soziale Veränderungen nach sich. Sie sollten künftig auch dem kollektiven Trauma der Diktatur entgegenwirken. Im Angesicht der zunehmenden Misere gingen unter dem Leitspruch *Que se vayan todos* (Alle sollen sie verschwinden) im ganzen Land die Menschen auf die Straßen, um jene postdiktatorialen politischen und ökonomischen Eliten zu vertreiben, die das Land über viele Jahre neoliberalen Wirtschaftens in den Ruin getrieben hatten. Die Selbstermächtigung der Menschen erschien als der einzig mögliche Ausweg. Neben der Entstehung vieler sozialer Bewegungen des Protests und der Selbstorganisation war dies auch die Geburtsstunde einer neuen Form populärer Rechtsprechung. Eine junge Generation, für die der Terror der Diktatur eine traumatische Kindheitserinnerung, verbunden mit dem physischen wie symbolischen Verlust der Elterngeneration, war, schickte sich an, eine Aufgabe zu übernehmen, die die staatlichen Gerichte über Jahre verweigerten: die Benennung der Folterer und Mörder und deren Bestrafung mittels Öffentlichmachung ihrer Identitäten und Aufenthaltsorte. Die sogenannten *Escraches* – ein nicht zu übersetzender Begriff aus dem „Lunfardischen", der traditionellen Alltagssprache der immigrantischen proletarischen Unterschicht – sind öffentliche Zusammenkünfte an Orten, an denen Täter bis in die Gegenwart unbehelligt leben. Bei einer Mischung aus Volksfest und politischer Demonstration werden diese Orte markiert und die dort lebenden Täter mit Namen und Fotos bekannt gemacht. Ihr Ziel ist die gesellschaftliche Sanktion, dort wo die staatliche Sanktion versagt.[17]

Der Aufstand 2001/02 war ein spontanes Phänomen und als solches von nur kurzer Dauer. Er hatte jedoch erreicht, dass in den folgenden Jahren in der Amtszeit von Präsident Néstor Kirchner die Staatspolitik einer Reorientierung unterzogen und versucht wurde, das neoliberale Modell im Gefolge der Diktatur schrittweise rückgängig zu machen. Kirchner war es auch, der wesentlich dafür verantwortlich war, dass die auf die letzte Militärdiktatur bezogenen Amnestiegesetze im Jahr 2003 aufgehoben und zwei Jahre später vom Obersten Gerichtshof für verfassungswidrig erklärt wurden. Damit war der Weg frei für die breit angelegte und in alle Verantwortungsebenen hineinreichende juristische Aufarbeitung der Verbrechen der letzten Militärdiktatur, wie sie gegenwärtig in Argentinien stattfindet.[18] Die Zahl der gerichtlichen Anklagen gegen die Täter der Diktatur stieg in den letzten zehn Jahren stetig an. Bis Jahresende 2013 wurden 110 Urteile gefällt, die sich auf als 3180 individuelle Fälle beziehen. Von 632 Angeklagten wurden mehr als 568 für schuldig befunden und verurteilt. Die durchschnittliche Strafhöhe im Falle einer Verurteilung beträgt 30 Jahre Gefängnis.[19]

Bis heute überwiegt auch unter den Tätern der argentinischen Diktatur – den politischen Drahtziehern, den ökonomischen Profiteuren und den Folterern und Mördern der Internierungszentren – die Ansicht, sie seien „unschuldig" im Sinne einer höheren historischen Moral. Die Geschichte würde sie freisprechen, hätten sie doch zum Wohle der Nation gehandelt. Der offizielle Umgang Argentiniens mit der eigenen jüngeren

17 Vgl. Colectivo Situaciones, Escrache. Aktionen nichtstaatlicher Gerechtigkeit in Argentinien, München 2004.

18 Für eine Analyse der argentinischen Gerichtsprozesse gegen die Täter der Militärdiktatur von 2005 bis Ende 2013 siehe Daniel Feierstein, Juicios. Sobre la elaboración del genocidio II, Buenos Aires, Fondo de Cultura Económica de Argentina, 2015, S. 197–247.

19 Ebenda, S. 220.

Geschichte hat lange Zeit solche Selbstrechtfertigungsstrategien gefördert. Die in den letzten Jahren stattfindenden Prozesse machen damit Schluss. Sie benennen die Verantwortlichen der Massenverbrechen erstmals als das, was sie sind. Zugleich fördern sie die längst überfällige Entkriminalisierung der Opfer, die in nicht unwesentlichen Bereichen der argentinischen Gesellschaft bis in die Gegenwart als „Subversive“ und „Delinquenten“ diffamiert und als die eigentlichen Verantwortlichen der Gewalteskalation denunziert werden.

Die nationalsozialistischen KZ und die argentinischen CCDTyE. Einige historische Anmerkungen

„Der Verschwundene als solcher ist eine Unbekannte. Wenn dieser Mensch wieder auftauchen würde, würde er eine Behandlung X erfahren, und wenn sein Verschwinden zur Gewissheit seines Todes würde, bekäme er die Behandlung Z. Während er aber verschwunden bleibt, kann er keine besondere Behandlung bekommen. Er ist eine Unbekannte, er ist ein Verschwundener, er hat kein Wesen, er ist […] weder tot noch lebendig. Er ist verschwunden."

Jorge Rafael Videla in einer Pressekonferenz aus Anlass des Besuchs der Interamerikanischen Menschenrechtskommission, September 1979[1]

„Du warst nicht tot, weil jedes Mal, wenn sie dir eine drauf gaben, du dich lebendig fühltest. Weil du es fühltest … Aber gesellschaftlich warst du tot. Als ob sie dich in eine Kapsel gesetzt und mit einer Rakete ins All geschossen hätten. Und plötzlich gibt es da ein technisches Problem. Und du hast plötzlich jeden Kontakt zur Erde verloren. Und du bleibst alleine zurück in deiner Kapsel in mitten des Weltalls. Bist du am Leben? Bist du tot? … Das ist ein ‚Verschwundener'."

Enrique Mario Fukman, Überlebender der ESMA, *im Interview mit* Memoria Abierta

1 Zit.nach: http://www.continental.com.ar/noticias/sociedad/jose-ignacio-lopez-el-periodista-que-le-pregunto-a-videla-sobre-los-desaparecidos/20130517/nota/1900457.aspx (1. 4. 2014).

Im März 1938, zwei Wochen nach dem „Anschluss" Österreichs an das Deutsche Reich, verkündete August Eigruber, der NS-Gauleiter von Oberdonau, in einer öffentlichen Rede die Errichtung eines Konzentrationslagers auf ehemals österreichischem Gebiet. Der entsprechende Bericht des „Völkischen Beobachters" vom 29. März vermeldet dazu: „Tosender Jubel verschlingt fast diese Ankündigung."[2] Die Massen waren begeistert. Vier Monate später wurden die ersten Häftlinge in das KZ Mauthausen überstellt.

Die Existenz von Konzentrationslagern war für die Bevölkerung im nationalsozialistischen Deutschen Reich kein Geheimnis, im Gegenteil: Sie waren im Bewusstsein des nationalen Kollektivs fest verankert – als Drohung, als Ungewissheit, aber auch als Objekt des Nationalstolzes und des Gemeinschaftsgefühls. Im Unterschied zur offiziellen, von der NS-Bürokratie verwendeten Abkürzung *KL* setze sich unter den Gefangenen der Lager, unter den Wachmannschaften, vor allem aber auch im Volksmund der Begriff *KZ* durch. *KZ* war in der nationalsozialistischen Gesellschaft ein geflügeltes Wort. Schon kurz nach der Errichtung der ersten Lager im sozialen Diskurs präsent, sollte es seine Bedeutung und Wirkmächtigkeit weit über die Zirkel der NS-Bürokratie und der SS-Mörder hinaus entwickeln.

Anders verhält es sich mit dem Begriff des *Centro Clandestino de Detención* (CCD – Geheimes Internierungszentrum) bzw. *Centro Clandestino de Detención, Tortura y Exterminio* (CCDTyE – Geheimes Internierungs-, Folter- und Vernichtungszentrum). Schon die Bezeichnungen[3] machen deutlich, dass es sich hier um nachträgliche Begriffsschöpfungen handelt. Die Begriffe *CCD* bzw. *CCDTyE* sind nichts

2 Völkischer Beobachter, Wiener Ausgabe, 29. März 1938.

3 Die 1983 von Präsident Raúl Alfonsín eingesetzte *Comisión Nacional sobre la Desaparición de Personas* (*CONADEP*) prägt in ihrem Endbericht den Begriff *Centro Clandestinos de Detención* (CCD). Seit Beginn der 2000er-Jahre setzte sich im öffentlichen Diskurs (im Menschenrechts- wie auch im juridischen und sozialwissenschaftlichen Diskurs) in Argentinien jedoch vermehrt der Begriff *Centro Clandestino de Detención, Tortura y Exterminio* (CCDTyE) durch.

anderes als der Versuch, der zur Frage stehenden Institution retrospektiv aus der spezifischen Erfahrung der Überlebenden heraus einen möglichst angemessenen Namen zu geben.[4] Das bedeutet aber zugleich, dass das CCDTyE im zeitgenössischen Diskurs der Diktatur keinen Namen und damit keinen Platz hatte. Es war ein geheimer Ort, dessen Existenz von den Machthabern, den intellektuellen und den handelnden Verantwortlichen stets geleugnet wurde. Folgerichtig agierten die Repressoren der CCDTyE ausschließlich unter Tarnnamen. Ihre tatsächlichen Identitäten blieben nicht nur den Gefangenen, sondern zum Teil auch ihren eigenen Kollegen in den Einsatzgruppen unbekannt. Die Täter der NS-Konzentrationslager dagegen sind in verschiedensten Personallisten und anderen offiziellen Dokumenten namentlich vermerkt oder zeichnen in diesen gar persönlich für bestimmte Vorgänge verantwortlich – eine Tatsache, die die rechtliche Ahndung der Verbrechen nach dem Krieg in wesentlich höherem Ausmaß möglich gemacht hätte, als dies tatsächlich geschah.[5] Die Repressoren der CCDTyE dagegen mussten nach 1983 erst namentlich identifiziert werden, bevor man sie in Gerichtsprozessen zur Verantwortung ziehen konnte.

Im Unterschied zum KZ, das im nationalsozialistischen Deutschen Reich als expliziter Referenzpunkt fungierte, existierte das CCDTyE während der argentinischen Militärdiktatur im gesellschaftlichen Diskurs allenfalls als „Leerstelle“, als ein dunkles Geheimnis oder ein „schwarzes Loch“. Während das KZ und dessen Gefangene im Diskurs der NS-Gesellschaft Präsenz besaßen, markierten das CCDTyE und die in ihm „Verschwundenen“ dagegen eine diskursive Absenz. Dies

4 Obwohl der Begriff umständlich erscheint, habe ich mich für die Verwendung des Begriffs *CCDTyE* entschieden, da er wesentlich exakter die Erfahrungen der Überlebenden und das Wesen dieser Institution zum Ausdruck bringt.

5 Auf der Beschlagnahmung einer großen Zahl solcher Dokumente durch die Alliierten beruht das vermutlich weltweit größte Täter-Archiv des Nationalsozialismus, das sogenannte Berlin Document Center, heute Teil des deutschen Bundesarchivs (siehe: https://www.bundesarchiv.de/fachinformationen/01001/index.html.de).

entzieht ihnen jedoch nicht die Funktion eines diskursiven Brennpunktes. Im Gegenteil: Auf schauerliche Weise deutet Jorge Rafael Videla in der eingangs zitierten Pressekonferenz vom September 1979 gerade diese Absenz, diese alles zu verschlingen drohende Leerstelle genau so sehr an, wie er sie verleugnet.[6]

Das KZ als Institution versuchte stets den Anschein von Legitimität zu wahren – nur so war es überhaupt möglich, dass es seine Präsenz im gesellschaftlichen Diskurs entfaltete.[7] Die Täter waren Mörder und gleichzeitig positivistische Bürokraten. Im nationalsozialistischen Konzentrationslager[8] gab es kaum einen Vorgang, der nicht bürokratisch

6 Anzumerken ist, dass die Funktion der KZ innerhalb des Deutschen Reiches eine andere war als in den besetzten Gebieten. Dort gab es in der Regel mehr Gerüchte als tatsächliches Wissen um die Lager und die Deportationen dorthin. Das dunkle Geheimnis, das sich um sie rankte, diente der Einschüchterung der Bevölkerung und lässt sich somit durchaus mit dem CCDTyE vergleichen. In Bezug auf die besetzten Niederlande schreibt Hans de Vries über die Rolle des KZ Mauthausen: „Einerseits war der Begriff ‚Mauthausen' im Bewusstsein der jüdischen Bevölkerung tiefverwurzelt, andererseits fehlte jedoch in der Öffentlichkeit jeder direkte Hinweis. Eine abstrakte Größe, die gerade dadurch als besonders angsteinflößend empfunden wurde." Hans de Vries, Sie starben wie Fliegen im Herbst, in: Mauthausen 1938–1998, Westerfort 2000, S. 16.

7 Bruno Bettelheim vertritt die Ansicht, dass das Beharren auf der Legalität der Institution die notwendige Voraussetzung für ihre verbreitete gesellschaftliche Anerkennung war: „The insistence on legality of the official German internal policy may find its explanation in an effort to dissolve the anxieties of the middle-class followers who feel that illegal acts destroy the foundation of their existence." Bruno Bettelheim, Behaviour in Extreme Situations, in: Politics (March 1944), S. 201.

8 Hier ist eine deutliche Abgrenzung zu den Vernichtungslagern wichtig. Im Unterschied zu den Konzentrationslagern sollte ihre Existenz geheim gehalten werden, weshalb so gut wie keine bürokratischen Zeugnisse der dort begangenen Verbrechen hinterlassen wurden. So wie im Fall des CCDTyE handelt es sich auch beim Begriff des Vernichtungslagers um einen – in Ermangelung eines entsprechenden zeitgenössischen – retrospektiv geschaffenen Begriff aus der Perspektive der Opfer.

dokumentiert und archiviert worden wäre – von der Anschaffung von Hitlerbildern für die Büros der SS-Verwaltung,[9] über die Bewegungen der Häftlingsmassen bis hin zu Mordaktionen wie dem „Erschießen auf der Flucht". Bruno Bettelheim beschreibt einige jener absurden Maßnahmen, mit denen SS und Gestapo den Anschein von Legitimität der Institution aufrechtzuerhalten suchten:

> „The height of this farce of legality was reached when prisoners in the camp had to sign a document stating that they agreed to their imprisonment and that they were well pleased with the way they had been treated. It did not seem farcical to the Gestapo, which put great emphasis on such documents as a demonstration that everything happened according to law and order. Gestapo members were, for instance, permitted to kill prisoners, but not to steal from them; instead they forced prisoners to sell their possessions, and then to make a ‚gift' of the money they received to some Gestapo formation."[10]

All das zeigt, dass das KZ aus Sicht der Täter zwar eine außerrechtliche[11], aber doch eine gesetzlich legitimierte Institution sein sollte, der innerhalb der rechtlichen Ordnung der Gesellschaft ein klar definierter Platz zukam.[12] Das macht das KZ nicht weniger zu einer verbrecherischen

9 Vgl. Bertrand Perz, Verwaltete Gewalt. Der Tätigkeitsbericht des Verwaltungsführers im Konzentrationslager Mauthausen 1941 bis 1944, Wien 2013, S. 129.

10 Bettelheim, Behaviour in Extreme Situations, S. 201.

11 Die Einweisung in ein Konzentrationslager war in der Regel eine rein polizeiliche Maßnahme unter Ausschaltung der Justiz.

12 Siehe Michael P. Hensele, Die Verrechtlichung des Unrechts. Der legalistische Rahmen der nationalsozialistischen Verfolgung, in: Wolfgang Benz/ Barbara Distel (Hrsg.), Der Ort des Terrors. Geschichte der nationalsozialistischen Konzentrationslager, Bd. 1: Die Organisation des Terrors, München 2009, S. 76–90; Hensele zum Beispiel schreibt: „Obgleich die ‚Regierung der nationalen Erhebung' [...] mit der Reichstagsbrandverordnung über nahezu unbeschränkte Vollmachten verfügte, so legte Hitler doch größeren Wert auf nachträgliche ‚Legalisierung' seiner ‚Machtergreifung'." Ebenda, S. 79.

Einrichtung. Die permanente Überschreitung der oberflächlichen Ordnung – der Exzess – wurde in der Realität des Lagers zur Regel,[13] welche die offiziellen Lagerdokumente permanent tarnen, fälschen und verschweigen mussten.

Ganz anders im CCDTyE: Hier waren sich die Täter von Anfang an sowohl der Illegitimität als auch der Illegalität ihres Handelns bewusst. Um es als Geheimnis zu wahren, wurde nicht einmal der Schein bürokratischer Ordnung aufrechterhalten.[14] Während die vielfache bürokratische Dokumentation der Vorgänge in den KZ für deren Täter erst aufgrund des Vormarschs fremder Armeen und des drohenden Kriegsverlusts zu einem „Problem" wurde, dessen man sich entledigen musste, wollte man in den CCDTyE zu keiner Zeit dokumentarische Spuren hinterlassen, die über die unmittelbaren militärischen und polizeilichen

13 „Die formellen Regeln begrenzten die Macht nicht, sie lieferten der Freiheit des Terrors den institutionellen Unterbau." Sofsky, Die Ordnung des Terrors, S. 30; vgl. auch S. 249. Daher spricht Sofsky von „Terrorstrafe". Paul Martin Neurath erklärt: „Unter diesen Umständen sind Regeln und Strafen nicht mehr das, was diese Wörter im bürgerlichen Leben suggerieren: Vorschriften, die man nach reiflicher Überlegung einhalten oder brechen kann, und angekündigte Strafen für den Fall, dass man beschließt, sie zu brechen. Im Konzentrationslager bedeuten die meisten Regeln nichts außer einer vage kanalisierten Willkür, und Strafe nichts außer organisierter Misshandlung." Paul Martin Neurath, Die Gesellschaft des Terrors. Innenansichten des Konzentrationslagers Dachau und Buchenwald, Frankfurt a. M 2004, S. 135.

14 Ein Beispiel dafür, wenngleich bei Weitem nicht das gravierendste, ist der Umgang mit dem Eigentum der Entführten bzw. der Gefangenen: Im KZ wurden die sogenannten Häftlings-Effekten genau registriert und für eine allfällige Entlassung aufbewahrt. Dies verhinderte nicht, dass sich sowohl SS als auch Mithäftlinge aus diesem Fundus bedienten – konnten sie doch sicher sein, dass die Besitzer kaum je das Lager lebend verlassen würden. Zahlreiche Überlebende der CCDTyE erzählen im Gegensatz dazu, dass sich die Repressoren schon zum Zeitpunkt der Entführung das Eigentum der Entführten sowohl für den persönlichen als auch für den institutionellen Gebrauch aneigneten.

Repressionsapparate hinausreichen würden. Während die Spuren der KZ nicht nur im öffentlichen Diskurs, sondern auch in der Zivilverwaltung ihren Niederschlag fanden,[15] sollte sämtliches objektivierbares Wissen über die CCDTyE für den Rest der Gesellschaft unzugänglich bleiben.

Eines ist beiden Institutionen grundlegend gemeinsam: Sie übernehmen das zeitliche Konzept des Ausnahmezustands – der temporären Aufhebung der rechtlichen Ordnung zu deren eigenen Verteidigung – und übersetzen es in eine räumliche und damit permanente Ordnung. Am exterritorialen *Ort* des KZ und des CCDTyE herrscht ein dauerhafter Ausnahmezustand.[16] Giorgio Agamben beschreibt dies folgendermaßen:

> „Das Lager ist der Raum, der sich öffnet, wenn der Ausnahmezustand zur Regel zu werden beginnt. Im Lager erhält der Ausnahmezustand, der vom Wesen her eine zeitliche Aufhebung der Rechtsordnung auf der Basis einer faktischen Gefahrensituation war, eine dauerhafte räumliche Einrichtung, die als solche jedoch ständig außerhalb der normalen Ordnung bleibt."[17]

15 Bevor ab 1939 in den NS-Konzentrationslagern Krematorien errichtet wurden, wurden etwa die Körper der umgekommenen oder ermordeten Gefangenen in den zivilen städtischen Krematorien eingeäschert. Dies wurde in den öffentlichen Einäscherungsverzeichnissen entsprechend registriert. Vgl. Bertrand Perz/Christian Dürr/Ralf Lechner/Robert Vorberg, Die Krematorien von Mauthausen, in: Bundesministerium für Inneres (Hrsg.), Forschung, Dokumentation, Information. KZ-Gedenkstätte Mauthausen – Mauthausen Memorial 2008, Wien 2009, S. 12–23, hier S. 14.

16 Bruno Bettelheim bemerkt für das KZ, dass dieser Ausnahmezustand auch für das Verhalten der Gefangenen gilt: „What I am doing here, or what is happening to me, does not count at all; here everything is permissible as long and insofar as it contributes to helping me to survive in the camp." Bettelheim, Behaviour in Extreme Situations, S. 203.

17 Giorgio Agamben, Das Lager als *nómos* der Moderne, in: ders., Homo sacer. Die souveräne Macht und das nackte Leben, Frankfurt a. M. 2002, S. 175–189, hier S. 177 f.; vgl. auch Gatti, Las narrativas del detenido-desaparecido.

Das „nackte Leben", das Agamben hier evoziert, ist das jedes legalen Status und damit seines „politischen Lebens" beraubte Individuum: der „KZler" bzw. der „Verschwundene" (*Desaparecido*). Doch so wie die Institutionen, die sie gefangen halten, unterscheiden sich auch die Individuen aufgrund ihrer jeweiligen diskursiven Präsenz bzw. Absenz: Der KZler ist manifester sozialer Abschaum, während der *Desaparecido*, der Verschwundene, ein Geist ist, weder an- noch abwesend, „einem Regime der Unsichtbarkeit unterworfen, der negierten Tatsachen, der ausgelöschten Körper".[18]

Beide Institutionen, sowohl das KZ als auch das CCDTyE, wurzeln historisch gesehen in einem politischen Konflikt, innerhalb dessen sie als Instrumente zur Verfolgung der jeweiligen politischen Gegner gegründet und eingesetzt wurden. Die ersten KZ entstanden im Zuge der staatlichen Repressionsmaßnahmen nach dem Brand des Berliner Reichtags. Die „Verordnung zum Schutz von Volk und Staat" vom 28. Februar 1933 setzte nicht nur die bürgerlichen Rechte außer Kraft, sie bildete auch die Grundlage für die Einweisung tatsächlicher oder vermeintlicher Regimegegner – zunächst großteils Kommunisten und linke Oppositionelle – in die Konzentrationslager.[19]

Die ersten geheimen Internierungslager des argentinischen Militärs, die als Art „Pilotprojekte" der kommenden CCDTyE gesehen werden müssen, entstanden im Jahr 1975 – noch vor der Machtüber-

18 Gatti, Las narrativas del detenido-desaparecido, S. 28 (Übers. C. D.); Gatti weist zu Recht darauf hin, dass die von den argentinischen Militärs angewandte Praxis des „Verschwindenlassens" von Personen ihren historischen Präzedenzfall im nationalsozialistischen „Nacht-und-Nebel-Erlass" von Dezember 1941 hatte. Als Konsequenz dieses Erlasses wurden mehrere Tausend Widerstandskämpfer gegen die deutsche Besatzung aus den okkupierten Ländern Westeuropas geheim in die Konzentrationslager im Reich verschleppt. Wichtig ist aber zu betonen, dass die geheimen Einweisungen im Zuge dieses Erlasses die Ausnahme waren und somit innerhalb des konzentrationären Verfolgungsapparats der Nationalsozialisten einen Sonderfall darstellten.

19 Vgl. etwa Sofsky, Die Ordnung des Terrors, S. 41 ff.

nahme der Militärs durch den Putsch vom 24. März 1976 – im Zuge des *Operativo Independencia* (Operation Unabhängigkeit) in der Provinz Tucumán. Diese frühen Lager bzw. Zentren implementierten relativ konventionelle, wenn auch brutale Methoden der Repression. Aus diesen Anfängen heraus entwickelten sich in den Jahren nach der Machtübernahme – jener der Nationalsozialisten im Deutschen Reich und jener der Militärs in Argentinien – jeweils systematische Verfolgungsapparate, die sich durch eine zunehmende Organisation, die Vereinheitlichung der Methoden und die Etablierung eines Netzwerks von Lagern bzw. Zentren von besonderer und neuartiger Qualität auszeichneten. Die nationalsozialistischen Konzentrationslager wurden nach der anfänglichen Improvisationsphase im Jahr 1934 in Händen der SS zentralisiert und einer einheitlichen Organisationsstruktur unterworfen. Unter Federführung des Kommandanten des KZ Dachau Theodor Eicke gründete die SS die „Inspektion der Konzentrationslager" (IKL), die von nun an als zentrale Entscheidungsinstanz und Schaltstelle für sämtliche KZ fungierte. Zugleich wurde das Organisations- und Herrschaftsmodell des KZ Dachau auf alle Konzentrationslager im Zuständigkeitsbereich der SS übertragen.[20]

In Argentinien verallgemeinerten die militärischen und polizeilichen Verfolgungsapparate mit dem Putsch des Jahres 1976 das Prinzip des Verschwinden-Lassens von Menschen zu einem landesweiten System, das jedoch nicht – wie im Fall der nationalsozialistischen KZ – zentral gesteuert, sondern in verschiedene militärische Einflusssphären segmentiert war. Das CCDTyE spielte dabei eine zentrale Rolle:[21]

20 Vgl. Johannes Tuchel, Konzentrationslager. Organisationsgeschichte und Funktion der „Inspektion der Konzentrationslager" 1934–1938, Boppard am Rhein 1991.

21 Diese Systematizität der Verfolgung in ihren Grundzügen darzustellen versucht auch der erste Teil des Berichts der *CONADEP*, vgl. CONADEP, Informe final de la Comisión Nacional sobre la Desaparición de Personas, Buenos Aires 2003, S. 16–78.

„Der Putsch von 1976 markierte einen substanziellen Einschnitt: Das ‚Verschwinden' und die Konzentrations- und Vernichtungslager[22] waren fortan nicht mehr nur eine Methode der Repression unter vielen, sondern wandelten sich zur Form der Repression schlechthin, die auf direkte Weise von den militärischen Institutionen ausgeübt wurde. Von diesem Zeitpunkt an formierten sich die repressiven Maßnahmen nicht mehr um das Gefängnis als ihre zentrale Achse herum, sondern um das System des zwangsweisen ‚Verschwindenlassens' von Personen, das aus dem Innern der Streitkräfte heraus entwickelt wurde."[23]

Hier lässt sich eine weitere grundlegende Differenz zwischen dem KZ und dem CCDTyE feststellen, die – wie die oben dargestellten – als Symptom zweier unterschiedlicher Methodologien, zweier ungleicher Machtdispositive gelesen werden kann. In einem Artikel aus dem Jahr 1950 bemerkt Hannah Arendt mit Bezug auf die Phase vor Kriegsbeginn:

„It is interesting to note […] that [the concentration camps] increased as political opposition had decreased and that they expanded when the reservoir of people genuinely hostile to the regime was exhausted. […] Complete pacification of the anti-Nazi opposition seems to have been achieved by January 1934. […] By 1936 the sympathies of the overwhelming majority of the people for the new regime has been

22 Gemeint sind die CCDTyE. Im argentinischen Diskurs – besonders dem der 1980er- und 1990er-Jahre – sind auch die Begriffe „Konzentrationslager" und „Vernichtungslager" gängig, womit ein mehr oder weniger direkter Bezug zwischen den Verbrechen der argentinischen Militärdiktatur und jenen des NS-Regimes hergestellt werden soll.

23 Calveiro, Poder y desaparición, S. 27 (Übers. C. D.). Horacio Verbitsky formuliert es so: „Aus der enormen Dokumentation, die von der *CONADEP* zusammengetragen wurde, folgte, dass die Menschenrechte von Seiten des Staates auf systematische Weise verletzt wurden, mit ähnlichen Entführungsaktionen und denselben Foltermethoden über das gesamte Territorium hinweg […]." Horacio Verbitsky, El vuelo, Buenos Aires 1995, S. 107 (Übers. C. D.).

> won. [...] It is after 1936, i. e. after the pacification of the country, that the Nazi movement became more radical and more aggressive [...]. The less enemies Nazism encountered within Germany and the more friends it gained abroad the more intolerant and the more extremist became the ‚revolutionary principle'."[24]

Die Geschichte der nationalsozialistischen KZ ist geprägt von einem dauerhaften tendenziellen Anstieg der Häftlingszahlen, einer Ausweitung der Verfolgtengruppen und der Gründung ständig neuer Lager. In der ersten Phase nach der Machtübernahme der Nationalsozialisten stand die Verfolgung politischer Gegner im Mittelpunkt. Bis 1936 waren die Konzentrationslager vor allem mit tatsächlichen oder vermeintlichen Kommunisten und linken Oppositionellen gefüllt, 26 000 im Sommer 1933.[25] Mit der Konsolidierung des Regimes nahm die Zahl der Gefangenen vorübergehend ab und sank im Sommer 1935 auf etwa 4000. Doch die Unterdrückung und Ausschaltung der politischen Gegner waren nur der Auftakt für die Ausweitung der Verfolgung auf weitere soziale Gruppen. Auf Basis verschiedener Erlässe wurden ab 1936/37 insbesondere als „kriminell" und „asozial" definierte gesellschaftliche Randgruppen zum Zweck einer „rassischen Generalprävention"[26] in die KZ deportiert. Es ging nun nicht mehr nur

24 Hannah Arendt, Social Science Techniques and the Study of Concentration Camps, in: Jewish Social Studies 12 (1950) 1, S. 54–56.

25 Zu den folgenden Zahlenangaben vgl. Ulrich Herbert/Karin Orth/Christoph Dieckmann, Die nationalsozialistischen Konzentrationslager – Geschichte, Erinnerung, Forschung, in: dies. (Hrsg.), Die nationalsozialistischen Konzentrationslager. 2 Bde., Frankfurt a. M. 2002, hier Bd. 1, S. 25–31; Sofsky, Die Ordnung des Terrors, S. 41–57.

26 Zum Begriff der „rassischen Generalprävention" siehe Ulrich Herbert, Von der Gegnerbekämpfung zur „rassischen Generalprävention". „Schutzhaft" und Konzentrationslager in der Konzeption der Gestapo-Führung 1933–1939, in: ders./Orth/Dieckmann (Hrsg.), Die nationalsozialistischen Konzentrationslager, Bd. 1, S. 60–86.

um eine politische Konsolidierung des Regimes, sondern vielmehr um die gesamtgesellschaftliche Konsolidierung der imaginierten „Volksgemeinschaft". Die Zahl der KZ-Gefangenen stieg so bis 1938 zunächst wieder auf 24 000, bis Jahresende sogar auf 60 000.[27]

Bei der Verfolgung der jüdischen Bevölkerung spielten die Konzentrationslager gegenüber den Ghettos und Zwangsarbeitslagern zunächst eine untergeordnete Rolle. Den industriellen Massenmord an Juden ebenso wie an Sinti und Roma im Zuge der „Endlösung" vollzogen die Nationalsozialisten im Geheimen, zunächst in den speziell dafür eingerichteten Vernichtungslagern auf polnischem Territorium, später in Auschwitz-Birkenau. Erst in den letzten beiden Kriegsjahren wurden Juden in größerer Zahl als Arbeitskräfte in die KZ deportiert. Der Krieg, die Ausweitung der Verfolgung auf die besetzen Gebiete, der Arbeitskräftemangel im Reich und die zunehmende Bedeutung der Konzentrationslager als Reservoirs von Sklavenarbeitern[28] trugen in

27 Der Anstieg auf 60 000 Ende 1938 hat seinen Grund in den Massenverhaftungen aus Anlass der antijüdischen Pogrome und anschließenden Deportationen im Zuge der sogenannten Reichskristallnacht am 9./10. November desselben Jahres.

28 In der Forschung und Literatur hat sich in der jüngeren Vergangenheit diesbezüglich der Begriff des „Funktionswandels" der Konzentrationslager durchgesetzt, vgl. etwa Michael Wildt, Funktionswandel der nationalsozialistischen Lager, in Mittelweg 36 (2011) 4, S. 76–86; einzelne Fallstudien zum Thema des „Funktionswandels" finden sich in: Herbert/Orth/Dieckmann (Hrsg.), Die nationalsozialistischen Konzentrationslager, Bd. 1, S. 167–360). Die zunehmende Ausrichtung der KZ-Haft auf die Sklavenarbeit der Gefangenen in der zweiten Kriegshälfte ließ zwar neue Steuerungs- und Herrschaftsmaßnahmen wie etwa das „Prämiensystem" als Leistungsanreiz für eine Minorität von Schlüsselkräften unter den Gefangenen entstehen, die grundlegende Machtordnung des KZ wurde dadurch aber nicht infrage gestellt. Die profitierenden Wirtschaftsbetriebe bedienten sich der Mehrzahl der Gefangenen weiterhin bedenkenlos als einer Masse, die verbraucht und verschlissen werden konnte, weil sie immer wieder von außen erneuerbar war. Die KZ-Stammlager wandelten sich ab 1942 zwar tendenziell zu so etwas

der Folge zur weiteren permanenten Expansion des KZ-Systems bei, sodass bei Kriegsende rund 700 000 Personen in 13 Stamm- und mehr als 600 Außenlagern inhaftiert waren.[29]

Im Versuch der Durchsetzung einer „Volksgemeinschaft" kam dem KZ als Repressionsinstrument also eine ganz zentrale Rolle zu. Umgekehrt kann man aber auch sagen, dass der – sichtbare – Ausschluss bestimmter gesellschaftlicher Gruppen, den das KZ herbeiführte, die Vorstellung einer anzustrebenden „Volksgemeinschaft" überhaupt erst am Horizont erscheinen ließ. Es war die nur durch eine permanente Radikalisierung der Verfolgung aufrechtzuerhaltende Präsenz des KZ und des „KZlers" im öffentlichen Diskurs, die wesentlich zur Stabilisierung des gesellschaftlichen Projekts des Nationalsozialismus beitrug.

Die Entwicklungskurve der argentinischen CCDTyE verläuft dagegen anders. Das Wissen um die Verfolgungsmaßnahmen der Militärdiktatur bleibt bis heute fragmentarisch, was aufgrund seiner Charakteristik als politisches Geheimprojekt nicht verwundern sollte:

wie Verteilungsdrehscheiben für Arbeitskräfte, zur gleichen Zeit nahmen sie aber auch die Funktion von Sterbelagern an, in die die Abgearbeiteten und nicht mehr Arbeitsfähigen aus den Zwangsarbeits-Außenlagern zum Sterben zurückgeschickt wurden (zum Beispiel des KZ Mauthausen vgl. etwa Christian Dürr/Ralf Lechner, Töten und Sterben im Konzentrationslager Mauthausen/Gusen, in: Verein für Geschichtsforschung und Gedenken in österreichischen KZ-Gedenkstätten [Hrsg.], Gedenkbuch für die Toten des KZ Mauthausen. Bd. 1: Kommentare und Biografien, Wien 2016 [im Erscheinen]). Das politische Ziel der Vernichtung und das ökonomische Ziel der Produktivität standen daher auch in der Phase des „Funktionswandels" der nationalsozialistischen Konzentrationslager nicht in Widerspruch zueinander, sondern ergänzten einander vielmehr.

29 Vgl. Herbert/Orth/Dieckmann, Die nationalsozialistischen Konzentrationslager – Geschichte, Erinnerung, Forschung, S. 30.

„Die Geheimhaltung, der die Aktionen der GT [*grupos de tarea*, Einsatzgruppen] unterlagen, die in den und von den verschiedenen CCD aus operierten, die Vertuschung und die Zerstörung von Beweisen seitens derjenigen, die für ihre Einrichtung und ihren Betrieb zuständig waren, verhindern auch heute noch ein umfassendes Wissen der tatsächlichen Dimension des Unterdrückungsprogramms und der Mittel, die der Staatsterrorismus für dessen Umsetzung anwenden musste."[30]

Dennoch konnte aufgrund der intensiven, insbesondere auch durch die laufenden Gerichtsprozesse angeregten Forschung der letzten Jahre ein beachtlicher Wissensstand erreicht werden. Die im Jahr 2015 von der *Secretaría de Derechos Humanos de la Nación* publizierte vorläufige Auflistung sämtlicher namentlich bekannter Opfer des Staatsterrorismus enthält auch eine Liste aller bislang identifizierten geheimen Internierungszentren. Insgesamt 762 solcher Orte sind heute bekannt, über das gesamte Land verteilt, aber mit einem deutlichen Schwerpunkt auf der Provinz Buenos Aires und der Hauptstadt.[31] Manche von ihnen hatten von Beginn an nur transitorischen Charakter und fungierten als Durchgangszentren, von denen aus die Gefangenen an dauerhafte Unterbringungsorte verlegt wurden.[32] Andere wiederum wiesen nicht sämtliche Charakteristika eines CCDTyE auf, etwa weil die Gefangenen dort nur interniert waren und zur Folterung woandershin verbracht

30 Secretaría de Derechos Humanos, Registro Unificado de Víctimas del Terrorismo de Estado, November 2015, S. 1576, http://www.jus.gob.ar/derechoshumanos/areas-tematicas/ruvte.aspx (12. 12. 2015; Übers. C. D.).

31 Registro Unificado de Víctimas del Terrorismo de Estado, Anexo 5, Listado de centros clandestinos de detención y otros lugares de reclusión ilegal del terrorismo de Estado en la Argentina entre 1974 y 1983, http://www.jus.gob.ar/derechoshumanos/areas-tematicas/ruvte.aspx, S. 1576 (12. 12. 2015). In der Ausgabe des Berichts der „Nationalen Kommission über das Verschwinden von Personen" (*CONADEP*) aus dem Jahr 2003 war noch von 340 geheimen Internierungszentren die Rede (CONADEP, Nunca Más, S. 54).

32 CONADEP, Nunca Más, S. 80.

wurden, verknüpften sich dabei jedoch mit anderen Orten zu einem systematischen Verfolgungsnetzwerk.[33]

Viele der als dauerhaft angelegten Internierungszentren bestanden nur bis 1977 oder 1978. Im Jahr 1980 waren nur mehr die Zentren im *Campo de Mayo* (Provinz Buenos Aires) und in der *Escuela de Mecánica de la Armada* (*ESMA* – Stadt Buenos Aires) übrig, Letzteres praktisch bis zum Ende der Diktatur im Jahr 1983. Mit dem Rückgang der Zahl der Internierungszentren nahm zugleich auch die Zahl der darin gefangen gehaltenen Menschen ab.[34] Das heißt, die Bedeutung der CCDTyE schwand – im Gegensatz zum KZ – gemeinsam mit der Stabilisierung des Regimes, seiner zunehmenden gesellschaftlichen Verankerung und der fortschreitenden Beseitigung der politischen Gegner. Die Bedeutung des CCDTyE besteht also offenbar nicht – wie im Fall der KZ – in der Tatsache seiner reinen Präsenz, sondern in einem bestimmten Eingriff in die Gesellschaft, der bei erfolgreichem Vollzug dessen weitere Existenz überflüssig macht.

Worin dieser Eingriff bestand, welche Mechanismen er in Gang setzte, welche Methoden er anwandte, welche Spuren er in den Individuen und in der Gesellschaft hinterließ – diesen Fragen soll im Folgenden näher nachgegangen werden.

33 Registro Unificado de Víctimas del Terrorismo de Estado, Anexo 5, Listado de centros clandestinos de detención y otros lugares de reclusión ilegal del terrorismo de Estado en la Argentina entre 1974 y 1983, http://www.jus.gob.ar/derechoshumanos/areas-tematicas/ruvte.aspx, S. 1575 f. (12. 12. 2015).

34 Bis heute gibt es keinen klaren Überblick davon, wie viele und welche Internierungszentren als transitorisch bzw. als permanent eingestuft werden müssen, und auch die von der *Secretaría de Derechos Humanos* veröffentlichten Zahlen geben darüber keine Auskunft. Ebenso liegen keine eindeutigen Zahlen über die quantitative Entwicklung der Entführungen bzw. gefangen gehaltenen Personen sowie der Gesamtzahl der zu verschiedenen Zeitpunkten jeweils funktionierenden Internierungszentren vor. Die Tendenz der quantitativen Abnahme sowohl der Zahl der gefangen gehaltenen Personen als auch der Internierungszentren von 1976 bis 1983 ist jedoch eindeutig, vgl. María Seoane/Vicente Muleiro, El dictador, Buenos Aires 2001, S. 227 f.

Die Interviews

Die Primärquellen, die für diese Arbeit herangezogen wurden, sind audiovisuelle Interviews mit Überlebenden der argentinischen CCDTyE. Die analysierten Interviews entstammen drei unterschiedlichen Sammlungen: Die Basis bildet die Sammlung des *Centro de Estudios sobre Genocidio* (CEG) der *Universidad Nacional de Tres de Febrero* in Buenos Aires, bestehend aus insgesamt 65 Interviews, die in den Jahren 2001 bis 2009 großteils mit Überlebenden unterschiedlicher CCDTyE, in kleinerer Zahl auch mit politischen Aktivisten durchgeführt wurden, die in den Jahren zwischen 1976 und 1983 nicht interniert, sondern im politischen Untergrund waren. Die zweite Sammlung, auf die für diese Arbeit zurückgegriffen wurde, ist jene des Forschungsinstituts *Memoria Abierta*, ebenfalls in Buenos Aires, das seinen Sitz in einem Gebäude der ehemaligen *Escuela de Mecánica de la Armada* hat. Auf seiner Website charakterisiert das Institut seine Sammlung wie folgt:

> „Das Oral-History-Archiv von *Memoria Abierta* bringt Zeugnisse hervor mit Bezug auf die Zeit des Staatsterrorismus, zum sozialen und politischen Leben der 1960er- und 1970er-Jahre sowie zu den unterschiedlichen, von Menschenrechtsorganisationen und der Zivilgesellschaft angestoßenen Aktionen für Wahrheit und Gerechtigkeit. Es umfasst Interviews – aufgezeichnet in audiovisuellem Format – mit Personen, deren Leben von unterschiedlichen Aspekten des Staatsterrorismus betroffen waren."[1]

1 Vgl. http://www.memoriaabierta.org.ar/bases/opac/Registros/oral/index.html (4. 8. 2014; Übers. C. D.).

Diese beiden institutionellen Sammlungen wurden schließlich um einzelne vom Autor selbst durchgeführte Vertiefungsinterviews ergänzt.

Im Gesamtsample dieser Arbeit erfüllen die Interviews der Sammlung *Memoria Abierta* die Funktion von Kontrollinterviews. Das heißt, es wurde auf Interviews mit Personen zurückgegriffen, die auch für die Sammlung des CEG interviewt wurden, jedoch zu jeweils anderen Zeitpunkten. Das Einbeziehen dieser Interviews in die Gesamtanalyse, die so auf Interviews aus verschiedenen Zeiten zurückgreifen konnte, sollte verdeutlichen, wie sich die Erzählungen der Überlebenden mit zunehmender zeitlicher Distanz zu den Geschehnissen und vor dem Hintergrund einer sich verändernden Gegenwart transformieren und wie neue Diskurse der gesellschaftlichen Aufarbeitung der historischen Geschehnisse auf die individuellen Erzählungen rückwirken (können). Bereits der Vergleich einiger weniger Interviews zeigte jedoch, dass sich die Erzählungen derselben Interviewees, obwohl zu verschiedenen Zeiten aufgenommen, in Form und Inhalt praktisch nicht voneinander unterschieden. Im Fall einer Person, Enrique Mario Fukman, wurden sogar drei in einem Zeitraum von 13 Jahren zu jeweils unterschiedlichen Zeitpunkten (2001, 2007, 2014) aufgezeichnete Interviews herangezogen.

Das Ergebnis war, dass sich selbst in diesem Fall die grundsätzlichen Muster der Erzählungen wiederholten. Ich möchte daraus eine doppelte Hypothese ableiten: Zum einen ist der zeitliche Abstand, in dem die jeweiligen Interviews aufgenommen wurden, zu klein, als dass sich daraus wahrnehmbare Auswirkungen auf die Erzählung ergeben würden. Zum anderen – und das ist wohl der noch wichtigere Aspekt – hatten sich die relevanten gesellschaftlichen Aufarbeitungsdiskurse, welche die Narrative der Überlebenden mit formten, bereits vor dem Entstehen der vorliegenden Interviews ausgebildet. Man könnte sogar sagen: Das Aufkommen dieser kollektiven Diskurse war wesentlich mit dafür verantwortlich, dass Institutionen überhaupt erst begannen, die Erinnerungen von Überlebenden aufzuzeichnen und zu sammeln bzw. dass Überlebende die Räume und das Vertrauen fanden, um darüber zu sprechen.[2] Nachweise einer Transformation der individuellen Narrative wären demzufolge von einem Vergleich mit Interviews aus der Zeit vor Mitte der 1990er-Jahre zu erwarten, was jedoch auf Basis des zur Verfügung stehenden Quellenmaterials nicht geleistet werden konnte.

Die vom Autor selbst durchgeführten Interviews dienten schließlich vor allem dazu, bestimmte Fragen zu klären und andernorts angesprochene Themenkomplexe inhaltlich zu vertiefen. Nur im Fall eines Interviews, jenem mit Graciela Daleo, wurde dem Sample eine gänzlich neue Lebensgeschichte hinzugefügt.

Insgesamt wurden 21 Interviews mit 16 unterschiedlichen Personen, geführt in den Jahren 2001 bis 2014, einer Analyse unterzogen. Von den 16 Interviewees waren neun Männer und sieben Frauen. Im Moment ihrer Entführung waren 12 Personen zwischen 20 und 30 Jahren alt, drei waren älter als 30 Jahre, eine Person jünger als 20. Hinsichtlich Ausbildung und Bildungsgrad hatten 11 der interviewten Personen zum Zeitpunkt ihrer Entführung eine akademische Ausbildung beendet oder absolvierten diese gerade. Vier Personen hatten eine abgeschlossene Berufsausbildung, eine Person lediglich einen Grundschulabschluss. Was ihre politische Sozialisation betrifft, so sind die allermeisten der Interviewees, nämlich 13, dem linken Peronismus

2 In einem Interview mit dem Autor datiert Daniel Feierstein den Schlüsselmoment für das Entstehen gesellschaftlicher Aufarbeitungsdiskurse über die Verbrechen der argentinischen Militärdiktatur auf Mitte der 1990er-Jahre: „Der entscheidende Punkt liegt in der Mitte der neunziger Jahre. Nach den Jahren der Straffreiheit infolge der Amnestiegesetze von 1989 und 1990 formierte sich schon Mitte der Neunziger erneut Widerstand, dessen Hauptrepräsentanten dieselben Gruppen waren, die schon gegen die Diktatur aufgetreten waren. Aber es erscheinen auch viele neue Akteure, darunter die Söhne und Töchter der ‚Verschwundenen'. Es begann eine Phase massiven und sehr originellen Widerstands." „Spucken Sie ihm ins Gesicht!" Interview mit Daniel Feierstein, in: Konkret. Politik und Kultur (2015) 1, S. 35.

zuzurechnen, zwei gehörten trotzkistischen Gruppierungen an und eine Person sieht sich selbst in einer Tradition des Anarchismus.

Von denjenigen, die während der Militärdiktatur oder auch schon davor in einem CCDTyE oder einem regulären Gefängnis als politische Gefangene interniert waren, war die große Mehrheit während der Jahre 1977 (vier) und 1978 (sieben) entführt worden, eine Person im Jahr 1979, eine andere im Jahr 1976 und eine weitere bereits vor Beginn der Diktatur im Jahr 1975. Acht der interviewten Personen waren in der *ESMA* interniert, fünf in dem Lagerkomplex *Club Atlético/El Banco/ Olimpo* (von diesen wiederum eine Person nur in *El Banco*, zwei nur in *Olimpo*, eine in *El Banco* und *Olimpo* und schließlich eine im *Club Atlético*, in *El Banco*, in *Olimpo* und zudem in der *ESMA*). Eine Person wurde zunächst vorübergehend in der *Comisaría III* in der Provinzstadt Santa Fe, später in der *Guardia de Infantería*, ebenfalls in Santa Fe, und schließlich im (legalen) Gefängnis des Stadtteils Villa Devoto in Buenos Aires als politische Gefangene festgehalten. Eine Person wurde in der *Escuelita de Famaillá* in der nördlichen Provinz Tucumán interniert. Darüber hinaus umfasst das Sample zwei Personen, die, obwohl sie in politischen Gruppierungen tätig waren, die von der Diktatur verfolgt wurden, einer Entführung und Internierung im Untergrund entkommen konnten. Knapp die Hälfte der interviewten Personen, nämlich sieben, war länger als ein Jahr interniert, eine von ihnen sogar länger als zwei und eine weitere länger als drei Jahre. Vier Personen blieben weniger als drei Monate in Haft, zwei von diesen wiederum weniger als einen Monat.

Schließlich muss noch betont werden, dass fast alle Interviewees nicht nur zum Zeitpunkt ihrer Entführung politische Aktivisten gewesen waren, sondern in unterschiedlichen Phasen nach ihrer Verfolgung und Internierung erneut politisch aktiv wurden. Zum Zeitpunkt der Aufzeichnung der jeweiligen Interviews waren viele von ihnen in politischen Gruppierungen und/oder Menschenrechtsorganisationen tätig oder setzten sich anderweitig für die Verfolgung der Verbrechen der Militärdiktatur und die Aufarbeitung der jüngeren argentinischen

Geschichte ein. Dies überrascht nicht, wenn man bedenkt, dass der Aufbau von Interviewsammlungen generell von der Existenz und dem Zugriff auf ein weites Netzwerk persönlicher Beziehungen abhängig ist. Organisierte politische Gruppen, Menschenrechtsorganisationen, Zusammenschlüsse von Überlebenden sind solche Netzwerke, über die potenzielle Interviewpartner über persönliche Beziehungen ausfindig gemacht und kontaktiert werden können. Die Mehrheit der interviewten Personen hat also bereits vor dem Interview an der Formung eines kollektiven Diskurses mitgewirkt, ebenso sehr wie ein solcher Diskurs ihre eigenen Erzählungen mit gestaltet hat. Solche Stimmen prägen daher die wissenschaftliche Analyse der Verfolgungs- und Internierungserfahrungen während der argentinischen Militärdiktatur wesentlich. Zugleich wird dadurch der Ausschluss derjenigen Überlebenden aus dem gesellschaftlichen und wissenschaftlichen Diskurs perpetuiert, die es niemals vermocht haben, die Stimme zu erheben, um ihre Geschichte zu erzählen. Dies ist ein methodisches ebenso wie ein ethisches Problem, das zu lösen auch diese Arbeit nicht imstande ist.

Die Internierungsorte

762 geheime Internierungszentren konnten bislang auf das gesamte Territorium Argentiniens verteilt identifiziert werden.[1]

Escuelita de Famaillá

Das CCDTyE in der *Escuelita de Famaillá* ist das früheste bekannte geheime Internierungszentrum in Argentinien. Es wurde bereits im Februar 1975, noch in Zeiten der Demokratie, im Zuge des sogenannten *Operativo Independencia* in einem in Bau befindlichen Schulgebäude im Ort Famaillá nahe der Provinzhauptstadt San Miguel de Tucumán eingerichtet. Das CCDTyE unterstand der Armee. Bis ins Jahr 1977 wurden dort Hunderte Personen geheim interniert, gefoltert und ermordet.

Guardia de Infantería Reforzada, Santa Fe

Das CCDTyE auf einem Infanterie-Stützpunkt existierte während der Jahre 1976 bis 1978 in der Provinzstadt Santa Fe unter dem Kommando der Polizei der Provinz Santa Fe. Es fungierte hauptsächlich als Verteilungszentrum. Nach einer Zeit der Verhöre und der Folter wurden die Entführten und dort Festgehaltenen in der Regel in reguläre Gefängnisse überführt.

1 Forschungsstand hier und im Folgenden laut: Registro Unificado de Víctimas del Terrorismo de Estado, Anexo 5, Listado de centros clandestinos de detención y otros lugares de reclusión ilegal del terrorismo de Estado en la Argentina entre 1974 y 1983, http://www.jus.gob.ar/derechoshumanos/arcas-tematicas/ruvte.aspx.

Geheime Internierungszentren in Argentinien

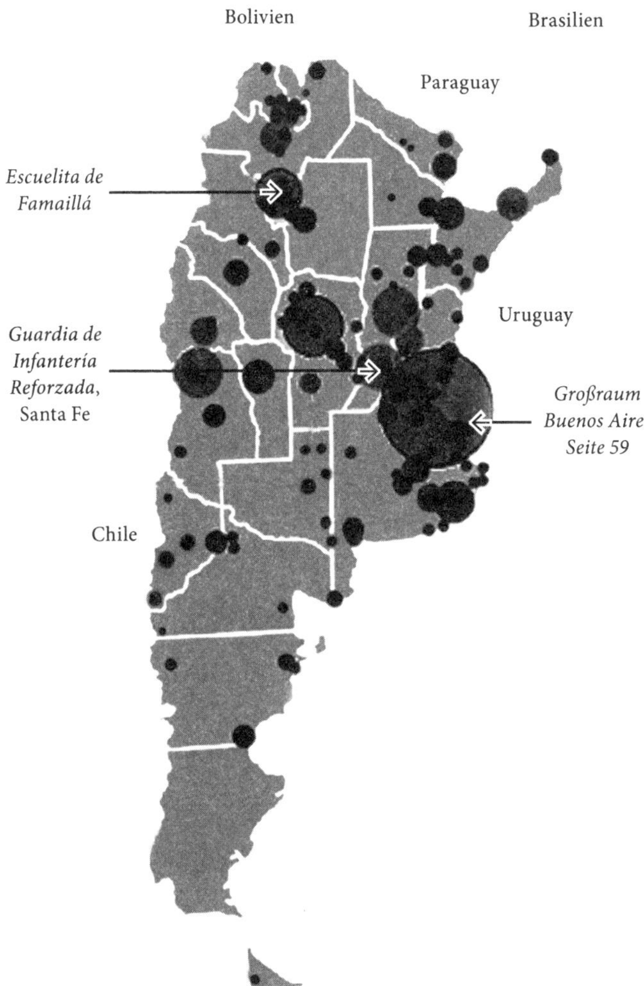

Quelle: http://www.taringa.net/posts/info/1364870/ Los-centros-clandestinos-de-detencion-parte2.html

120 geheime Internierungszentren konnten bislang im Großraum Buenos Aires identifiziert werden.

El Banco

Das CCDTyE *El Banco* existierte von Ende 1977 bis Mitte 1978 südlich der Hauptstadt auf einem Gelände der Polizei von Buenos Aires. Hierher wurden Gefangene aus dem *Club Atlético* überstellt, als dieser wegen eines Autobahnbaus aufgegeben werden musste. *El Banco* war von Beginn an als nur temporärer Unterbringungsort für Entführte bis zur Fertigstellung eines neuen Internierungszentrums im sogenannten *Olimpo* vorgesehen. Wie auch der *Club Atlético* unterstand das CCDTyE *El Banco* der Bundespolizei.

Geheime Internierungszentren im Großraum Buenos Aires

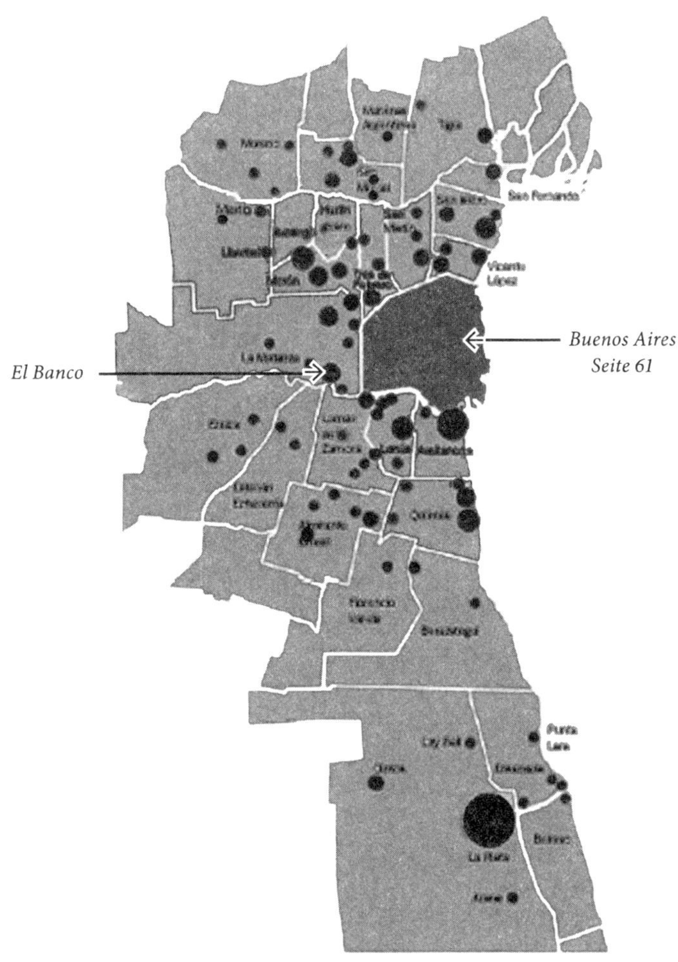

Quelle: http://www.taringa.net/posts/info/1364870/ Los-centros-clandestinos-de-detencion-parte2.html

57 geheime Internierungszentren konnten bislang in der Hauptstadt Buenos Aires identifiziert werden.

Escuela de Mecánica de la Armada (*ESMA*)

Das CCDTyE existierte seit Beginn der Militärdiktatur auf einem weitläufigen Gelände der Mechanikerschule der Marine im nördlichen Stadtteil Nuñez von Buenos Aires. Die Entführten wurden in Teilen des dortigen Offizierskasinos festgehalten. In dessen Keller befanden sich die Foltersäle, die dauerhafte Unterbringung der Gefangenen erfolgte im dritten Stock. Das CCDTyE in der *ESMA* unterstand der Marine und funktionierte bis zum Ende der Diktatur 1983. Etwa 5000 Personen wurden in dieser Zeit dort gefangen gehalten, etwa 90 Prozent von ihnen wurden ermordet.

Club Atlético

Das CCDTyE im *Club Atlético* befand sich im südlichen Stadtteil San Telmo von Buenos Aires. Es unterstand der Bundespolizei und wurde von Mitte 1976 bis Ende 1977 betrieben. In dieser Zeit wurden dort zwischen 1500 und 1800 Personen geheim festgehalten und gefoltert. Die meisten von ihnen blieben bis heute „verschwunden". Wegen des Baus einer Autobahn musste das Gebäude aufgegeben werden. Der Großteil der zu diesem Zeitpunkt noch verbliebenen Gefangenen wurde in das CCDTyE *El Banco* überstellt, manche kamen später weiter in das CCDTyE *Olimpo.*

Olimpo

Das CCDTyE *Olimpo* bestand von August 1978 bis Jänner 1979 im Südwesten von Buenos Aires auf einem Gelände mit ehemaligen Kfz-Werkstätten der Bundespolizei. Zudem waren hier Repressionsorgane der Polizei von Buenos Aires, der Armee sowie der Gendarmerie im Einsatz. Während seiner Existenz wurden etwa 500 Menschen – die meisten von ihnen aus den CCDTyE *Club Atlético* bzw. *El Banco* überstellt – im *Olimpo* illegal festgehalten, gefoltert und zu einem Großteil ermordet.

Geheime Internierungszentren in der Hauptstadt Buenos Aires

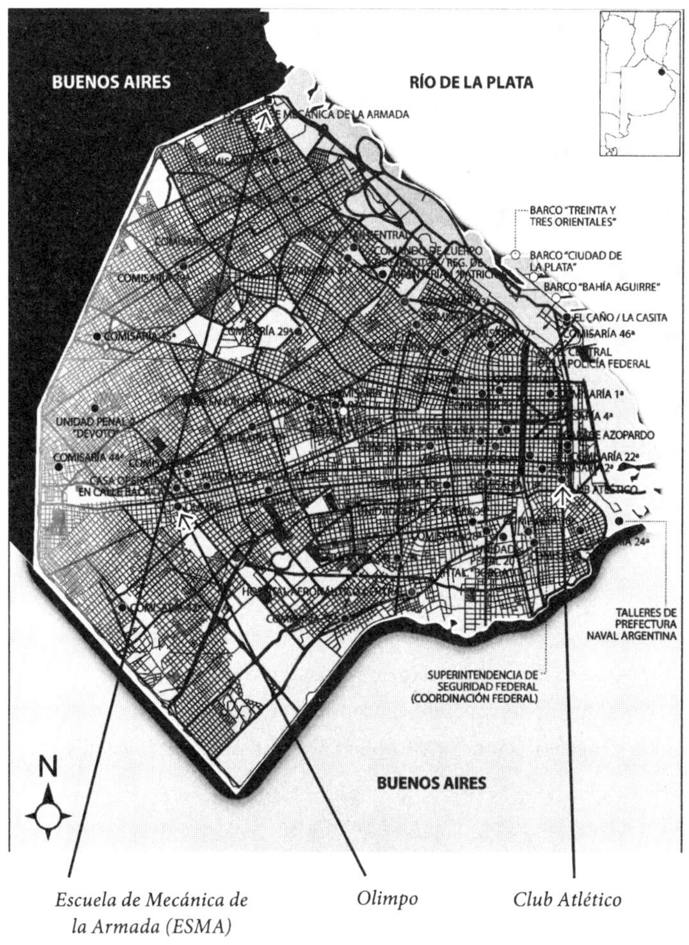

Quelle: Registro Unificado de Víctimas del Terrorismo de Estado, http://www.jus.gob.ar/derechoshumanos/areastematicas/ruvte.aspx

Verfolgung und Untergrund

In den meisten der für diese Arbeit analysierten Interviews setzt die systematische Erzählung – je nach Alter der Interviewees – Ende der 1960er- bis Mitte der 1970er-Jahre ein. Den Beginn der Erzählungen markieren zumeist das Erwachen des eigenen politischen Bewusstseins, die ersten Kontakte mit politischen Gruppen und die ersten Erfahrungen mit politischem Aktivismus. Die überwiegende Mehrheit der interviewten Personen war in Organisationen aktiv, die der peronistischen Linken zugerechnet werden können. Die Art des Aktivismus reichte von der politischen Arbeit in Gewerkschaften oder Studentengremien, über soziale Projekte in den Armenvierteln, illegale Propagandaarbeit bis – in einzelnen Fällen – zu Kontakten zu den bewaffneten Widerstandsgruppen.

Nach der Darstellung des eigenen politischen Aktivismus vor dem Hintergrund des weiteren politischen Kontextes der Zeit folgen in den meisten Fällen Erzählungen der unmittelbar darauf einsetzenden Repression. Je nach Alter und Vorgeschichte der Interviewees wird dabei auch auf Verfolgungserfahrungen aus den Jahren vor dem Militärputsch des Jahres 1976 eingegangen.

Osvaldo Barros war bereits während der Diktatur von General Juan Carlos Onganía (1966–1973) politisch aktiv und berichtet über diese Zeit:

> „Während der Onganía-Diktatur lebten wir schon in der Klandestinität. Später erschien uns das wie eine ‚Klandestinität light', aber zu jener Zeit war das hart für uns."
> *(Interview mit Osvaldo Barros, CEG)*

Der seit 1973 von der paramilitärischen Organisation *Triple A*[1] ausgeübte Terror wird in mehreren Interviews als deutlicher Einschnitt sowohl in die politische Arbeit als auch in die persönliche Lebenssituation beschrieben. Osvaldo Barros schildert seine Erfahrungen als Student an der Universität von Buenos Aires:

> „Die *Compañeros*, die am exponiertesten waren, [...] mussten die Fakultät aus Sicherheitsgründen verlassen, denn damals war die *Triple A* bereits aktiv, und es war gefährlich geworden, sich an der Fakultät politisch zu betätigen. Die anderen mussten ihre Arbeit im Geheimen weiterführen, nicht mehr in großen Gruppen, sondern eher von *Compañero* zu *Compañero*, von Student zu Student. Es ging einfach nicht mehr, sich in einer Vorlesung vorne hinzustellen und einfach loszureden, den Professor zu unterbrechen, das Wort an sich zu reißen. Man konnte gar nichts mehr machen, keine Versammlungen abhalten, keine Treffen, nichts. Von da an wurde die Situation immer schwieriger. So war das in den Jahren 1974/75." *(Interview mit Osvaldo Barros, CEG)*

1 Die *Alianza Anticomunista Argentina* oder *Triple A* war eine vom damaligen Sozialminister Jose López Rega ins Leben gerufene paramilitärische Organisation des äußerst rechten Flügels des Peronismus. Zu ihren Methoden gehörten die Einschüchterung und der gezielte Mord an Vertretern linker Organisationen, an Gewerkschaftern, Studenten, Intellektuellen etc. Sie verfolgte damit das Ziel, Wortführer, Verbindungspersonen und Multiplikatoren innerhalb und zwischen den einzelnen politischen und sozialen Bewegungen gezielt auszuschalten: „Die operative Vorgehensweise der *Triple A* kombinierte selektive Morde mit Einschüchterung durch sporadische Anschläge und Drohungen auf Basis ‚schwarzer Listen' – oder direkten Morddrohungen –, die sich gegen jene gesellschaftlichen Sektoren richteten, die als Verbindungsglieder zwischen den unterschiedlichen politischen und sozialen Bewegungen fungieren konnten." Feierstein, El genocidio como práctica social, S. 320 (Übers. C. D.).

„Wir gingen in die Stadtviertel, um dort politisch zu arbeiten. Es gab dort Gruppen von Anwohnern, die etwa für die Asphaltierung ihrer Straßen, für Stromversorgung, für die alltäglichen Notwendigkeiten kämpften. Wir gewannen die Wahlen und setzten unsere politische Arbeit fort. Und im Jahr 1975 begannen plötzlich die Bombenanschläge auf die Büros der Anwälte. Ich arbeitete beispielsweise damals für einen Anwalt, und ihm drohten sie die ganze Zeit mit Bombenanschlägen."
(Interview mit Susana Muñoz, CEG)

Für einige der Interviewees begann in diesen Jahren bereits die persönliche Verfolgungsgeschichte. Rufino Almeida erinnert sich:

„Wir [meine Frau und ich] lebten damals mit einem anderen Ehepaar zusammen. Und eines Tages kam die *Triple A*, um die Frau zu holen. Zum Glück irrten sie sich im Häuserblock und fanden uns nicht. Aber wir mussten daraufhin dieses Haus für immer verlassen. Die Verfolgung und die Repression haben also nicht erst im Jahr 1976 begonnen."
(Interview mit Rufino Almeida, CEG)

Auch Gilberto Ponce, Aktivist für Behindertenrechte des *Frente de Lisiados Peronistas* (Front Peronistischer Behinderter), erzählt, dass bereits im Jahr 1975 die ersten Mitglieder seiner Gruppe entführt und „zum Verschwinden gebracht" wurden (siehe Interview mit Gilberto Ponce, CEG).

Ein Sonderfall ist in diesem Zusammenhang die bereits beschriebene Situation in der Provinz Tucumán während des *Operativo Independencia* (Operation Unabhängigkeit).

Margarita Cruz, die als Studentin zu jener Zeit in Tucumán politisch aktiv war, berichtet:

„Im Oktober, November 1974, nachdem das ERP[2] in einer Aktion die Tochter von General Viola ermordet hatte,[3] begannen die brutalen Repressionsmaßnahmen in Tucumán. Schon im Jahr 1974 begann es mit der Verfolgung der Studentenbewegung, der FOTIA,[4] und den Repressionsmaßnahmen in den Armenvierteln. [...] Und im Februar 1975 hatten wir schon den *Operativo Independencia* am Hals. Ab diesem Moment gerieten immer mehr *Compañeros* in Gefangenschaft." *(Interview mit Margarita Cruz, CEG)*

Emilio Argentino Montoya, damals Gewerkschafter der Zuckerarbeiter in Tucumán, erzählt:

„Sie rekrutierten immer mehr Leute für ihre Verfolgungsmaßnahmen, um uns an unseren Protesten zu hindern. Wenn wir auf die Straße gingen, schickten sie uns die Bundespolizei, danach die Gendarmerie,[5] danach die Dritte Kompanie des Heeres, danach

2 Das Ejército *Revolucionario del Pueblo* (ERP – Revolutionäre Volksarmee) war eine Guerillagruppe, die in den 1970er-Jahren aus dem trotzkistischen *Partido Revolucionario de los Trabajadores* (PRT – Revolutionäre Partei der Arbeiter) hervorgegangen war. Im Zuge des *Operativo Independencia* und durch den nachfolgenden Staatsterror der Militärdiktatur wurde das ERP bis Jahresbeginn 1977 praktisch ausgelöscht.

3 Humberto Viola war 1974 als Angehöriger der Armee in Tucumán stationiert. Als Vergeltungsmaßnahme für die illegale Exekution von 16 seiner Mitglieder führte das ERP ein Attentat auf Viola aus, bei dem Viola und eine seiner zwei Töchter getötet wurden. Die zweite Tochter wurde schwer verletzt.

4 Die *Federación Obrera Tucumana de la Industria del Azúcar* (FOTIA – Arbeiterföderation der Zuckerindustrie von Tucumán) ist die 1944 gegründete Gewerkschaft der Zuckerarbeiter in der nördlichen Provinz Tucumán. Während des *Operativo Independencia* 1975 waren die Funktionäre der FOTIA Hauptziele von Entführungen und Morden durch das Militär und paramilitärische Banden.

5 Die wichtigsten Sicherheitskräfte in Argentinien verteilen sich einerseits auf die Gendarmerie, andererseits auf die Bundes- und die Provinzpolizeien. Die

die Vierte, die Fünfte, die Sechste. Sie schickten uns alles, was sie hatten. Wir waren etwa 1500 Aktivisten in Tucumán, die Repressionsorgane waren 15 000. […] Das ist die traurige Realität an dem Ganzen: Sie kamen, um uns systematisch zu eliminieren."
(Interview mit Emilio Argentino Montoya, CEG)

Abgesehen vom Sonderfall Tucumán, wo die staatliche Verfolgung schon zuvor neue Dimensionen erreicht hatte, sind sich die Interviewees darin einig, dass mit dem Militärputsch vom 24. März 1976 die Repressionen ein bis dahin unbekanntes Ausmaß und Qualität annahmen.

Juan Agustín Guillén, wie Gilberto Ponce Aktivist des *Frente de Lisionados Peronistas*, hatte zuvor bereits den Terror der *Triple A* zu spüren bekommen. Er beschreibt die neue Situation so:

„Es begannen nun mit einem Mal Personen zu verschwinden. Es begannen die Erschießungen. Entlang der Landstraßen lagen mit einem Mal Leute. Sie begannen, die Häuser zu stürmen, die Fabriken zu stürmen. Die Leute erlebten den Terror alltäglich: Kontrollen in den öffentlichen Bussen, Kontrollen von Autos, Kontrollen in den Schulen, in den Spitälern …"
(Interview mit Juan Agustín Guillén, CEG)

„Mit dem 24. März (1976) begannen die massenhaften Entführungen, das Verschwindenlassen von Personen. Das hat uns alle verändert. Wir alle begannen uns zurückzuziehen, alles zog sich zunehmend nach innen zurück."
(Interview mit Enrique Mario Fukman, Memoria Abierta*)*

Gendarmerie ist im Unterschied zur Polizei militärischer Natur (die Verbände sind kaserniert) und kann auch militärische Aufgaben übernehmen. Ihr Haupteinsatzgebiet ist der Schutz der nationalen Grenzen und der abgelegenen Landesgebiete

In mehreren Interviews wird zudem deutlich, dass weder die politischen Organisationen noch die Einzelpersonen auf das Ausmaß und die Wucht dieser neuen Welle der staatlichen Repression vorbereitet waren:

„Wir wussten, dass nun eine sehr schwere Zeit kommen würde, eine Zeit der Unterdrückung. Aber wir hatten nicht die geringste Vorstellung von dem, was da wirklich auf uns zukam. Höchstens dachten wir, dass es eine neue Diktatur ähnlich der Onganías geben würde, vielleicht ein wenig schlimmer. Aber irgendwann würde sie enden, würde sich die Lage entspannen, würden die politischen Parteien zurückkehren und so weiter ... Man kann sagen, wir hatten nicht die geringste Vorstellung von dem Ausmaß der Repression gehabt, die uns erwartete, oder davon, was diese Diktatur im Land anrichten würde: die gesamte Gesellschaft umkrempeln."
(Interview mit Osvaldo Barros, CEG)

„Die Unterdrückung begann also zuzuschlagen. Wir waren zwar auf Unterdrückung vorbereitet, auf die Klandestinität vorbereitet, aber niemals auf dieses Ausmaß an Unterdrückung, auf diesen massiven Einsatz geheimdienstlicher Mittel, die diese Typen einsetzten, um uns aufzuspüren."
(Interview mit Osvaldo Barros, CEG)

„Wir erfuhren nun von den ersten Verhaftungen. [...] Ich dachte darüber nach, was sie über mich wissen könnten ... ‚Sicherlich werde ich ins Gefängnis gehen', dachte ich. ‚Man wird mir den Prozess machen und sie werden mich für ein paar Jahre einsperren.' Aber ich dachte nicht an Folter, ich dachte nicht an Entführung, ich dachte an nichts von all dem."
(Interview mit Susana Muñoz, CEG)

Eine besondere Qualität der nach dem Putsch einsetzenden Repressionswellen war die Einbeziehung des unmittelbaren sozialen und familiären Umfelds in die Verfolgungsmaßnahmen. Zahlreiche Interviewees erzählen davon, dass Angehörige, Freunde oder Bekannte von den Repressionsorganen verfolgt, unter Druck gesetzt, inhaftiert oder gar gefoltert und ermordet wurden, um Informationen über gesuchte Personen zu erpressen. Um Aktivisten der verschiedenen politischen Gruppierungen auf die Spur zu kommen, wurde ein gesamtes soziales Milieu unter Generalverdacht gestellt und in unterschiedlichem Ausmaß in Geiselhaft genommen. Um Angehörige und Freunde nicht zu gefährden, sahen sich viele der Interviewees gezwungen, ihre sozialen Kontakte auf ein Minimum zu reduzieren.

Emilio Argentino Montoya aus Tucumán war im Untergrund und wurde von den Militärs gesucht. Er berichtet:

> „Jedes Mal, wenn sie kamen und mich suchten, nahmen sie einen meiner Brüder mit. Wir waren viele, und sie waren imstande, jemanden zu verhaften, nur weil er denselben Familiennamen hatte. Nach und nach nahmen sie einen nach dem anderen mit, um ihn zu verhören. Natürlich kriegten sie nichts aus ihnen heraus, aber nur wegen ihres Familiennamens nahmen sie sie gefangen. Wenn sei etwa im öffentlichen Bus jemanden mit meinem Familiennamen erwischten, hieß es schon: ‚Runter auf den Boden!' Derjenige verschwand dann für fünfzehn Tage, ohne jede Möglichkeit des Protests. [...] Sie stürmten mein Haus drei Mal [...]. Danach entführten sie einen meiner Brüder während einer Busfahrt, zwei andere wurden aus dem Haus entführt. [...]. Ich wollte gar nicht mehr nach Hause zurück, um meiner Familie mit meiner Geschichte nicht noch mehr Probleme zu verursachen. So verbrachte ich achtzehn Jahre meines Lebens, ohne nach Tucumán zurückzukehren."
> *(Interview mit Emilio Argentino Montoya, CEG)*

Isabel Fernández Blanco erzählt, wie sie im Jahr 1976 einem ersten Entführungsversuch entkam. Ein Einsatzkommando (*grupo de tareas*) suchte sie im Haus ihrer Familie, doch sie lebte damals mit ihrem Lebensgefährten bereits an einem anderen, vor der Familie aus Sicherheitsgründen geheim gehaltenen Ort:

> „Da sie mich nicht antrafen, nahmen sie meinen Bruder als Geisel mit. Mein Bruder konnte meinem Vater gerade noch ausrichten, wo wir genau wohnten. Mein Vater kam daraufhin, um uns zu warnen. Meinen Bruder behielten sie über Nacht in Gefangenschaft, nicht länger. Am nächsten Tag ließen sie ihn laufen. In diesem Moment begann ich, mich in die Klandestinität zu begeben. Ich hatte danach kein Zuhause mehr, sondern zog von Haus zu Haus." *(Interview mit Isabel Fernández Blanco, CEG)*

Jorge Fukman, der Bruder von Enrique Mario Fukman, hatte weniger Glück. Er wurde in Buenos Aires von der Polizei auf offener Straße hingerichtet:

> „Für die ganze Familie begann damals eine gefährliche Zeit. [...] Und während all dessen erhielten wir den schwersten Schlag: die Ermordung meines Bruders, Jorgito, am 5. Februar 1977 in der Früh ... das sind polizeiliche Daten ... um fünf Uhr fünf in der Früh. Dort, in La Boca,[6] töten sie ihn auf offener Straße mit einem Gnadenschuss, obwohl die Leute sie anflehten, sie sollten ihn nicht erschießen. Jorgito war siebzehn Jahre alt, aber er erschien mehr wie fünfzehn. Sie erschossen ihn vor den Augen der eigenen Nachbarn." *(Interview mit Enrique Mario Fukman, CEG)*

6 La Boca ist ein Arbeiter- und ehemaliges Hafenviertel im Süden der Hauptstadt Buenos Aires.

Als Folge der flächendeckenden Repressionsmaßnahmen und der Einbeziehung des familiären und gesellschaftlichen Umfelds in das System der Verfolgung lösten sich die sozialen und politischen Organisationen und ihre Aktivisten immer mehr von ihrer gesellschaftlichen Basis los, um sich in eine Art Selbstisolation zurückzuziehen. Erzählen viele der Interviews von der zuvor noch tiefen gesellschaftlichen Verwurzelung ihrer politischen Arbeit – von politischen Massenmobilisierungen, sozialer Tätigkeit in ökonomisch und sozial benachteiligten Stadtvierteln, gewerkschaftlicher Vernetzung und Propagandaarbeit –, so begannen mit dem Putsch im März 1976 Fragen der eigenen „inneren Sicherheit" zum zentralen Thema der politischen Organisationen zu werden. Der Bewegungsraum wurde extrem eingeschränkt, die Basisarbeit kam zum Erliegen, Beziehungen zur Bevölkerung wurden gekappt; die Organisationen waren nun ganz mit sich und ihrer eigenen Selbsterhaltung beschäftigt. Der staatlichen Verfolgung gelang es so, eine Kluft zwischen den politisch-sozialen Organisationen und der Bevölkerungsbasis zu schlagen:

> „Da sich alle politischen Gruppierungen zunehmend verschlossen, [...] ließen sie niemanden mehr eintreten. Es gab in diesem Moment keine Politik der Massen mehr. Alles war nun sehr defensiv."
> *(Interview mit Juan Agustín Guillén, CEG)*

> „Alles bewegte sich nun in viel kleineren Parametern. Man hatte zuvor bestimmte Werte vertreten, hatte einen gewissen Handlungsspielraum gehabt. Plötzlich hatte man keinen Handlungsspielraum mehr. Die einzige Wahlmöglichkeit, die einem blieb, war aufzuhören zu kämpfen. Aber wenn man sich dazu entschloss weiterzumachen, waren alle Wahlmöglichkeiten und Handlungsspielräume auf ein Minimum beschränkt."
> *(Interview mit Enrique Mario Fukman,* Memoria Abierta*)*

Politische Organisationen, die zuvor noch vielfache gesellschaftliche Kontakte und Kooperationen unterhielten, waren nun plötzlich gezwungen, sich zu einer Art von „Geheimgesellschaften" zu transformieren. Neben dem Kappen der Außenbeziehungen sollten strenge Regeln für die Struktur, Kommunikation und Interaktion innerhalb der Organisationen für die nötige Sicherheit sorgen: kleine autonome Zellen, regelmäßige gegenseitige Kontrollanrufe, Rückzugsstrategien für den Fall, dass einer oder eine der *Compañera/os* gefallen war.[7]

> „Die Situation der Unterdrückung war so schrecklich, dass wir [...] Wege finden mussten, uns weiterhin zu treffen. Eine Strategie war damals, sich an einem Häuserblock zwischen einem Café und einem Kino zu treffen. Man ging diesen Block entlang und danach wieder zurück. Wenn der *Compañero* nicht zur vereinbarten Zeit auftauchte – abhauen!" *(Interview mit Elisa Tokar, CEG)*

Die politische Organisationsstruktur in kleinen Zellen brachte es mit sich, dass man häufig weder das Gesicht noch den wirklichen Namen der eigenen *Compañeros* kannte. Isabel Fernández Blanco lernte die Mitglieder ihrer politischen Gruppe erst während ihrer Inhaftierung im CCDTyE persönlich kennen.

7 Für die Nationale Führung der *Montoneros* veröffentlichte Rodolfo Walsh am 2. Jänner 1977 ein Dokument, in dem er unter dem Punkt „Aportes a una hipótesis de resistencia" („Beiträge zur einer Theorie des Widerstands") Änderungen in den Strukturen der Organisation forderte. Unter anderem drang er darauf, „die individuelle und kollektive Sicherheit als zentrales Kriterium im Widerstand zu definieren, [...] indem man die Kriterien der unterschiedlichen Führungsebenen flexibilisiert und die Kriterien der Aufteilung verstärkt. [...] Die Organisation des Widerstands basiert auf kleinen und unabhängigen Gruppen, deren hauptsächlicher Zusammenhalt in der Einheit der Doktrin (auf Kosten des funktionalen Zusammenhalts) besteht und die als Folge einer weitreichenden taktischen Autonomie bis zu einem gewissen Punkt die ‚Intelligenz' der individuellen Kader wiederentdeckt." http://www.rodolfowalsh.org/spip.php?article2232 (11. 4. 2014; Übers. C. D.).

„Damals kannten wir nur unseren jeweiligen Verantwortlichen persönlich, nicht aber die restlichen Mitglieder der Gruppe [...]. Erst nach unserer Verhaftung lernten wir uns alle im [CCDTyE] *El Banco* kennen. Und als sie uns dann in das CCDTyE *Olimpo* überstellten, legten sie uns alle zusammen. Wir waren zwölf."
(Interview mit Isabel Fernández Blanco, CEG)

Das Leben in der Klandestinität, das der kontinuierliche soziale Rückzug und die von der Organisation geforderten Sicherheitsmaßnahmen mit sich brachten, erinnern viele der Interviewees als schmerzhaften Einschnitt. Sie berichten von einem Leben in permanentem Alarmzustand, in dem die Aufrechterhaltung einer Normalität nicht mehr möglich war:

„Alles hatte sich völlig abrupt verändert, sogar die sozialen Beziehungen untereinander. [...] Ins Kino gehen, etwas essen gehen, ins Wirtshaus gehen, mit den *Compañeros* grillen, dieses und jenes, all das konnte man plötzlich nicht mehr machen. Sogar wir, die wir uns untereinander mit Namen kannten, die wir Freunde waren, mussten uns voneinander trennen. [...] Wir mussten praktisch eine Augenbinde tragen, durften nicht wissen, wo der andere wohnte, wie seine Telefonnummer lautete, nichts. Man wusste es einfach nicht."
(Interview mit Osvaldo Barros, CEG)

„Man arbeitete zwar, aber zur gleichen Zeit musste man auf viele andere Dinge achtgeben: auf die regelmäßigen Kontrollanrufe, mit denen man die anderen wissen ließ, dass es einem gut ging [...]. Um 10 Uhr am Abend war ich schon in meinem Haus einkaserniert, oder in der Pension, in der ich damals auch wohnte. An Samstagen hatten wir bis 12 Uhr nachts Freigang. Man konnte nicht in die Bars gehen, man musste sich zurückhalten, denn aus Sicherheitsgründen konnte man nicht einfach so auf die Straße."
(Interview mit Enrique Mario Fukman, Memoria Abierta*)*

„Wenn du mich heute danach fragst, muss ich sagen, dass mir die zwei Jahre in der Klandestinität vor meiner Entführung fast mehr zugesetzt haben als die sechs Monate, die ich ‚verschwunden' war. Es ist sehr schwer, wenn man sich von allem lossagen muss. Man musste ständig etwas neu beginnen, ständig am Laufen sein, und am Ende gehörte man weder hier hin noch dort hin. Man gehörte nicht nach Hause, man gehörte nicht in das Viertel, man gehörte nicht in die Arbeit. Dieses nirgendwo Hingehören ist sehr hart."
(Interview mit Isabel Fernández Blanco, Memoria Abierta*)*

„Es war die Kulmination einer dauerhaften Flucht. Ich glaube, in vier Jahren sind wir sieben Mal umgezogen."
(Interview mit Rufino Almeida, CEG)

„Es begann sich alles zu verkomplizieren. [...] Was weiß ich ... so viele Dinge ... ich kann mich gar nicht mehr an alles erinnern. Es ist wie ein Strudel, tatsächlich ein Strudel."
(Interview mit Andrea Bello, CEG)

Der strategische Rückzug der politischen Organisationen in die Klandestinität hatte für viele der Interviewees den Verlust oder die radikale Beschränkung ihrer alten politischen, sozialen und familiären Kontakte zur Folge. In dem Maß, in dem dieser Rückzug stattfand, stieg auch das Misstrauen seitens der übrigen Gesellschaft, die aus Angst oder Opportunismus nicht in Verbindung mit denjenigen, die der offizielle Diskurs als „Subversive" stigmatisierte, wie auch mit deren Umfeld gebracht werden wollte. Die selbstgewählte Isolation innerhalb eines neuen und fremden sozialen Umfelds bestärkte dessen Misstrauen zusätzlich. Über kurz oder lang hatte der staatliche Terror so eine zunehmende Fragmentierung der innergesellschaftlichen Beziehungen erreicht.

Nachdem Enrique Fukmans Bruder Jorge auf offener Straße von einem Einsatzkommando erschossen worden war, versuchte ihr Vater mit rechtlichen Mitteln, die Herausgabe des Leichnams zu erzwingen.

Die Hoffnung auf Unterstützung durch Freunde und Bekannte schlug jedoch schnell in Ernüchterung um:

> „Mein Vater unternahm vehemente rechtliche Schritte. Auf gewisse Weise war das sehr schmerzhaft, denn zum ersten Mal in seinem Leben verschlossen sich ihm viele Türen. Wenn er Freunde treffen wollte, die Einfluss hatten, schauten plötzlich alle weg."
> *(Interview mit Enrique Mario Fukman, CEG)*

Gilberto Ponce beschreibt die Reaktion der Nachbarn, als er gemeinsam mit seiner Lebensgefährtin in ein fremdes Stadtviertel umzog:

> „Wir waren zwei Singles, zwei Jugendliche, und wir mieteten dieses Haus. Vor dem Haus jäteten wir nie das Unkraut. Wir waren praktisch nie zu Hause. Zu jener Zeit gab es die öffentliche Propaganda: ‚Nachbar, Nachbarin, wenn Sie verdächtige Personen sehen, melden Sie das!' Eines Nachmittags gehen wir zur Bäckerei, und jemand spricht uns an: ‚Seid ihr die aus dem Haus nebenan? Seid vorsichtig, die alten Weiber reden schon darüber, dass ihr ein wenig seltsam seid. Mir ist das egal. Ich wollte euch das nur sagen.'"
> *(Interview mit Gilberto Ponce, CEG)*

Susana Muñoz erinnert sich an die Reaktion ihrer Nachbarin in dem Moment, als sie in ihrem Haus von einem Einsatzkommando überfallen und verschleppt wurde:

> „Ich erinnere mich an die Nachbarin von gegenüber. Sie trank gerade Mate und sah alles mit an … welche Gleichgültigkeit! […] Wir hatten Kinder im gleichen Alter. Sie schaute als ob … Sie trank Mate, so gegen die Wand gelehnt, und sie schaute wie jemand, der gerade ich weiß nicht was sieht. Es gab noch einige andere Nachbarn, aber an sie erinnere ich mich perfekt."
> *(Interview mit Susana Muñoz, CEG)*

Die retrospektive Darstellung der historischen Ereignisse – auch, aber nicht nur in den Erzählungen derjenigen, die die Verfolgung überlebt haben – trägt in sich meist die Unterscheidung in „politische Aktivisten" einerseits und den „Rest der Gesellschaft" andererseits, so als wären dies zwei von vornherein separate Sphären. Auch die hier herangezogenen Interviews zeugen von einer starken Identifikation der Interviewees mit der politischen Organisation, der sie angehörten, sie ist für die meisten bis in die Gegenwart, in der das Interview geführt wurde, prägend. Die Identifikation mit „der Gesellschaft" tritt gegenüber der mit der politischen Organisation tendenziell in den Hintergrund.

Zugleich waren diese „militanten politischen Akteure", die Interviewees, aber „völlig normale" Jugendliche oder Erwachsene, die ein soziales und familiäres Leben geführt hatten, das sich nicht von dem der Mehrheitsgesellschaft unterschied. Und auch der politische Aktivismus machte sie zu keinem „Sonderfall", im Gegenteil, das Politische war so tief in der argentinischen Gesellschaft der 1960er- und 1970er-Jahre verwurzelt, dass beide nicht getrennt voneinander gedacht werden konnten:

> „Irgendwie erschien damals jeder ein wenig seltsam, der nicht politisch aktiv war." *(Interview mit Isabel Fernández Blanco, CEG)*

> „In den Bars, den Cafés diskutierte man damals nicht über Fußball, sondern über die sozialistische Revolution. […] Der Bewusstseinsgrad, den diese Gesellschaft erreicht hatte, war enorm. […] Alle waren irgendwo politisch aktiv, alle traten für irgendeine politische Sache ein." *(Interview mit Carlos Lordkipanidse, 23. 4. 2014)*

> „Es gab immer irgendetwas zu machen. Immer gab es irgendwo einen Raum. Wo immer man danach suchte, man fand ihn, sei es in den Armenvierteln, in der Schule, in der *Sociedad de Fomento*,[8] in

8 Die *Sociedades de Fomento* sind zivilgesellschaftliche Basisbewegungen, deren Ziel die Entwicklung des öffentlichen Gemeinwohls in Bereichen ist, in denen der Staat seiner Verantwortung nicht nachkommt.

der *Katholischen Aktion.*[9] Es existierten damals tatsächlich Räume, in denen man handeln, entwickeln und verändern konnte. Das war die Parole jener Zeit." *(Interview mit Margarita Cruz, CEG)*

Erst dem staatlichen Terror (und davor bereits der paramilitärischen Gewalt der *Triple A*[10]) gelang es, jene Spaltung und Fragmentierung der Gesellschaft herbeizuführen, die in den heutigen Erzählungen der historischen Ereignisse immer noch symbolisch wirksam ist.[11] Dieser Prozess hatte zwei komplementäre Seiten: Zum einen sahen sich die politischen Organisationen gezwungen, sich aus Sicherheitsgründen auf sich selbst zu konzentrieren und sich zurückzuziehen. Zum anderen sorgte der Terror dafür, dass die Gesellschaft auf sichere Distanz zu allem ging, was mit politischer Militanz zu tun haben konnte. Für die Vermittlung eines diffusen Bedrohungsgefühls in der Bevölkerung und die Verbreitung des Terrors über dessen direkte Opfer hinaus kam den

9 Die *Katholische Aktion* ist eine Laienbewegung der katholischen Kirche, deren Ziel die Mitgestaltung von Gesellschaft und Kirche im Sinne der katholischen Soziallehre ist. Die politischen Gruppierungen des linken Peronismus waren in Argentinien in den 1960er- und 1970er-Jahren stark von befreiungstheologischen Strömungen beeinflusst.

10 Vgl. Feierstein, El genocidio como práctica social, S. 320.

11 Feierstein weist zu Recht darauf hin, dass neben der Repression auch schwerwiegende politische Fehler der politischen Organisationen zu ihrer zunehmenden Isolierung ab Mitte der 1970er-Jahre beitrugen, vgl. Feierstein, El genocidio como práctica social, S. 326. Enrique Mario Fukman vertritt im Interview mit *Memoria Abierta* eine ähnliche Ansicht. Es sei ein großer politischer Fehler der politischen Organisationen gewesen, dass man es nicht schaffte, nach der Rückkehr Peróns aus dem Exil den politischen Kampf auf die demokratischen Institutionen zu verlegen: „Mit diesem Fehler, den wir alle begingen, die wir damals politisch an der Basis arbeiteten, besiegelten wir das historische Schicksal des Landes. Denn von diesem Moment an […] schaffte es die andere Seite, die Oligarchie, die Initiative zu übernehmen. Wir begannen uns langsam zurückzuziehen. Und letztlich hatten sie plötzlich die Hegemonie, die sie mit dem Putsch vom 24. März 1976 konsolidierten." Interview mit Enrique Mario Fukman, *Memoria Abierta.*

Erzählungen der Überlebenden der CCDTyE eine zentrale Rolle zu. Carlos Lordkipanidse sieht sie sogar als Teil der Strategie der Militärs:

> „Die Diktatur hatte eine doppelte Strategie. Auf der einen Seite verschleierte sie: ‚Die Verschwundenen gibt es nicht, sie existieren nicht.' Aber das allein verursachte keinen Terror. Der Terror brauchte eine Erzählung, jemanden, der aussprach, was in den Konzentrationslagern passierte. Das konnten nicht einfach [die Militärs] selbst sagen. Sie brauchten jemanden, der dem Vater, der Mutter, der Tante, dem Nachbarn, dem Arbeitskollegen, den Eltern der Verschwundenen, den Verwandten erzählte, was passierte. Und das breitete sich dann aus wie ein Tropfen Öl auf der Wasseroberfläche. Das war die Rolle, die sie uns [Überlebenden] zuschrieben."
> *(Interview mit Carlos Lordkipanidse, 23. 4. 2014)*

Enrique Fukman sieht die Folgen des staatlichen Terrors der Militärdiktatur daher auch auf unterschiedlichen Ebenen tief in die Gesellschaft hineinreichen. Primär betroffen waren die direkten Opfer der Verfolgung und des „Verschwindenlassens". Noch nachhaltigere Spuren habe der Terror jedoch möglicherweise in der Gesellschaft als Ganzer hinterlassen:

> „Die Erfahrung des Genozids hat seine konzentrationäre und seine nicht-konzentrationäre Seite. Die nicht-konzentrationären Konsequenzen sind ebenfalls sehr stark und sehr tief greifend, vielleicht sogar noch stärker und noch einschneidender – nicht aus einer individuellen Sichtweise, aber aus einer gesellschaftlichen."
> *(Interview mit Enrique Mario Fukman, 26. 4. 2014)*

Die Angst, die der Terror verbreitete, zog viele auf die Seite derjenigen, die diesen ausübten.[12] Zugleich gerieten diejenigen unter gesellschaft-

12 Leo Löwenthal schreibt zu den sozialen Folgen des staatlichen Terrors: „What the terror aims to bring about, and enforces through its tortures, is that

lichen Generalverdacht, die seine Opfer wurden – ein Mechanismus, der häufig bis in Familienstrukturen hinein wirksam war:

> „Wenn eine Person ‚verschwand', sagte man bis hinein in die eigene Familie – mit Ausnahme der Eltern vielleicht, aber die Onkeln und Tanten, die Cousins und Cousinen: ‚Irgendeinen Grund wird es schon haben. Wir haben ja alle gewusst, was er so trieb, wir haben ja alle gewusst, dass er ein politischer Aktivist war.'"
> *(Interview mit Carlos Lordkipanidse, 23. 4. 2014)*

Diese unterstellte Annahme, „es werde schon seinen Grund haben" („*por algo será*"), die den „Verschwundenen" gegenüber als Generalverdacht vorgebracht wurde, war sowohl unmittelbare Folge als auch retrospektive Rechtfertigung des staatlichen Terrors. In dem Maß, in dem dieser wirksam wurde, verschaffte er sich also zugleich auch „Recht". Das Resultat dieses Prozesses war über kurz oder lang, dass der vormals von einer gesellschaftlichen Mehrheit geteilte Diskurs allmählich von einer fundamentalen Kluft durchzogen wurde. Der Terror und die von ihm ausgehende Angst markierten von nun an die Grenzen zwischen einem Diesseits und einem Jenseits des gesellschaftlich Denk- und Sagbaren. Das, was nicht sein durfte, konnte von nun an auch nicht mehr sein, und was nicht sein konnte, durfte es auch nicht.

Die Repression verfolgte – verstärkt und systematisiert seit März 1976 – somit nicht nur den Zweck, gezielt einzelne Personen oder Gruppen auszuschalten. Es ging ihr insbesondere auch darum, mit den Mitteln von Terror und Angst eine bestimmte Form der sozialen Beziehung durchzusetzen. Das Wesen dieser Beziehung bestand in dem Ausschluss des „Politischen" aus der Sphäre des „Gesellschaftlichen". Das Politische blieb fortan – als Ausdruck des natürlichen Wesens der „Nation" –

people shall come to act in harmony with the law of terror, namely, that their whole calculation shall have but one aim: self-perpetuation." Leo Löwenthal, False Prophets. Studies on Authoritarianism, New Brunswick 1987, S. 184.

entweder auf den Staat als deren einzig legitimen Interpreten beschränkt oder wurde als „Subversion“ verfolgt. Die folgende Analyse aus dem Jahr 1979 bezieht sich zwar auf die Situation in Chile, wo seit September 1973 ebenfalls eine Militärdiktatur (unter General Augusto Pinochet) an der Macht war. Doch auch wenn das Ausmaß der Gewalt dort geringer gewesen sein mochte als in Argentinien, so operierten auch die chilenischen Militärs auf Basis der Nationalen Sicherheitsdoktrin und setzten dazu die gleichen Mittel von Verfolgung und Terror ein. Zum Selbstverständnis der chilenischen Machthaber heißt es in dem Text:

> „Der Staat ist der einzige Interpret des Willens der Nation. Daher kann der Staat keine organisierte Opposition tolerieren, die nicht von ihm kontrolliert würde. [...] Die vorrangige Zielsetzung der neuen Institutionalität ist sehr klar: Sie besteht darin, die Souveränität des Volkes in die Hände des Militärs zu legen. Der Militärjunta wird absolute verfassungsgebende Macht verliehen. Nur sie interpretiert die Nation. Nur sie ist die Quelle jeglichen Rechts und sämtlicher Institutionen.“[13]

Die von der staatlichen Repression zwischen dem „Gesellschaftlichen“ und dem „Politischen“ gerissene Kluft blieb jedoch nicht allein von sich aus stabil. Sie musste vielmehr in jedem Augenblick neu in Erinnerung gerufen, aktualisiert oder neu gezogen werden. Im Unterschied zum KZ der Nationalsozialisten, das in seiner gesellschaftlichen Funktion das Potenzial in sich trug, auch positive Identifikation und damit Sicherheit zu schaffen – die Gemeinschaft der Nation als Disziplinargemeinschaft[14] – schürte der form- und gesichtslose Terror des CCDTyE Ungewissheit und Misstrauen: Misstrauen gegenüber den Fremden, Misstrauen gegenüber den Bekannten und Freunden, Misstrauen

13 Arzobispado de Santiago – Vicaría de la Solidaridad, Santiago de Chile 1979; zitiert nach: http://www.memoriaabierta.org.ar/ccd/index.htm (Übers. C. D.).

14 Die in den disziplinären Milieus Eingeschlossenen entwickeln ihre Gruppenidentität stets in Abgrenzung zu denjenigen, die das Milieu als „undisziplinierbar“ abstößt.

gegenüber der eigenen Familie, am Ende Misstrauen gegenüber sich selbst.[15] Die Kluft wurde auf diese Weise nicht nur durch die gesamte Gesellschaft hindurch gezogen, sondern auch durch die Individuen und deren Körper. Ihre Funktion bestand weniger darin, das Handeln[16] der Individuen in eine bestimmte Richtung zu lenken, als es insgesamt zu hemmen und an seiner Entfaltung zu hindern.

Ausgehend von den Erzählungen der Überlebenden möchte ich im Folgenden versuchen, eine Periodisierung bzw. Klassifizierung der Hafterfahrungen in den CCDTyE vorzunehmen. Eine der Grundannahmen dabei ist, dass das systematische „Verschwindenlassen“ von Personen im System der geheimen staatlichen Internierungszentren gewissermaßen eine „Verlängerung“ und Zuspitzung des allgemein über die Gesellschaft verhängten staatlichen Terrors ist, wie er im vorangegangenen Abschnitt beschrieben wurde.[17]

15 Zu dieser Analyse gelangte schon die *Asociación de Ex Detenidos Desaparecidos* (AEDD) im Zuge eines Seminars an der Universidad de Buenos Aires 1996/97, vgl. Feierstein, El genocidio como práctica social, S. 339–342.

16 Ich möchte den Begriff des Handelns hier im Sinne Hannah Arendts verstehen, vgl. dies., Vita activa oder Vom tätigen Leben, München 2005, S. 213–317.

17 Leo Löwenthal konstatiert Ähnliches für den Staatsterror im Nationalsozialismus: „The difference between the effect of terrorism on the population inside the camp and the one outside is a quantitative not a qualitative difference.“ ders., False Prophets, S. 187. Ich würde dem bedingt zustimmen: Die NS-Gesellschaft vermittelte den „Volksgenossen“ einerseits Angebote zur positiven Identifikation (disziplinäre Institutionen wie die *Hitlerjugend*, die *Deutsche Arbeitsfront* sowie die Nation insgesamt als hierarchisch und disziplinär strukturierte Gemeinschaft) und unterwarf sie andererseits Terror und Willkürherrschaft. In der Welt des KZ blieben von dieser Dualität nur mehr Terror und Willkür übrig. An die Stelle einer „positiven Identifikation“ mit dem Gemeinwesen trat dort die *Mimesis* mit den Tätern, wie sie viele Funktionshäftlinge und Kapos praktizierten. Sie bot jedoch keine Überlebensgarantie. Die Kluft, die die SS von den Häftlingen trennte, war in letzter Konsequenz auch für Funktionshäftlinge nicht überwindbar. Im Unterschied dazu, so die Hypothese dieser Arbeit, blieb in Argentinien die Dualität von positiver Identifikation und Terror, die für die gesamte Gesellschaft galt, grundsätzlich auch im CCDTyE gültig.

„Intensivphase“: Folter, „soziale Kartografie“ und Tod oder Leben

„In dieser Intensivphase brachten sie mich in den Keller, um mich weiter einzuvernehmen, während sie mich mit unverhülltem Gesicht schlugen. Danach setzten sie mir die *Capucha*[1] wieder auf, und es gingen erneut die Prügel los, vorgetäuschte Erhängung, vorgetäuschte Erschießung, ‚U-Boot‘[2] etc. Das sind die gängigen Praktiken an diesen Orten. Dann endete das, und sie brachten mich zurück in den Sektor *Capucha*[3]. Das war dann die andere, die psychologische Folter. Denn dann bist nur mehr du, allein mit deiner *Capucha* … Stunden, Tage, Wochen.“

Interview mit Enrique Mario Fukman, Memoria Abierta

1 *Capucha* ist das spanische Wort für Kapuze. Als *Capucha* bezeichneten die Repressoren einen Sack oder ein Stück Stoff, das über den Kopf gestülpt und um den Hals zusammengebunden wurde. Die Gefangenen mussten sie besonders in der Anfangszeit ihrer Haft permanent tragen, wodurch sie visuell völlig von der Außenwelt isoliert waren.

2 Als „U-Boot“ (*submarino*) wurde im Lagerjargon das vorgetäuschte Ertränken bezeichnet. Als „trockenes U-Boot“ (*submarino seco*) bezeichneten die Folterer andere Methoden des vorgetäuschten Erstickens, etwa indem man den Gefangenen Plastiktüten über den Kopf zog.

3 *Capucha* wurde im Lagerjargon auch jener Bereich der *Escuela de Mecánica de la Armada* (*ESMA*) genannt, in denen die Entführten gefangen gehalten wurden. Er befand sich im dritten Stock des Offizierskasinos. Da die Gefangenen dort verpflichtet waren, die *Capucha* Tag und Nacht über dem Kopf zu tragen, wurde dieser ganze Bereich ebenfalls als *Capucha* bezeichnet.

„Der *Chupadero*[4] saugt die Realität auf und überführt sie in eine andere Dimension."
Gabriel Gatti, Las narrativas del detenido-desaparecido[5]

Die ersten Erfahrungen mit dem CCDTyE, vom Moment der Entführung bis zu den ersten Einvernahmen unter Folter, beschreiben eine Taktik der Überrumpelung. In seiner Aussage vor der *CONADEP* brachte dies ein Überlebender folgendermaßen zum Ausdruck:

> „Alles war schwindelerregend. Von dem Moment an, an dem sie mich aus dem Auto ausluden, bis zur ersten Elektrofolter verging weniger Zeit als ich brauche, um es zu erzählen."[6]

Der Überfall und die Entführung aus der vertrauten Umgebung (dem Haus, dem Arbeitsplatz, …) trafen die Betroffenen meist völlig unvorbereitet.[7] Noch während des Transports folgten die ersten Schläge. Danach überstürzten sich für die entführte Person die Ereignisse – zwischen

4 *Chupadero* kann nicht direkt ins Deutsche übersetzt werden. Der Begriff ist abgeleitet von dem Verb *chupar*, das so viel heißt wie saugen oder lutschen. Im Jargon der Täter wie auch der Gefangenen wurden die CCDTyE häufig *Chupaderos* genannt. Dahinter steht die Vorstellung, dass die Entführten, herausgerissen aus ihrer jeweiligen Lebensrealität, von diesem Ort gewissermaßen „aufgesaugt" würden, ohne Spuren zu hinterlassen.

5 Gatti, Las narrativas del detenido-desaparecido, S. 33 (Übers. C. D.).

6 CONADEP, Nunca Más, S. 28: Legajo no. 7397, Dr. Norberto Liwsky.

7 Hier besteht ein wesentlicher Unterschied zum KZ. Anders als die geheimen Entführungen von Einzelpersonen aus vertrauter Umgebung in die CCDTyE war die Überstellung in ein KZ ein offizieller Verwaltungsakt, mittels dessen unter möglichst effizientem Einsatz der Transportmittel eine Gruppe von Personen von einer Institution (zumeist ein Gefängnis oder ein anderes Lager) in eine andere (das KZ) überführt wurden. Die gewaltsame Loslösung der „Verschwundenen" aus der Gesellschaft, die der Moment der Entführung markiert, hat ihre Parallelen vielmehr in den Methoden der Gestapo, die der KZ-Haft im Regelfall vorausgehen.

Drohung, Erniedrigung und brutaler physischer Gewalt – auf eine Weise, die es ihnen unmöglich machen sollte, zu sich zu kommen.

> „Sie stopfen mich auf den Rücksitz, sie werfen mich auf den Boden, [...] sie stellen sich mit den Füßen auf mich. [...] Sie beginnen auf mir herumzutrampeln und treten gegen meinen Kopf. [...] Wir steigen aus. Ich spüre, dass sich ein Tor öffnet. Sie bringen mich an einen Ort, an dem sie mich liegenlassen. ‚Los, zieh dich aus!' Und dann beginnt es. Zuerst fragen sie: ‚Wo sind die Waffen? Wo macht ihr eure Aktionen? Wo macht ihr das?' [...] Den Schlägen, die auf mich einprasselten, nach zu urteilen dürften sie sechs bis acht Personen sein – und ich taumle in der Mitte hin und her. [...] Danach kommen die Peitschen. [...] Damit können sie aber auch nichts erreichen. Sie zerren mich an den Haaren zu Boden, [...] schleifen mich eine Stiege hinab und bringen mich in einen Raum. Und dort sagen sie: ‚Bereitet die Maschine[8] vor!'" *(Interview mit Gilberto Ponce, CEG)*

Carlos Lordkipanidse schildert die ersten Eindrücke nach seiner Einlieferung in die *ESMA*, als er miterleben musste, wie seine Frau in Gegenwart ihres drei Wochen alten Sohnes gefoltert wurde:

> „Als ich ankam, [...] hatte ich keine Vorstellung. Und mein erster Eindruck des Ortes war: ‚Das ist die Hölle.' Es war die Hölle. Als ich ankam, hörte ich die Schreie meiner Frau während der Folter – sie hatten sie schon vor mir abkassiert –, und ich hörte die Schreie meines 20 Tage alten Babys. Ich hörte meine *Compañeros*. [...] Sie folterten viele Leute gleichzeitig. Es war ein infernales Geschrei [...]. Und auch die Repressoren schrien laut. Und die Schläge. Und die Musik auf voller Lautstärke. [...] Es gab dort eine Art Radio, einen Plattenspieler vielleicht, um das Geschrei zu übertönen.'"
> *(Interview mit Carlos Lordkipanidse, 23. 4. 2014)*

8 Mit „Maschine" (*máquina*) ist die *Picana*, der Apparat zur Verabreichung von Elektroschocks, gemeint.

Trotz dieses Initialschocks erinnern sich manche der Interviewten an den ersten Moment ihrer Entführung jedoch auch als eine Art „Erleichterung“: Endlich waren die Ungewissheit und die diffuse Angst, mit der man zu leben gezwungen war, vorläufig vorbei:

„Das ist etwas, das ich immer wieder gefragt werde: ‚Was fühlt man im Moment der Entführung?‘ Das ist sehr schwer zu beantworten, aber es gibt da einen Teil von dir, der Erleichterung spürt. Es ist schrecklich, aber es gibt einen Teil von dir, der sich aufgegeben hat. Das dauert vielleicht eine Sekunde lang, denn danach realisierst du, dass das, was kommt, noch schrecklicher ist.“
(Interview mit Liliana Gardella, CEG)

„Als sie mich schnappten, ließ ich mich zu Boden fallen und sagte mir: ‚Ich bin tot.‘ Und ich spürte Erleichterung. [...] ‚Ich bin schon tot, auf der anderen Seite des Spiegels, es ist vorbei. Jetzt beginnt eine andere Geschichte.‘ [...] Aber ja, diese Situation der Erleichterung, die spürte ich auch. Wir haben das auch mit anderen *Compañeros* besprochen, und wir teilen diese Erfahrung.“
(Interview mit Graciela Daleo, 24. 6. 2014)

„In diesem Moment ... paradox, nicht wahr? ... in dem Moment, als sie mich in El Banco auf einem Stuhl sitzen ließen, dachte ich: ‚Es ist vorbei. Alles ist vorbei. Ich werde tot sein, und das war’s. Es ist vorbei.‘“ *(Interview mit Isabel Fernández Blanco,* Memoria Abierta*)*

Die Mehrzahl der Gefangenen machte bereits zum Zeitpunkt ihrer Entführung Bekanntschaft mit der *Capucha* und/oder dem *Tabique.* Die *Capucha* (Kapuze) war in der Regel ein Sack oder ein Stück Stoff, das den Gefangenen über den Kopf gestülpt und mit einer Schnur um den Hals festgebunden wurde. Der *Tabique* (Trennwand) war eine einfache Augenbinde, die häufig zusätzlich unter der *Capucha* getragen werden musste. Die Gefangenen durften *Capucha* und/oder *Tabique* zumindest während der ersten Phase ihrer Inhaftierung – die zumeist einige Tage, eventuell auch Wochen dauern konnte – 24 Stunden am Tag nicht abnehmen. Beide hatten den Zweck, die Gefangenen visuell von ihrer Umgebung zu isolieren und das Gefühl, ihren Peinigern schutzlos ausgeliefert zu sein, noch zu verstärken:

> „Der Ford Falcon[9] bleibt vor einer Garage stehen. Sie sprechen mit dem Typen von der Garage. In diesem Moment setzen sie mir die *Capucha* auf. [...] Da lerne ich zum ersten Mal kennen, was die *Capucha* ist, dieser gräuliche Stoff. [...] Wir fahren weiter an einen anderen Ort. Erst später brachte ich in Erfahrung, dass es sich um die *Escuela de Mecánica de la Armada* handelte. Sie ziehen mir die Kleider aus und werfen mich auf ein metallenes Bettgestell, all das klarerweise mit der *Capucha* am Kopf. Sie binden mich fest und beginnen, mich mit Elektroschocks zu foltern, während sie mich nach meinen *Compañeros* fragen. [...] Dann nehmen sie mir die Fesseln ab und befehlen mir, mich anzuziehen. Ich habe zu diesem Zeitpunkt die *Capucha* schon einige Stunden lang auf dem Kopf, und auch in der Nacht wird sie zu meiner Gefährtin. Zusätzlich binden sie mir darunter noch einen *Tabique* um. Es war schrecklich, der *Tabique*, die *Capucha* darüber und Handschellen an den Händen."
> *(Interview mit Enrique Mario Fukman, CEG)*

Die völlige Überwältigung durch eine unbekannte und – besonders aufgrund der visuellen Isolierung mittels *Capucha* und *Tabique* – nicht identifizierbare Außenwelt sollte es den Entführten unmöglich machen, sich auf die neue Situation einzustellen und Gegenstrategien zu entwickeln.

9 Der Falcon ist ein Automodell von Ford, das in Argentinien bis in die 1990er-Jahre produziert wurde. Berüchtigt wurde der Falcon als jener Fahrzeugtyp, den die Einsatzgruppen von Militär und Polizei für Entführungsaktionen verwendeten.

> „Im ersten Moment [gemeint ist: in der ersten Phase der Gefangenschaft] kannst du dich nicht irgendwie anpassen. Wenn du dich anpassen würdest, kämst du nicht auf den ‚Rost'. Wenn du dich anpassen würdest, würden sie dich nicht bestrafen."
> *(Interview mit Enrique Mario Fukman, 26. 4. 2014)*

Es war wesentlicher Bestandteil der Taktik der Repressoren, diesen Moment der Verwirrung und Ungewissheit, dem sich das Entführungsopfer von Beginn an ausgeliefert sah, mit unterschiedlichsten Methoden möglichst lange auszudehnen. Dieses „Überstürzen der Ereignisse", das im Moment der Entführung seinen Anfang nahm, sollte für die gesamte erste Phase der Inhaftierung prägend sein, die ich mit den Worten Enrique Mario Fukmans als „Intensivphase" bezeichnen möchte. In der Regel erstreckte sie sich über wenige Tage, in manchen Fällen über wenige Stunden, des Öfteren aber auch über mehrere Wochen.[10] In den Erzählungen der Überlebenden ist die Intensivphase meist relativ deutlich demarkiert. Sie ist eher durch ereignisorientiertes Erzählen gekennzeichnet als durch Zustandsbeschreibungen. Häufig erfolgt die Erzählung im Präsens.

Die Intensivphase kann als eine Initiationsphase ähnlich der sogenannten Quarantäne im KZ gelesen werden, welche die Gefangenen mit den Gesetzen dieser neuen Welt des Lagers „bekannt machte". In den KZ wurden neu eintreffende Häftlinge in der Regel für mehrere Wochen in einem vom Rest des Lagers separierten Lagerteil getrennt untergebracht. Dies geschah vorgeblich aus seuchenhygienischen Gründen, tatsächlich diente diese Isolierung unter selbst für KZ-Verhältnisse verschärften Bedingungen wie fehlenden Betten, noch

10 Die Dauer dieser Phase konnte in einzelnen Fällen deutlich voneinander abweichen. Osvaldo Barros merkt dazu an: „Es gab *Compañeros*, die sie über einen langen Zeitraum hinweg folterten, weil sie glaubten, dass sie Informationen zurückhielten, dass sie nicht alles sagten, was sie wussten. Ja, es gab *Compañeros*, die sie über zwei Monate hinweg immer wieder folterten." Interview mit Osvaldo Barros, 28. 4. 2014.

dürftigerer Ernährung oder brutalen Kapos vor allem anderen Zwecken. Neben der Unterwerfung unter die Ordnung des Lagers und – aus Sicht der Häftlinge – dem „Erlernen“ seiner Regeln[11] ging es nicht zuletzt auch um eine erste Auslese, die nur die Stärkeren am Leben ließ. Die Quarantäne war von ihrem Charakter her jedoch transitorisch: Sie funktionierte wie eine „Durchgangsschleuse“, in der sich die geballte Gewalt des Lagers in ihren extremsten Ausformungen an den Neuankömmlingen entlud. Diejenigen Gefangenen, die die Quarantäne überlebten, wurden danach in das allgemeine Lager überführt, wo für sie das „eigentliche Lagerleben“ begann.

Im Unterschied dazu war die Intensivphase im CCDTyE nicht transitorisch, sondern geradezu ein Dreh- und Angelpunkt. Sie stand im Zentrum der Strategien der Repressoren, zugleich aber markiert sie auch in den Erinnerungen und Erzählungen der Überlebenden eine Art – wie wir noch sehen werden – unaussprechlichen Kern ihrer gesamten Verfolgungserfahrung. Die Repressoren verfolgten in der Intensivphase das klare Ziel, Informationen von den Gefangenen zu erpressen, um daraus Wissen zu schöpfen. Dieses Wissen war gewissermaßen der Kern ihres politischen Projekts. Aus ihm generierten sie ihr über die gesamte Gesellschaft ausgebreitetes System der Verfolgung. Überrumpelung, Ungewissheit und physische wie psychische Gewalt bilden den strukturellen Rahmen für die Informationsbeschaffung im Zuge von Verhören durch speziell dafür ausgebildetes Personal. Rufino Almeida erzählt:

11 Falk Pingel beschreibt für diese Phase die Anpassungsleistung der Gefangenen an das Lager in zwei Schritten: „1. Dem Abbau unangemessener Ansprüche, die auffällig machten und gegebenenfalls Schläge seitens der SS oder brutaler Funktionäre, zumindest soziale Abweisung einbrachten. […] 2. Dem Aufbau neuer Ansprüche und dem Erlernen der dazugehörigen Verhaltensweisen.“ Falk Pingel, Häftlinge unter SS-Herrschaft. Widerstand, Selbstbehauptung und Vernichtung im Konzentrationslager, Hamburg 1978, S. 156.

„Die ersten Tage waren die schrecklichsten, denn das war die Zeit, in der sie Informationen haben wollten. Es war eine Kombination von Verhör und Folter, bei der zwischendurch immer wieder auch die anderen *Compañeros* drankamen."
(Interview mit Rufino Almeida, CEG)

Die Gefangenen dabei im Ungewissen zu halten war Teil der Taktik der Repressoren. Liliana Gardella berichtet über die Befragungen gleich nach ihrer Einlieferung:

„Es laufen da die unterschiedlichsten Typen herum, jeder mit seinem eigenen Stil – einer sympathisch, der andere pervers, der andere verführerisch […] – um dich irgendwelche Dinge zu fragen. Die ganze Zeit lassen sie dich spüren, dass sie wissen, wer du bist und was du so machst. […] Und du denkst dir: ‚Was werden sie wohl mit mir machen, um mir diese Information zu entreißen?' Du erlebst einfach einen Schrecken nach dem anderen."
(Interview mit Liliana Gardella, CEG)

Die Strategie, die die Repressoren mit diesen stets unter Folter oder unter Androhung von Folter durchgeführten Verhören verfolgten, erinnert an das Zeichnen einer Landkarte in Zeiten vor jeder modernen Satellitentechnik.[12] Indem man sich von einem Vermessungspunkt zum nächsten vorarbeitet, füllen sich allmählich die weißen Flecken, und die Geografie eines gesamten Kontinents wird sichtbar. Die Repressoren des CCDTyE gingen ähnlich vor: Jede/r Gefangene sollte ihnen dabei helfen, den nächsten Punkt auf einer zu zeichnenden „sozialen Landkarte" zu identifizieren und zu markieren. Jede/r Gefangene war in der Logik der Täter dazu da, weitere Gefangene zu machen.

12 Die heutigen Kontrolltechniken des „Kriegs gegen den Terrorismus" bedienen sich dagegen der Überwachung von oben durch Satelliten oder Drohnen.

„Sie arbeiten nach der Kriegsdoktrin: Entführung – Folter – Entführung. Als sie mich schnappten – ich war damals der Letzte meiner Gruppe auf freiem Fuß – wussten sie schon alles. Jeder Einzelne von uns besitzt einen Teil [der Information]. Sie setzen diese Teile zusammen und legen los." *(Interview mit Juan Agustín Guillén, CEG)*

Die erpressten Informationen wurden daraufhin von den Einsatzgruppen in geheimdienstlichen Abteilungen zu einem kohärenten Wissen weiterverarbeitet, das einer „sozialen Kartografie" der politischen Organisationen und ihres gesellschaftlichen Umfelds glich. So wie Flüsse, Gebirgsketten oder geologische Anomalien die geografischen Landkarten strukturieren und auf diese Weise Orientierung schaffen, so fungiert in der „sozialen Landkarte" die „Subversion" – gewissermaßen als „soziale Anomalie". Mittels der sozialen Kartografie wollen die Repressoren in bester biopolitischer Manier deren Verzweigungen, Knotenpunkte, geheime Verbindungslinien, Bewegungsströme sichtbar machen und dadurch das Feld für die weiteren Verfolgungsmaßnahmen abstecken.[13]

13 In das Bild der „sozialen Kartografie" passt die in mehreren Interviews erwähnte Praxis der Repressoren, die Gefangenen ihre Lebensgeschichten bzw. politischen Biografien niederschreiben zu lassen (die analysierten Interviews belegen diese Praxis für die *ESMA* und den *Olimpo*; siehe etwa die Interviews mit Enrique Mario Fukman und Osvaldo Barros bzw. Isabel Fernández Blanco und Gilberto Ponce). Das Niederschreiben der Lebensgeschichte kann aber auch als abschließender Akt des vorangegangenen Prozesses des Durchtrennens der sozialen Beziehungen – möglicherweise als erster Schritt in Richtung einer „Rückholung" – gedeutet werden: Indem sie es im Akt des Schreibens in Worte fassten, objektivierten die Gefangenen das eigene vergangene Handeln und sagten sich zugleich symbolisch davon los. In eine ähnliche Richtung weist die Einschätzung von Osvaldo Barros: „Ich glaube, dass sie damit ein doppeltes Ziel verfolgten: Zum einen ging es darum, dass man ihre Spielregeln annahm [...]. Zum anderen verglichen sie aber auch das, was du in deiner Lebensgeschichte schriebst, mit den Antworten, die du ihnen während der Einvernahmen gegeben hattest. Das heißt, sie nahmen sich unsere Lebensgeschichten her, sie lasen sie und sie fragten uns später erneut danach." Interview mit Osvaldo Barros, 28. 4. 2014.

Mit dieser Methode wurden oft innerhalb kürzester Zeit ganze Gruppen von Personen ausgehoben und verschleppt:

> „Zuerst machten sie ihre ganze geheimdienstliche Arbeit, und dann ging es ‚Schwupp!', und sie schnappten eine ganze große Gruppe auf einmal. Ich weiß zum Beispiel, dass es in meinem Fall so war, wo einer nach dem anderen von uns fiel. Zuvor hatten sie ganze geheimdienstliche Arbeit geleistet."
> *(Interview mit Rufino Almeida, CEG)*

Um an jene heranzukommen, die sie bereits ins Visier genommen hatten, bedienten sich die Repressoren häufig derjenigen, die sie zuvor entführt hatten. „Verschwundene" wurden temporär in die Gesellschaft zurückgeholt, um als Köder verwendet zu werden. Mario Villani erzählt, wie eine *Compañera*, die vorübergehend bei ihm wohnte, von einem Mitglied ihrer vormaligen politischen Gruppe verraten wurde, was schließlich zu seiner eigenen Verhaftung führte:

> „Sie hatte ein Treffen mit ihrem früheren Verantwortlichen in der Gruppe vereinbart, den sie aber in Wirklichkeit schon geschnappt hatten. Sie wusste das nicht, und er lieferte sie einfach aus. Und als sie sie dann folterten, sagte sie ihnen meine Adresse. Sie war die einzige Person, die wusste, wo ich wohnte […]. Die einzige Person, die also wusste, wo ich zu Hause war, wurde entführt, und das führte sie zu mir."
> *(Interview mit Mario Villani, CEG)*

Da die Informationskette nicht abreißen durfte, gerieten immer wieder auch Personen ohne direkten Bezug zu den verfolgten politischen Organisationen etwa allein aufgrund bestimmter sozialer oder familiärer Beziehungen in das Visier der Verfolgungsnahmen. Durch unzählige Zeugenaussagen ist heute belegt, dass von Entführung, Folter und „Verschwindenlassen" nicht nur die Mitglieder der bewaffneten politischen

Organisationen betroffen waren, gegen die sich der „schmutzige Krieg" der Militärs vermeintlich richtete, sondern ebenso sehr ihr weiteres, oft äußerst vage definiertes soziales Umfeld.[14] Dabei ging es nicht nur darum, von diesem Umfeld die erwünschten Informationen zu erpressen, vielmehr war es das Ziel, Terror und die Angst davor zu säen, dass jeder noch so periphere Kontakt zur „Subversion" jede und jeden in höchste Gefahr bringen könnte. In seinem Interview mit dem Journalisten Horacio Verbitsky berichtet etwa der ehemalige Marineangehörige Adolfo Francisco Scilingo von einem solchen Fall:

> „Eines Tages war ich in der Offizierskammer der *Escuela [de Mecánica de la Armada]* [...]. Da kam der Oberleutnant Vaca herein und erzählte mir, dass eben eine Anwältin auf Grundlage seiner eigenen Ermittlungen verhaftet worden sei. Er sagte mir, sie würden sie gerade einvernehmen, und fragte, ob ich nicht mitkommen möchte. [...] Sie wurde gerade verhört [...]. Sie wurde mit Elektroschocks gefoltert. [...] Von den Personen, die sie einvernommen hatten, hörte ich, dass sie absolut mit nichts irgendetwas zu tun gehabt hatte. Ich ging. Etwas später fragte ich nach. Sie hatten sie verschwinden lassen."[15]

14 Horacio Verbitsky berichtet von einer im Zuge des Prozesses gegen die Kommandanten der Militärjuntas zur Sprache gebrachten Unterhaltung zwischen zwei Angehörigen der Marine, in der der eine dem anderen die von der Diktatur anzuwendenden Strategien der Repression erklärte: „Er sagte, sie müsse irreversibel sein, denn das sei die einzige Möglichkeit, mit der Subversion ein für alle Mal aufzuräumen. Wer auch immer mit der Subversion in Verbindung stehe – seien es die Söhne und Töchter, die Eltern oder Verwandte –, müsse verschwinden. Das sei ein Opfer, das Argentinien bringen müsse, und es würde sich lohnen." Verbitsky, El vuelo, S. 112 (Übers. C. D.).

15 Verbitsky, El vuelo, S. 71 f. (Übers. C. D.). An anderer Stelle wird der Oberleutnant Vaca als Chef des Fuhrparks der *ESMA* sowie als derjenige vorgestellt, mit dem Scilingo seinen ersten „Todesflug" durchführte, vgl. ebenda, S. 140.

Andrea Bello war Gefangene der *ESMA*. Nach der ersten Zeit der Folter und Isolation setzten die Repressoren sie für verschiedene Zwangstätigkeiten in der Lageradministration ein, darunter zur Verwaltung des von den Einsatzgruppen angelegten geheimdienstlichen Archivs. Auf diese Weise konnte sie sich heimlich Zugang zur Gefangenenkartei verschaffen. In ihrem Interview erzählt sie vom Fall eines Mitgefangenen, Ricardo Pedro Saénz, genannt „El Topo".[16] Nach dessen Entführung suchten die Repressoren sein Haus auf, um auch seine Frau mitzunehmen:

> „Die Frau und der Junge waren nicht zu Hause, aber sie trafen eine Schwägerin an, die nachgesehen hatte, was los war. Und nach der Schwägerin kamen sie auch, um die Schwiegermutter zu holen. Und der Schwiegermutter verabreichten sie dann Elektrofolter. Sie starb dabei. Sie ließen sie daraufhin einfach irgendwo in einer Straße liegen. Außer der Schwiegermutter holten sie auch noch einen Cousin der Frau von ‚El Topo', der heute auch ‚verschwunden' ist … Es ist einfach eine Katastrophe, eine Katastrophe."
> *(Interview mit Andrea Bello, CEG)*

Nicht immer entsprachen der Aufwand und die Härte der Verfolgungsmaßnahmen der politischen Bedeutung der verfolgten Gruppen. Das Ziel der Repressoren war es nicht nur, diese Gruppen politisch zu neutralisieren, sondern darüber hinaus die Gesellschaft als Ganze mittels Terror einzuschüchtern, ihr das politische Denken „auszutreiben" und sie gefügig zu machen. Die Verfolgung war aber zugleich Selbstzweck, wie etwa Carlos Lordkipanidse betont: Sie sicherte das Existenzrecht der Institution selbst sowie das der Handlanger des Terrors:

16 Ricardo Pedro Saénz war der Verantwortliche der politischen Zelle, der auch Andrea Bello angehörte. Er wurde wie Andrea Bello im Dezember 1978 in die *ESMA* entführt und ist heute „verschwunden".

> „Eine Gefahr stellten wir für niemanden dar. Wir waren ein kleines Grüppchen, vielleicht fünfzig Personen. Aber um strukturell weiterfunktionieren zu können, brauchte die *ESMA* Gefangene. Sie musste beweisen, dass sie weiter vonnöten war, denn: ‚Schaut, all die Leute, die wir gefangen haben!' Wofür dient der *Pozo*[17], wenn nicht um Menschen gefangen zu halten?" *(Interview mit Carlos Lordkipanidse, CEG)*

Um die Lawine von Verfolgung und Entführung zu verlangsamen, hatten die Gefangenen den Verhör- und Foltertechniken der Repressoren wenig mehr entgegenzusetzen als eiserne Selbstbeherrschung und den unbedingten Willen, niemanden zu „verraten". Eine der wichtigsten Strategien war es, Zeit zu gewinnen: Je länger man der Folter standhalten und eine Information zurückhalten konnte, desto mehr Zeit blieb den *Compañeros*, die noch in Freiheit waren, um zu reagieren und zuvor abgesprochene Sicherheitsmaßnahmen in Gang zu setzen.[18] Neben diesem Spielen auf Zeit erwähnen zahlreiche Interviews auch die selektive Weitergabe von Informationen als eine der Taktiken, die Gefangene in Verhören anwandten: Man lieferte den Repressoren nur Informationen, die diesen bereits bekannt waren oder die Personen betrafen, die vor der Verfolgung sicher waren (etwa weil sie sich im Exil befanden).

> „Man musste also wissen, wer da mit einem sprach, um einschätzen zu können, was sie schon wussten. Denn was sie wussten, das wussten sie ohnehin schon." *(Interview mit Enrique Mario Fukman, CEG)*

17 *Pozo* bedeutet direkt übersetzt Schacht oder Grube. Es ist einer von mehreren Namen, den die Gefangenen, aber auch die Repressoren dem CCDTyE gaben, so auch der bereits erwähnte Begriff *chupadero*. *Pozo* evoziert Abgeschlossenheit, Dunkelheit, Feuchtigkeit, zugleich aber – da er sich in der Erde befindet – das Gefühl des Lebendig-Begrabenseins.

18 In den gefährdeten politischen Organisationen war ein System regelmäßiger Kontrollanrufe oder anderer Formen der direkten Kontaktaufnahme mit den jeweiligen Verbindungspersonen üblich. Entfiel ein vorgesehener Anruf, so galt das den *Compañeros* als Signal, dass der Betreffende entführt worden war.

Neben seiner vordergründigen Funktion der Informationsbeschaffung war das Verhör vor allem auch ein performativer Akt von besonderer Bedeutung. Die Aussagen, die die Gefangenen im Verhör liefern sollten, hatten zugleich den Charakter einer Handlung, ähnlich etwa der Praxis der christlichen Beichte. Wer beichtet oder „singt“, vermittelt nicht lediglich Informationen, sondern positioniert sich vielmehr in der jewiligen Praxis selbst als Subjekt, sei es gegenüber Gott oder gegenüber den Peinigern. Die Gefangenen der CCDTyE sollten dementsprechend nicht nur dazu gebracht werden, die „soziale Landkarte“ weiter zu vervollständigen, sondern sich zugleich auch zu ihr verhalten: Wer sich weigerte, Informationen preiszugeben, stellte sich in den Augen der Repressoren selbst in die Nähe der „Subversion“ und brachte sich damit in höchste Lebensgefahr. Wer dagegen „sang“, gab seine politische Identität Preis und geriet in soziale Isolation.

Der „Verrat“[19] war ein entscheidender Moment im Haftverlauf, trug er doch in letzter Konsequenz das Potenzial in sich, die eigene, vertraute Welt zum Einsturz zu bringen, die häufig das letzte Refugium psychischen Widerstands war.[20] Er brachte vertraute Menschen in Gefahr, setzte sie der Verfolgung aus und machte sie unter Umständen zu den nächsten Entführungsopfern: die Familie, die Freunde, die *Compañeros* der politischen Gruppen. Die Strukturen, die bis dahin

19 Der Begriff „Verrat“ impliziert eine bewusste und beabsichtigte Handlung, also etwas, das im Kontext des CCDTyE mit seiner permanenten Folter strukturell unmöglich war. Ich setze den Begriff daher in Anführungszeichen.

20 Ähnlich verweist Bruno Bettelheim auf die Bedeutung eines stabilen privaten und familiären Umfelds als emotionaler Anker für neu in das KZ Eingelieferte. Erfahren die Gefangenen von Veränderungen in diesem Umfeld, hat das oft eine Verzweiflung zur Folge, die sich Bettelheim so erklärt: „It finds its explanation in some sort of magical thinking running approximately along the following lines: If nothing changes in the world in which I used to live, then I shall not change, either. In this way they might have tried to counteract their feeling that they were changing. The violent reaction against changes in their families was then the counterpart of the realization that they were changing.“ Bettelheim, Behaviour in Extreme Situations, S. 206.

außerhalb des CCDTyE konstant weiterexistiert hatten und in die man als Gefangene/r irgendwann wieder zurückzukehren hoffte, konnten mit einem Schlag selbst in diese andere, unfassbare, sinn- und regellose „Dimension" des *Chupadero* überführt und dort ausgelöscht werden. Der „Verrat" ermöglichte den Gefangenen somit kaum mehr ein Zurück. Die Preisgabe des Eigenen, den der „Verrat" darstellte, konnte im Extremfall der Auslöser für das totale Zerbrechen der Persönlichkeit sein.[21] In jedem Fall aber bedeutete er eine erste Annäherung an die Welt der Täter und einen möglichen Schritt in Richtung „Rückholung". Wahrscheinlich sprechen genau aus diesem Grund viele der Interviewees von der Bedeutung, der Folter standzuhalten, bzw. von der Angst davor, es nicht zu können:

Für Liliana Gardella war es das Wichtigste,

> „das Projekt zu retten, die eigene Zugehörigkeit, und […] zu versuchen, die Gruppe zu beschützen, so wenig Informationen wie möglich weiterzugeben. […] Du versuchst, dass das, was du machst und was du sagst, dem Projekt möglichst wenig schadet. Letzten Endes glaubst du immer noch daran, dass draußen möglicherweise irgendetwas passiert. Was du hier herinnen machst oder nicht machst, würde dem dann mehr oder weniger schaden. Und je weniger Schaden du anrichtest … Ich glaube, irgendwie hilft es dir selbst, wenn du weiter versuchst, dazu beizutragen, dass das Projekt weitergeht." *(Interview mit Liliana Gardella, CEG)*

> „Was man sich selbst immer wieder vorsagt ist: ‚Nicht sprechen! Nicht sprechen!'" *(Interview mit Andrea Bello, CEG)*

Der vielleicht manchmal von Dritten geäußerte, möglicherweise auch häufig unausgesprochen gebliebene Verdacht des „Verrats" ist auch für Enrique Mario Fukman ein zentrales Thema. Mehrmals betont er in

21 Zum Thema des „Brechens" der Persönlichkeit siehe weiter unten.

seinen Interviews, dass die *Compañeros* seiner Gruppe allen Druckmitteln standgehalten hätten:

> „Ein Teil der Sicherheitsmaßnahmen war, dass man von einem geschnappten *Compañero* erwartete [...], dass er entweder 48 Stunden oder vier Tage lang nicht ‚sang', dass er nichts sagte. Man konnte natürlich nie wissen, wie weit die Widerstandsfähigkeit von jemand reichen würde, aber eine der Sicherheitsmaßnahmen bestand eben darin. Das ist eines der kontroversiellen Themen, und einige *Compañeros* [...] werden meine Ansicht dazu wohl nicht teilen: Aber die Compañeros sagten tatsächlich vier Tage lang nichts, und deshalb wurde niemand geschnappt. Danach begannen wir zu sprechen, das ist wahr. Aber vier Tage lang machten wir nicht einmal den Mund auf." *(Interview mit Enrique Mario Fukman, CEG)*

Carlos Lordkipanidse erzählt dagegen, dass ihm das Bewusstsein, diesen Ort (die *ESMA*) niemals lebend verlassen zu können, Ruhe verlieh. Da ihm nicht einmal der „Verrat" das Leben bewahren würde, konnte er auch nicht in die Versuchung kommen, seine soziale Umgebung preiszugeben, um sich selbst zu retten:

> „Eines der ersten Dinge, die sie mir sagten [...], war, dass es für mich keine Rettung gab, dass sie mich so oder so töten würden. Das gab mir Gelassenheit, denn ich wusste somit, dass sie mir nichts mehr entlocken würden. Ich hatte ja nichts mehr zu verhandeln. Ich konnte mein Leben nicht mehr gegen etwas anderes eintauschen, denn mir war der Tod ja schon garantiert. Das verlieh mir eine große Gelassenheit." *(Interview mit Carlos Lordkipanidse, 23. 4. 2014)*

Die theoretisch bis ins Endlose steigerbare Kette von Entführung – Informationsbeschaffung – Entführung trug somit nicht nur zur ständigen Verfeinerung der sozialen Kartografie sowie zur Selbsterhaltung der Institution bei, sondern institutionalisierte den „Verrat" auch dauerhaft als performativen Akt des Durchtrennens sozialer Beziehungen – und dies weit über die Grenzen des CCDTyE hinaus.[22] Vor dem „Verschwinden“ konnte unter diesen Bedingungen letztlich nur mehr sicher sein, wer seinen sozialen Beziehungen grundsätzlich misstraute und jederzeit bereit war, sie preiszugeben.

Wie erwähnt war das Verhör, besonders in dieser Haftphase, stets mit systematischer körperlicher, aber auch psychischer Folter verbunden. Dass die Folter ein zentrales Element der Funktionsweise des CCDTyE ist, betont bereits der Endbericht der *CONADEP*:

> „In fast allen bei dieser Kommission eingetroffenen Anzeigen ist von Akten der Folter die Rede. Das ist kein Zufall. Die Folter war ein relevantes Element der angewandten Methodik. Die Geheimen Internierungszentren waren unter anderem dafür konzipiert worden, um sie straflos anwenden zu können.“[23]

Das CCDTyE folgte als Ganzes einer Methodologie der Folter. Innerhalb dieser nahmen bestimmte Formen der körperlichen Folter wiederum eine besondere Schlüsselrolle ein. Die Orte, an denen sie stattfanden, waren die Brennpunkte dieses besonderen Machtdispositivs. Der Foltersaal hatte in der Sprache der Repressoren die Bezeichnung „Operationssaal“ (*quirófano*), eine Bezeichnung, die nicht nur zynisch, sondern auch vielsagend ist: Sie verweist auf die zentrale Bedeutung dieses Orts, an dem – ähnlich wie in der chirurgischen Abteilung eines Krankenhauses – jene „Operationen“ vorgenommen wurden, auf die alle Anstrengungen der gesamten Institution hin ausgerichtet waren. Im „Operationssaal“ kommt das CCDTyE als Institution gewisser-

22 Die Einsatzgruppen operierten zwar von einem bestimmten CCDTyE aus, das ihnen als Stützpunkt und Rückzugsort diente, ihre Aktivitäten gingen aber weit über diesen konkreten Ort hinaus und wirkten bis tief in die Gesellschaft hinein – von der geheimdienstlichen Arbeit, über Entführungsaktionen bis hin zur Überwachung „freigelassener“ Gefangener.

23 CONADEP, Nunca Más, S. 26 (Übers. C. D.).

maßen „zu sich“. So wie im Krankenhaus waren auch im „Operationssaal“ des CCDTyE nur Spezialisten am Werk. Sie hatten eine besondere Ausbildung, die es ihnen erlaubte, „Diagnosen zu stellen und zu intervenieren“.[24] Sie waren nichts anderes als Spezialisten „im Verursachen von Leiden“.[25]

Obwohl die von den Repressoren angewandten Foltermethoden vielfältig waren, war doch eine zentral: die Verabreichung von Stromschlägen an sensiblen Körperstellen mittels der sogenannten *Picana*.[26] Zweifellos war die Folter durch die *Picana* eine, vielleicht *die* prägende Erfahrung der Inhaftierung. In vielen Erzählungen kommt sie dennoch nur als Auslassung vor. Nur wenige Interviewees erzählen ausführlich über ihr Erleben der Folter, die meisten deuten sie nur an oder erwähnen, dass auch sie sie am eigenen Körper zu spüren bekamen. Das Thema der Folter erscheint beinahe als eine Art Tabu:

24 Gabriel Périès, De Argelia a la Argentina: estudio comparativo sobre la internacionalización de las doctrinas militares francesas en la lucha anti-subversiva. Enfoque institucional y discursivo, en: Inés Izaguirre et al., Lucha de clases, guerra civil y genocidio en la Argentina. 1973–1983. Antecedentes. Desarrollo. Complicidades, Buenos Aires 2009, S. 403; Périès spricht von der „medizinisch-chirurgischen Metapher“ (*metáfora médico-quirúrgica*) und schreibt dazu weiter: „Die Vorstellung des Militärs als *Zahnarzt, Chirurg oder Heilpraktiker* ermöglicht […], jene brutale Dimension des Leidens zu neutralisieren, die das Verhör hervorruft. Da alle diese Fachleute Leiden nur zum Besten des Patienten hervorrufen, kann die Tatsache, dass man jemandem Leiden zufügt, nicht gleichbedeutend damit sein, etwas essenziell Böses zu tun: *Diese Fachleute sind keine Henkersknechte* […]. Das Verursachen von Leiden ermöglicht vielmehr *die Diagnose und die Intervention.*“ Ebenda, S. 403 (Hervorhebungen im Original; Übers. C. D.).

25 Ebenda, S. 402.

26 Die *Picana* ist ein ursprünglich in der Viehzucht eingesetzter Apparat. Er erzeugt Stromschläge von hoher Spannung, aber niedriger Stromstärke, was ihn zwar äußerst schmerzhaft, aber nicht unmittelbar tödlich macht. Die Gefangenen wurden dazu in der Regel nackt auf ein metallenes Bettgerüst oder einen metallenen Tisch gebunden.

> „Es gibt Dinge, wonach man die *Compañeros* der CCDTyE [...] einfach nicht fragt, insbesondere nicht die Frauen. Es ist zwar schrecklich, aber so ist es.“ *(Interview mit Juan Agustín Guillén, CEG)*

Die Interviewees gehen offensichtlich davon aus, dass die Details heute allgemein bekannt sind, was zum einen daran liegt, dass sie vielfach beschrieben wurden (besonders in Zeugenaussagen vor der *CONADEP*[27] oder in Gerichtsverfahren, aber auch in autobiografischen Texten oder Interviews von Überlebenden), zum anderen daran, dass sich die Muster wiederholten und von den meisten auf ähnliche Weise erfahren wurden:

> „Deine Muskeln ziehen sich zusammen, du verlierst die Kontrolle über deinen Körper, eine tiefe Verzweiflung überkommt dich.“
> *(Interview mit Enrique Mario Fukman, CEG)*

Darüber hinaus ist das Erinnern der eigenen Folter ein schmerzhafter Vorgang, der im Extremfall zu einer Re-Traumatisierung führen kann und daher lieber vermieden wird. Die Erzählungen der Überlebenden sind in dieser Hinsicht häufig verschwommen, Details werden entweder nicht erinnert oder nicht erzählt:

> „Ich glaube, mich folterten sie während der ersten zwei, drei Tage. Ich erinnere mich nicht genau, aber es war eher nur am Anfang. Es gibt Momente von hohem psychischen Druck, es gibt Momente von konkreter körperlicher Folter, und das alles kommt dir im Kopf durcheinander. Es ist sehr schwierig, das in der Erinnerung auf lineare Weise zu rekonstruieren.“
> *(Interview mit Liliana Gardella, CEG)*

27 Siehe CONADEP, Nunca Más, S. 26–53.

„Was ich für mich feststellte, war, dass ich während der Folter häufig wie benebelt war – ich weiß nicht, ob es vor lauter Schiss war oder vor lauter Schmerz. Du erinnerst dich an nichts mehr. Es ist einfach dieser Druck, der deine Erinnerung verschwimmen lässt."
(Interview mit Gilberto Ponce, CEG)

„Am zweiten oder dritten Tag folterten sie mich, beim ersten Mal ausschließlich mit der *Picana*. Ich weiß nicht, wie lange das dauerte. [...] Beim zweiten Mal, bevor sie sie mir erneut verabreichten, verprügelten sie mich noch mit einem Gummiknüppel [...]. Sie ließen mich so liegen, ein einziger riesiger Bluterguss vom Hals bis zur Gürtellinie. [...] Danach banden sie mich auf den ‚Rost'[28] und begannen erneut mit der Folter. [...] Ich hatte das Gefühl, ich würde sterben. Bei jedem Stromschlag aus der *Picana* hatte ich das Gefühl, dass ich da nicht lebend rauskommen, dass mir das Herz stehen bleiben würde. Und ich suchte verzweifelt nach der Möglichkeit, nur einmal kurz durchatmen zu können, nur für ein paar Sekunden."
(Interview mit Mario Villani, CEG)

Konkreter erinnert als die eigene Folter wird meist die Folter der anderen, deren Zeuge man wurde. Zwar verfolgten die Repressoren mit der Folter primär den Zweck, die Gefangenen „zum Sprechen zu bringen". Carlos Lordkipanidse vermutet aber, dass sie eine dem CCDTyE als Institution immanente Routine ist, die über diesen Zweck hinausgeht:

„Ich glaube, dass die [körperliche Folter] zunächst Teil der Routine für Neuankömmlinge ist. Demjenigen, der neu ankommt, dem schenken sie erst einmal ein, fertig. [...] Sie wussten, dass ich ein

28 Der „Rost" (*parrilla*) bezeichnete in der Sprache der Repressoren ein Bettgestell oder einen Tisch aus Metall, auf dem die Gefangenen die Elektrofolter unterworfen wurden. Der Begriff ist nur ein Beispiel für die vielen zynischen Sprachverdrehungen der Täter, verweist er doch auf den in Argentinien so beliebten sozialen Ritus des gemeinsamen Grillens.

> Neuankömmling war, daher stand mir dieser ‚Willkommensgruß' zu. Jeder Schwachkopf, der also an dir vorbeiging, verabreichte dir eine, einfach nur, um dir auf die Eier zu gehen."
> *(Interview mit Carlos Lordkipanidse, CEG)*

Selbst dann, wenn von den Gefolterten keine Informationen mehr zu erwarten waren, erfüllte die Folter dennoch eine Funktion: ihren Widerstandswillen und damit sie selbst als Personen zu brechen. Isabel Fernández Blanco und Liliana Gardella beschreiben solche Momente:

> „Ich hatte die erste Phase der Folter schon hinter mir. Für mich war es wie: ‚Du kannst mit mir machen, was du willst. Ich bin ohnehin schon tot.' Dieses Gefühl war so stark, dass ich praktisch keinen Schmerz mehr verspürte. Irgendwann hörte ich einfach auf zu fühlen. Irgendwann einmal konnte ich nicht mehr vom Boden aufstehen, und sie fuhren fort, mich zu treten. Ich blieb einfach liegen wie tot, aber ich erinnere mich nicht daran, Schmerzen verspürt zu haben."
> *(Interview mit Isabel Fernández Blanco, Memoria Abierta)*

> „Wenn ich eine organischen Analogie für dieses Gefühl finden müsste, es wäre der Spasmus: eine Abwehrreaktion gegen die Gewalt, die du in diesem Moment erlebst."
> *(Interview mit Liliana Gardella, CEG)*

In einem seiner zentralen Texte beschreibt Jean Améry, wie er seine eigene Folter durch die Gestapo erlebte:

> „Wenn sich nun schon das Wie des Schmerzes der sprachlichen Kommunikation entzieht, so kann ich aber doch vielleicht annähernd aussagen, was er war […]: die Grenzverletzung meines Ichs durch den Anderen, die weder durch Hilfserwartung neutralisiert noch durch Gegenwehr begradigt werden kann. […] Nur in der Tortur wird die Verfleischlichung des Menschen vollständig:

Aufheulend vor Schmerz ist der gewalthinfällige, auf keine Hilfe hoffende, zu keiner Notwehr befähigte Gefolterte nur noch Körper und sonst nichts mehr."[29]

Die Gewalt der Folter degradiert den Gefolterten zum Objekt, zum reinen Körper. Er wird handlungsunfähig und zugleich den Handlungen der anderen wehrlos ausgeliefert. Das Prinzip der Gegenseitigkeit, auf dem jede soziale Beziehung beruht, ist aufgehoben und in eine radikale Einseitigkeit überführt. Die Folter raubt dem Gefolterten das „Weltvertrauen", jenen Glauben, dass man selbst mit den Folterern noch ein gemeinsames moralisches, rationales, diskursives Universum teilt.[30]

> „Wer der Folter erlag, kann nicht mehr heimisch werden in der Welt. Die Schmach der Vernichtung lässt sich nicht austilgen. Das zum Teil schon mit dem ersten Schlag, in vollem Umfang aber schließlich in der Tortur eingestürzte Weltvertrauen wird nicht wiedergewonnen. Dass der Mitmensch als Gegenmensch erfahren wurde, bleibt als gestauter Schrecken im Gefolterten liegen: Darüber blickt keiner hinaus in eine Welt, in der das Prinzip Hoffnung herrscht."[31]

29 Jean Améry, Die Tortur, in: ders., Jenseits von Schuld und Sühne, Stuttgart 2000, S. 63 f.

30 Gegen diesen in der Folter erzwungenen Verlust des „Weltvertrauens" entwickelte Mario Villani eine individuelle psychologische Widerstandsstrategie: den Folterer „als Menschen" zu verstehen versuchen und von der eigenen Psyche auf die seine schließen. Dies bedeutet zugleich: sich aus dem „geteilten Universum" nicht hinausdrängen zu lassen. Nur so könne man letzten Endes Einfluss auf das Verhalten der Repressoren nehmen: „Ich versuche zu verstehen, wie der Geist eines Menschen funktioniert [...]. Das ermöglicht dir, Widerstand zu leisten, dich ihnen effektiver zu widersetzen." Interview mit Mario Villani, CEG.

31 Améry, Die Tortur, S. 73.

Die Folter ist die radikalste Form der Gewalt, weil sie die Gesellschaft an ihre Grenze bringt und sie sogar überschreitet. Sie löscht Sozietät und den Glauben an sie aus.[32] Die Gewalt der Folter unterscheidet sich damit fundamental von der sanktionierenden Gewalt der disziplinären Institutionen. Diese hat die Funktion, das Handeln der Subjekte zu kontrollieren, zu kanalisieren und sie so als Element eines Ganzen nutzbar zu machen. Um dies zu erreichen, schränkt sie die freie Assoziation der Subjekte mit ihrer Umwelt ein und normiert die Formen möglicher Beziehungen. Die sanktionierende Gewalt ruft denjenigen, gegen die sie auftritt, in Erinnerung, „wer sie sind" oder zu sein haben. Sie wirft das Individuum auf die Position zurück, die es innerhalb des Systems zu beziehen hat. Sie reduziert das Subjekt auf seine „Unzulänglichkeiten" und fordert es auf, diese auszumerzen.

Geht es der sanktionierenden, disziplinären Gewalt darum, das Subjekt zu formen, so hat die Gewalt der Folter nichts anderes zum Ziel, als Subjektivität als solche auszulöschen, die Selbstkonstitution und Identität des Subjekts zu untergraben. Indem man den Gefolterten ganz auf seinen Körper reduziert, macht man ihn zugleich „transparent" für die Befragungen. „Im Moment der Folter gibt es keine Zeit, um zu

32 Die Allgegenwart der Folter untergrub auch das Vertrauen und die Solidarität unter den Gefangenen selbst. Da man nicht wissen konnte, ob die Mitgefangenen dem Druck der Folter standhalten konnten, vertraute man ihnen möglichst wenige Informationen an. Die Folter trug so zur Isolierung der Gefangenen voneinander bei. „Du konntest dem anderen nicht vertrauen. [...] Du konntest nie wissen, wie weit die Widerstandskraft von jemandem reicht und in welchem Augenblick er zu ‚singen' beginnen würde. Das ist etwa auch einer der Gründe, warum wir nie eine gemeinsame Flucht planten. Wir hatten alle Angst davor, dass der andere irgendwann zu ‚singen' beginnen könnte." Interview mit Isabel Fernández Blanco, CEG. Andrea Bello sieht in dieser Problematik sogar den wesentlichen Unterschied zwischen legaler Gefängnishaft und der Inhaftierung in einem CCDTyE. Die Tatsache, dass das Regime der Folter dort weniger ausgeprägt war, habe zur Folge gehabt, dass „die Beziehungen der Gefangenen untereinander in den herkömmlichen Gefängnissen viel solidarischer waren". Interview mit Andrea Bello, CEG.

denken." (Interview mit Enrique Mario Fukman, 26. 4. 2014) Das Ziel dieser ersten Phase der Haft, der „Intensivphase", war es daher auch, die Gefangenen so zuzurichten, dass sie nur mehr als Körper existierten, durch den hindurch sich die „Wahrheit" schließlich „unverfälscht Bahn brechen" konnte. Der „ideale" Gefangene ist in dieser Phase der Haft der „gebrochene" Gefangene, dessen Selbstaufgabe so weit geht, dass er die Denk- und Handlungsweisen seiner Folterer als die seinigen übernimmt.

> „Man verlangt von demjenigen, der leidet, dass er für die Situation, die ihm auferlegt wird, Verständnis zeige. Seine Unterwerfung soll absolut sein. Der Schuldige, der Verdächtige, der ‚Verschwundene' soll also denjenigen von Schuld freisprechen, der ihn zwingt, seine eigene Schuld anzuerkennen. Auf die Frage: ‚Merkst du eigentlich, was du mich zu tun zwingst?' darf es nur eine Antwort geben: das Einverständnis."[33]

Doch die Widerstandskraft der Gefangenen war nicht gleich stark. In den wenigsten Fällen erreichten die Folterer in der „Intensivphase" tatsächlich ihr letztes Ziel: das totale Brechen der Persönlichkeit:

> „Es gab *Compañeros*, die durch die Folter gebrochen worden sind. Dieser Bruch bedeutete ihr Zerbrechen als Menschen und als politische Aktivisten. Sie wechselten in das Lager des Feindes und begannen direkt mit den Repressoren zu kollaborieren. Dann gab es *Compañeros*, die auf brutalste Weise gefoltert wurden, die sich

33 Gabriel Périès, De Argelia a la Argentina, S. 404 (Übers. C. D.). Dass es den Folterern der CCDTyE – noch vor der Informationsbeschaffung – um das „Brechen" der Gefangenen geht, zeigt sich auch daran, dass in der *ESMA* eine *Picana* zum Einsatz kam, die automatisch und in Abwesenheit der Repressoren funktionierte. Die Folter wird in diesem Fall zum Selbstzweck, da ein „Geständnis" des Gefolterten gar nicht möglich ist; siehe die Interviews mit Rufino Almeida, CEG; und mit Mario Villani, CEG.

von der Folter brechen ließen, die eine Information weitergaben, die danach aber ihre Persönlichkeit wiederfanden, ihre Selbstachtung, und von da an nicht weiter mit den Repressoren kollaborierten. Und dann gab es noch *Compañeros*, die der Folter standhielten und die sich bis zuletzt weigerten zu sprechen."
(Interview mit Osvaldo Barros, 28. 4. 2014)

Die Gefangenen blieben nach dieser Phase der intensiven Folter in der Regel zwar schwer beschädigt, aber nicht vollständig gebrochen zurück. Waren die Befragungen der Folterer abgeschlossen, weil sie die Informationen erhalten hatten, die sie suchten, oder weil sie keine nützlichen Informationen mehr erwarten konnten, wurden die Gefangenen in vielen Fällen „überstellt" – ein Euphemismus dafür, dass sie in „Todesflügen" lebend über dem Río de la Plata abgeworfen oder auf andere Weise ermordet wurden.[34] Für diejenigen, die am Leben gelassen wurden, begann eine neue Phase ihrer Haft. In ihr konnten sich Freiräume ergeben, in denen der oder die Gefangene als Subjekt „wiedererstehen" konnte – so wie auch Jean Améry nach seiner Erfahrung als Subjekt „wiedererstand" – und was es ihm ermöglichte, Jahre später darüber zu reflektieren. Genau an diesen Freiräumen setzten aber auch die Strategien der Repressoren an, deren Ziel es war, die freie Entfaltung des Subjekts zu kontrollieren und es gefügig zu machen.

34 Vgl. CONADEP, Nunca Más, S. 68 f. Das Thema der „Todesflüge" wird auf ausführliche und eindrucksvolle Weise behandelt in: Horacio Verbitsky, El vuelo, Buenos Aires 1995. Das Buch basiert auf einem Interview des argentinischen Journalisten Horacio Verbitsky mit Adolfo Scilingo, der als erster Ex-Militär die systematischen staatlichen Entführungen, Folterungen und Morde während der Militärdiktatur öffentlich zugab und zugleich gestand, selbst an mehreren „Todesflügen" teilgenommen zu haben.

Normalisierung

> „Man versuchte, uns auseinanderzunehmen, als Individuen und als Kollektive. Sie versuchten, dich zu zerlegen, als ob du ein Puzzle wärst; und dich danach wieder zusammenzusetzen. Aber eines der Puzzleteile behielten sie für sich."
>
> *Interview mit Graciela Daleo, 24. 6. 2014*

Bruno Bettelheim formulierte über die nationalsozialistischen KZ folgende Hypothese: „The final stage [of the transformation of the prisoner's personality] is reached when the prisoner has adapted himself to the life in the camp."[1] Er benennt damit die „Transformation der Persönlichkeit" als eine der zentralen Folgen der KZ-Haft. Sie vollzieht sich in dem Maße, in dem sich die Gefangenen an das Leben im Lager „anpassen". Weiter unten im selben Text setzt er diesen Gedanken fort und konkretisiert ihn in eine bestimmte Richtung: „A prisoner had reached the final stage of adjustment to the camp situation when he had changed his personality so as to accept as his own the values of the Gestapo."[2]

Die Transformation der Persönlichkeit als Anpassungsprozess an das Lager besteht dieser zweiten Hypothese zufolge in der Identifikation des Häftlings mit seinen Bewachern – der SS bzw. in den Worten Bettelheims der „Gestapo" –, in der Übernahme ihrer Werte „als seine eigenen". Wie weit diese Identifikation im einzelnen Fall geht, hänge wiederum davon ab, wie lange der Gefangene bereits im KZ inhaftiert war, und sei bei „alten" Häftlingen entsprechend ausgeprägter gewesen

1 Bettelheim, Behaviour in Extreme Situations, S. 200.

2 Ebenda, S. 207.

als bei „neuen“, erst seit kürzerer Zeit internierten. Bestimmte Aspekte im Verhalten eines Großteils der Funktionshäftlinge oder Kapos seien Bettelheim zufolge ein empirischer Beleg für eine solche totale Identifikation: etwa Aggressionen gegenüber schwachen Mithäftlingen; der Versuch, mit bestimmten Accessoires die Uniformen der SS zu imitieren; oder die offene Verteidigung bestimmter ideologischer Elemente des Nationalsozialismus.[3] Bettelheim zufolge wäre also der vollständig angepasste, seiner ursprünglichen Überzeugungen und Moralvorstellungen beraubte, gewissermaßen einer „Hirnwäsche“ unterzogene Funktionshäftling die paradigmatische Figur, die das nationalsozialistische KZ hervorbringt.

Bettelheims Theorie über den psychischen und sozialen Anpassungsprozess von KZ-Häftlingen an das Regime des Lagers wurde seit ihrer Erstpublikation im Jahr 1943 vielerorts kritisch rezipiert.[4] Der Hauptfokus dieser Kritik richtet sich gegen die These der Anpassung als Identifikation, also gegen den Schritt von der ersten oben genannten Hypothese zur zweiten. Andere Autoren argumentieren, dass es die von Bettelheim postulierte totale Identifikation mit der SS in Wahrheit nicht gab und dass das oft opportunistische Handeln von Funktionshäftlingen als Teil einer individuellen Überlebensstrategie interpretiert werden muss.[5] Vollzieht man jedoch den Schritt von der ersten zur

3 Vgl. Christian Fleck/Albert Müller, Bruno Bettelheim and the Concentration Camps, in: Journal of the History of the Behavioral Sciences 33 (1997) 1, S. 1–37, hier S. 14–19.

4 Vgl. etwa Pingel, Häftlinge unter SS-Herrschaft; Elmer Luchterhand, Prisoner Behavior and Social System in the Nazi Concentration Camps, in: International Journal of Social Psychiatry 13 (1967), S. 245–264; für einen Überblick über die Rezeption von Bettelheims Thesen vgl. Fleck/Müller, Bruno Bettelheim and the Concentration Camps, S. 1–37.

5 Falk Pingel etwa meint: „[…] der einzelne Häftling, der sich entsprechend [so, „wie die SS es vormachte und forderte“] verhielt, wandte eine bestimmte Überlebensstrategie an, die über seine Einschätzung nichts weiter aussagt, als daß er deren Forderung [jene der SS] der Häftlingsbehandlung als anwendbar ansah, um sich einen Stand in der Häftlingsgesellschaft zu sichern. Hier-

zweiten Hypothese nicht und bleibt bei der ersten, so glaube ich, dass Bettelheims Text, seine Beobachtungen, Beschreibungen und Interpretationen ein breites und interessantes Panorama möglicher Ansatzpunkte für ein Verständnis des Anpassungsprozesses der Gefangenen an das Regime des Lagers bieten.

Anpassung kann im KZ vielerlei bedeuten. In einigen frühen, zum Teil weithin bekannt gewordenen Erinnerungsberichten von KZ-Überlebenden fällt etwa auf, dass die SS nicht mitgedacht wird, wenn von der „Lageraristokratie“ oder der „Lagergesellschaft“ im Allgemeinen die Rede ist.[6] Alle Gewalt geht in diesen Erzählungen von den Funktionshäftlingen aus, während „die SS keine Rolle innerhalb des Sozialgefüges mehr zu spielen scheint, sondern hinter der (Häftlings-) Aristokratie schwebend vielmehr unklar verortet, jedenfalls externalisiert ist“.[7] Auch das könnte als eine mögliche Anpassungsleistung an das Lagers verstanden werden: Die SS und die von ihr ausgehende (vor allem) strukturelle Gewalt des Lagers bleiben außen vor, gerade so, als wären sie quasi natürliche, jenseits des und über dem Sozialen stehende Bedingungen des Lagerlebens. Sie ziehen und definieren die engen Grenzen, innerhalb derer sich Letzteres entwickelt.[8]

War für Bettelheim der sich völlig mit der SS identifizierende Funktionshäftling die Inkarnation der zu ihrem Ziel gelangten Lagermacht,

für eine Identifikation des Beherrschten mit dem Herrscher anzunehmen, ist keineswegs notwendig.“ Pingel, Häftlinge unter SS-Herrschaft, S. 170.

6 Vgl. Andreas Kranebitter, Zahlen als Zeugen. Soziologische Analysen zur Häftlingsgesellschaft des KZ Mauthausen, Wien 2015, S. 55 f.

7 Ebenda, S. 55.

8 In gewisser Weise wird diese Tendenz in Teilen der – vor allem soziologisch orientierten – KZ-Forschung weitertradiert, indem sie die Struktur, die Schichtungen und die Interaktionen innerhalb der „Häftlingsgesellschaft“ in den Mittelpunkt stellt. Der analytische Blick richtet sich dabei ausschließlich nach innen. Nicht nur die Rolle der SS, sondern auch Funktion und Wirkung der Konzentrationslager auf die Gesellschaft als Ganze werden dabei immer seltener diskutiert.

so beziehen sich andere Autoren auf eine andere Figur: den „Muselmann“, den ausgemergelten, zum Skelett abgemagerten Häftling, der am Rande des Todes wandelt. Primo Levi nannte ihn den „Nerv des Lagers“.[9] Giorgio Agamben meint, wir könnten „Auschwitz“ nicht verstehen, „wenn wir nicht zuvor verstanden haben, wer oder was der Muselmann ist“.[10] Und Wolfgang Sofsky schreibt, „die Fabrikation des Muselmanns“ sei der „größter Triumph“ der „absoluten Macht“ des Konzentrationslagers.[11] Der Muselmann steht für jenen Gefangenen, dessen Wahrnehmungs- und Handlungsradius so weit verkümmert war, dass er für die Welt um ihn herum nicht mehr empfänglich war, und dessen verbliebene Lebensenergie sich nur mehr auf die elementarsten physiologischen Bedürfnisse zu richten imstande war. Die Apathie des Muselmanns oder die Übernahme der Werte der SS-Täter durch einen Teil der Funktionshäftlinge – was ist tatsächlich „Ziel“ und „Produkt“ des Lagers?

Die historische Debatte über Bettelheims Thesen in all ihren Ausformungen kann hier weder in Gänze nachgezeichnet, noch kann ein eindeutiger Schluss daraus gezogen werden. Worauf es mir ankommt ist vielmehr zu zeigen, dass in den Erzählungen und Diskursen der Überlebenden der CCDTyE vergleichbare Erfahrungen zum Ausdruck kommen. Auch hier ist ein wesentliches Thema das der direkten Kollaboration einiger Mitgefangener mit den Tätern, die auf eine Identifikation mit ihnen schließen lasse. Die Überlebenden sprechen in diesem Zusammenhang von einem *Quiebre*, einem „Bruch“, der sich in diesen Gefangenen vollzogen habe. Doch das traf nur auf eine verschwindend kleine Minderheit überhaupt zu. Der tatsächliche Anpassungsprozess – durchaus auch im Sinne eines Großteils der Thesen Bettelheims – an das KZ ebenso wie an das CCDTyE verlief dagegen auf wesentlich

9 Primo Levi, Ist das ein Mensch?, München 1999, S. 108.

10 Giorgio Agamben, Was von Auschwitz bleibt. Das Archiv und der Zeuge, Frankfurt a. M. 2003, S. 45.

11 Sofsky, Die Ordnung des Terrors, S. 321.

subtilere Weise: Das Subjekt wurde nicht einfach mit der Identität der Täter „überschrieben“, sondern im Prozess seines allmählichen „Rückzugs“ langsam transformiert, ohne jedoch in Gänze zu verschwinden.[12] Trotz aller berechtigter Kritik an Bettelheims Thesen erscheint mir daher doch ein zentraler Punkt seiner Arbeiten zur KZ-Erfahrung gültig und wesentlich: dass die größte Gefahr für den Gefangenen – und zugleich das Ziel der Lagermacht – eine bestimmte Art der Transformation seiner Subjektivität war. Möglicherweise ist der „Muselmann“ diesbezüglich die für das KZ paradigmatische Figur. Gibt es zu ihm ein Pendant in den CCDTyE? Wie vollzieht sich und was bewirkt der Prozess der Transformation der Persönlichkeit dort? Im Folgenden gehe ich diesen Fragen anhand der Erzählungen der Überlebenden der CCDTyE über jene Phase ihrer Lagerhaft nach, die ich als „Normalisierung“ bezeichnen möchte.

Das Ende der Intensivphase ist in vielen Erzählungen durch einen Moment markiert, an dem die Gefangenen an einem Ort permanent untergebracht wurden.[13] Die meisten Interviewees berichten, dass die systematische physische Folter – vor allem mittels der *Picana* – nun allmählich nachließ oder ganz aufhörte. Was die Erzählungen dieser Phase der Inhaftierung dagegen prägt, ist die Erfahrung der individuellen

12 In einer späteren Version seines Textes modifizierte Bettelheim selbst seine Anpassungsthese so, dass damit keine direkte Identifikation mehr gemeint war: „The extreme conditions of the camps brought out often-exaggerated form of values by which prisoners had lived, but rarely changed them. One was forced to do things one would normally not have done, but internally there were always limitations derived from previous behavior patterns.“ Bruno Bettelheim, Surviving and Other Essays, zitiert nach: Fleck/Müller, Bruno Bettelheim and the Concentration Camps, S. 21.

13 In der *ESMA* bedeutete das die Verlegung vom Keller des Offizierskasinos, in dem nicht nur die systematischen Folterungen durchgeführt wurden, sondern die Gefangenen während der Phase der intensiven körperlichen Folter auch untergebracht waren, in den Sektor namens *Capucha* im dritten Stock des Gebäudes

Isolation.[14] Alle Schilderungen stimmen darin überein, dass die Gefangenen ihre Zeit entweder allein, selten auch zu zweit[15] in Zellen von etwa zwei Metern Länge und 60 bis 80 Zentimetern Breite verbrachten. Zum Schlafen gab man ihnen häufig zerfetzte und mit Blut befleckte Schaumstoffmatratzen, die entweder direkt auf den Boden oder auf Pritschen gelegt wurden.

Die Gefangenen mussten die gesamte Zeit in ihren Zellen – *Cucheta* (Kabine) oder *Tubo* (Röhre) genannt – verbringen und durften sie nur in Begleitung von Wachpersonal verlassen, um ihre Notdurft zu verrichten. Dazu waren sie häufig an Füßen und Händen gefesselt, oft zudem an die Wand gekettet. Kommunikation, die durch die dünnen Zwischenwände der Zellen grundsätzlich möglich war, war strikt untersagt. Die Isolation perfekt machten aber der *Tabique* und die

14 Hier wird erneut ein fundamentaler Unterschied zum KZ deutlich. Für die nationalsozialistischen Konzentrationslager ist weniger die Erfahrung von individueller Isolation prägend als vielmehr die von Enge innerhalb einer bis ins Extreme komprimierten Masse von Häftlingen. Die Gefangenen der KZ wurden nicht durch individuelle Isolierung jeglicher Sozialität beraubt. Im Gegenteil führte dort gerade die extreme Verdichtung der Zwangsgemeinschaft der Häftlinge zum Zerfall von autonomer sozialer Interaktion. Diese wurde durch den von außen auferlegten „formgebenden" Druck verdrängt. Die Erfahrung von Enge und Verdichtung wurde besonders im Alltag im „Block" (so wurden im Lagerjargon die Unterkunftsbaracken genannt) offenbar: „Die Nächte auf der Pritsche oder auf dem Fußboden, wo alle in einer Richtung auf der Seite lagen, den Kopf auf dem verrenkten Arm, und sich nur auf Kommando umdrehen konnten, gehörten zu den Qualen des Lageralltags. Die Verdichtung erzeugte eine beklemmende Isolation. Wer seinen Platz behalten wollte, durfte sich nicht bewegen, da sich der Nebenmann dann sofort ausbreitete. Drückte man den Vordermann ein paar Zentimeter weg, rückte unwillkürlich der Hintermann nach. Die Menschen waren eingekerkert in einer Zelle aus menschlichen Körpern." Sofsky, Die Ordnung des Terrors, S. 87; vgl. auch Christian Dürr, Jenseits der Disziplin. Eine Analyse der Machtordnung in nationalsozialistischen Konzentrationslagern, Wien 2004, S. 109–111.

15 Es gibt Hinweise darauf, dass Paare gemeinsam in einer Zelle untergebracht wurden; siehe die Interviews mit Isabel Fernández Blanco und Rufino Almeida.

Capucha, welche die Gefangenen die gesamte Zeit tragen mussten und hinter denen sie visuell völlig isoliert waren.

> „Ich hatte keine Vorstellung von dem Ort, denn ich war völlig im Dunkeln, hatte eine Augenbinde und die *Capucha*. So verblieb ich für lange Zeit." *(Interview mit Elisa Tokar, CEG)*

> „Du setztest dich zum Essen auf, du aßest, und danach musstest du dich wieder hinlegen. Wenn du dich irgendwann einmal aufsetzen wolltest, musstest du die Wache um Erlaubnis fragen. Und wenn die Wache das nicht wollte, musstest du liegen bleiben. Und ich wiederhole das: ständig mit der *Capucha* über dem Kopf. Die *Capucha* nahmst du nicht mehr ab." *(Interview mit Enrique Mario Fukman, CEG)*

Trotz der harten Lebensbedingungen stellt sich diese neue Phase aus Sicht der Überlebenden zunächst als eine Periode der „Entschleunigung" dar. Das Stakkato an *diachronischen Ereignissen* der Intensivphase ging gewissermaßen in einen *synchronischen Zustand* über, der in der Wahrnehmung und Erinnerung der Überlebenden ewig zu sein scheint.

> „Es bist nur noch du mit deiner *Capucha*, 60 Sekunden pro Minute, 60 Minuten pro Stunde, 24 Stunden pro Tag, 7 Tage pro Woche, 30 Tage pro Monat, 365 Tage im Jahr."
> *(Interview mit Enrique Mario Fukman, 26. 4. 2014)*

In der vorangegangenen Intensivphase hatte vor allem ihr Status als soziale Subjekte die Gefangenen für die Repressoren interessant gemacht. Sie sollten als Verbindungsglied zu ihren sozialen Netzwerken, damit zur Welt außerhalb des CCDTyE, fungieren.[16] In der neuen Phase

16 Gefangene wurden immer wieder temporär in die Gesellschaft zurück „entlassen", um dort für die Repressoren ihre sozialen Kontakte offenzulegen, die diesen wiederum dazu dienten, die nächsten Entführungen zu planen.

der „Normalisierung“ wurde hingegen die Isolierung dominant. In dem Moment, in dem die Gefangenen als Informationsquelle ausgeschöpft und ihre sozialen Beziehungen aufgedeckt waren, fielen sie erstmals in die totale Isolation. Als soziale Subjekte interessierten sie nicht länger. Da sie keine weitere Funktion mehr erfüllten, wurden sie wie ein Stück Abfall irgendwo liegen gelassen. Sie waren von nun an „einfach nur da“ und in diesem Dasein vollständig vereinzelt.

> „Irgendwann einmal war man einfach nur mehr da, du *warst* einfach nur mehr. Sie schickten dich auf keine ‚Überstellung‘[17], sie holten dich nicht aus deiner Zelle, nichts.“
> *(Interview mit Enrique Mario Fukman,* Memoria Abierta*)*

> „Für eine Zeit lang schien es, als hätten sie mich vergessen.“
> *(Interview mit Margarita Cruz, CEG)*

> „Während all dieser Tage ... absolut nichts ... Ich lag herum, ab und zu kam irgendein Wachmann vorbei. Und ich hörte voller Schreck, wie sie die neben mir verprügelten.“
> *(Interview mit Elisa Tokar, CEG)*

> „Die stärkste Erinnerung habe ich an die Zeit, in der ich in dem Bereich war, den sie *Capucha* nannten. Ich war dort mit der *Capucha* am Kopf, mit Fußfesseln und Handschellen. Das Einzige, was ich während dieser Zeit tun konnte, war denken. Man konnte nichts anderes machen. Wir lagen 24 Stunden am Tag am Boden auf ein paar Matten. Das Einzige, was wir da machen konnten, war denken.“
> *(Interview mit Osvaldo Barros, 28. 4. 2014)*

17 Mit „Überstellung“ (*traslado*) bezeichneten die Repressoren die vermeintliche Verlegung von Gefangenen in „Arbeitslager“ oder reguläre „Gefängnisse im Süden“. In Wirklichkeit wurden sie aber auf verschiedenste Weise ermordet.

Die Interviewees beschreiben diese totale Isolierung von der Umwelt als eine der prägendsten Erfahrungen ihrer gesamten Haftzeit, die psychische Folgen wie Resignation, Apathie, Depression und den Verlust des Lebenswillens zur Folge haben konnten.

Die Möglichkeiten der Gefangenen, gegen diese Isolierung von jeglicher Umwelt anzukämpfen, waren äußerst beschränkt. Kommunikation oder soziale Interaktion waren in dieser Phase der Haft kaum und wenn, dann nur unter großen Risiken möglich. Isabel Fernández Blanco erzählt beispielsweise über ihre ersten vorsichtigen Versuche, mit ihrem Lebensgefährten Kontakt aufzunehmen, der in einer Zelle neben ihr inhaftiert war:

> „Ich versuchte, mit Quique zu sprechen […]. [Er] saß gegen die Zellenwand gelehnt und bewegte sich die ganze Zeit nicht weg von dort, bis ich begann, ihn zu rufen. Dann fasste er Mut und begann sich ein wenig zu bewegen. Und so begannen wir, miteinander zu sprechen. Und in der folgenden Nacht kommunizierten wir durch Klopfen gegen die Wand." *(Interview mit Isabel Fernández Blanco, CEG)*

Manche der Überlebenden berichten, welche Risiken sie eingingen, um zu einzelnen Mitgefangenen auch Blickkontakt herzustellen. Dazu war es nötig, die *Capucha* anzuheben, den *Tabique* so zu verschieben, dass ein schmaler Sehschlitz frei wurde, und zugleich sicherzustellen, dass man dabei nicht beobachtet wurde:

> „Ich wusste, dass in jedem Moment einer auftauchen und mich beobachten konnte. […] Ich bin in meiner Zelle manchmal auf die Pritsche gestiegen. Über der Tür gab es eine kleine Abzugsöffnung. Manchmal versuchte ich einen Blick hinaus zu erhaschen, wohl wissend, was für ein Risiko ich damit einging. Aber irgendwann kam einfach ein Moment, in dem man irgendeinen Weg nach draußen suchte, […] um irgendein Gesicht zu sehen, um zu wissen, wer in der Zelle gegenüber war […] Einmal sah ich, wie aus der Zelle

gegenüber auch jemand herausschaute. Von da an gaben wir einander Zeichen. Mit der Zeit entwickelten wir so etwas wie eine minimale Form der Kommunikation."
(Interview mit Mario Villani, CEG)

Viele Gefangene entwickelten aber auch ganz individuelle Widerstandsstrategien. Die Fantasie spielte dabei häufig eine zentrale Rolle. Sie war de facto die einzige Möglichkeit, den Kontakt zur Welt außerhalb, zur Familie, den Freunden und den *Compañeros* der Organisation in irgendeiner Form aufrechtzuerhalten.

„In manchen Momenten, in denen sie einen in Ruhe ließen, verfolgte man die Strategie, von dort zu entfliehen, diesem Horror zu entkommen. Man versuchte, sich irgendeine konkrete Situation da draußen vorzustellen. Man fantasierte massiv vor sich hin. Man musste sich selbst beweisen, dass es eine andere Welt geben konnte als diese. Ein paar Stunden später war man dann wider zurück im Alltag, und sie schenkten einem erneut ein."
(Interview mit Enrique Mario Fukman, Memoria Abierta*)*

„Man dachte an die Kindheit, an die Freunde und an die Möglichkeit einer Zukunft. [...] Wohin man gehen würde, wie man einen Job finden würde ... das waren die vorherrschenden Gedanken. Man versuchte einfach, positive Gedanken zu entwickeln. Das war die Strategie, um sich nicht unterkriegen zu lassen, um das Vertrauen in sich selbst nicht zu verlieren."
(Interview mit Osvaldo Barros, 28. 4. 2014)

„Ich unterhielt mich mit mir selbst. [...]. Ich erinnere mich, dass es da eine Kakerlake gab, die immer in der Nacht auftauchte und mit einem Stöckchen spielte. [...] Ich pfiff einen Tango vor mich hin. Mir gefällt Tango sehr, also begann ich ganz leise einen Tango zu singen."
(Interview mit Juan Agustín Guillén, CEG)

„Eines Tages ertappte ich mich dabei, wie ich darüber fantasierte, was ich machen würde, wenn sie mich freiließen. Ich würde meine Familie zurückgewinnen, von der ich mich getrennt hatte. Ich würde aufhören, politisch aktiv zu sein. Ich würde mit meiner Frau wieder zusammenkommen. Ich dachte daran, das Land zu verlassen. Ich begann also zu fantasieren ... bis es plötzlich auf einen Schlag in mir ‚klick' machte und ich mir sagte: ‚Was mache ich da nur?'"

(Interview mit Mario Villani, CEG)

Die Isolation ging für die Gefangenen der CCDTyE mit einem Verlust des Zeit- und Raumempfindens einher. Raum und Zeit blieben für sie ganz und gar formlos und inhaltsleer. Der Raum, in dem sie lebten, war zugleich unendlich klein und unendlich groß. Zwischen dem Gefühl, lebendig begraben und – um mit Enrique Mario Fukman zu sprechen – lebendig ins All geschossen zu sein, gibt es keinen Unterschied. War der Raum der Gefangenen unendlich, so war ihre Zeit leer. Da in der totalen Isolation jeder Moment dem anderen gleicht, gab es in der Wahrnehmung der Gefangenen auch zwischen Moment und Ewigkeit keinen Unterschied mehr. Sie wurden jener universalen Strukturierung von Raum und Zeit beraubt, die den Rahmen für jegliches soziale Zusammenleben vorgeben.

Um zu vermeiden, völlig aus diesem sozialen Rahmen herauszufallen und so immer tiefer in die Isolation zu geraten, schufen sich manche Gefangenen ihre eigenen Strukturierungen:

„Es gab keine Regelmäßigkeit. Wir wussten nicht, wie spät es war. Aber was wir wussten war, dass in etwa um sechs in der Früh die Wachen Schichtwechsel hatten. Wir wussten auch anhand des Sonnenstandes, wann es in etwa Mittag war, wann Abend, wann es Tag wurde."

(Interview mit Isabel Fernández Blanco, CEG)

„Eine Strategie war es für mich, mich auf kurze Zeitabschnitte zu konzentrieren. Ich stellte mir im Kopf zum Beispiel alle Jahrestage zusammen, die ich aus der Schule kannte. Dann sagte ich mir: ‚Jetzt muss ich bis zum 5. Oktober, den *Día del Camino*[18] durchhalten.' Wir nahmen uns einfach kurze Zeitabschnitte vor."
(Interview mit Isabel Fernández Blanco, Memoria Abierta*)*

„Das Einzige, das ich mir vornehmen konnte, war, den nächsten Tag zu erleben. Und über lange Zeit hinweg setzte ich mir das als Ziel. [...] Ich wusste auch immer, welchen Tag wir hatten. Ich versuchte, das nie zu vergessen. Zumindest wusste ich immer, ob Montag war, Dienstag oder Mittwoch, sogar das genaue Datum. Ich sagte mir also: ‚Ich muss bis morgen überleben.' Das war mein Ziel. Und wenn ich am nächsten Tag immer noch am Leben war, hatte ich ein Ziel erreicht. Und dann setze ich mir ein neues."
(Interview mit Mario Villani, CEG)

Auch der Bericht der *CONADEP* betont die Bedeutung dieser Strategien der Gefangenen zur Strukturierung ihrer Wahrnehmung: Besonders bedeutend sei die „Schärfung der [...] Sinne und eines gesamten Systems von Rhythmen, das vom Gedächtnis minuziös gespeichert wurde. [...]. Essenziell an diesen ‚Rhythmen' waren die Wachablösungen, die vorbeifliegenden Flugzeuge oder vorbeifahrenden Züge, die üblichen Uhrzeiten, zu denen gefoltert wurde."[19] Die Repressoren wussten jedoch ebenfalls um diese Techniken und entwickelten Gegenstrategien:

„Den Entführern, die diese Techniken kannten, gelang es in einigen Fällen, die Erinnerung mit verschiedenen Tricks durcheinanderzubringen und zu verwirren. Manchmal fuhren sie etwa, um zu einem

18 Der *Día del Camino* („Tag der Straße") erinnert an den ersten panamerikanischen Kongress für Straßenbau im Jahr 1925.

19 CONADEP, Nunca Más, S. 60 (Übers. C. D.).

Ort zu gelangen, zuvor sinnlos im Kreis herum. Die Praxis, die Gefangenen im Gänsemarsch zu den Toiletten zu führen, alle mit Capucha auf dem Kopf, während sie von allen Seiten her Prügeln ausgesetzt waren, machte das Kennenlernen des Ortes sehr schwierig. Ein anderes Beispiel ist der ständige erzwungene Wechsel des Schlafrhythmus."[20]

Die äußerst beschränkten Möglichkeiten des Widerstands der Gefangenen zielten darauf, Bezüge zu einem – wenn auch nur im Geiste existierenden – Außen aufzubauen und so die Isolation zu durchbrechen. Die Realität der Isolation verlangte von ihnen jedoch zugleich eine Strategie der Anpassung, den Versuch, den Ausnahmezustand des Lagers als „Normalität" leben zu lernen:

> „Wenn die *Capucha* nicht irgendwann Teil deiner Normalität, Teil deines Alltags wurde, wie solltest du das aushalten? Wenn sie etwas Außergewöhnliches bleibt, wie lange kann jemand dieses Außergewöhnliche tagtäglich ertragen?"
> *(Interview mit Enrique Mario Fukman, CEG)*

Die Gefangenen mussten lernen, „mit *Capucha* und *Tabique* zu sehen". Um eine Überlebenschance zu haben, mussten sie die Grenzen, die ihnen das CCDTyE mit aller Gewalt setze, ausloten, sie für sich annehmen und sich innerhalb ihrer, so gut es ging, einrichten. Die bis aufs Äußerste reduzierte Welt, die ihnen das CCDTyE bot, mussten sie als ihr neues „Habitat" zu verstehen beginnen:

> „Zu Beginn im Sektor *Capucha* musstest du lernen, dich an den Ort, an dem du nun lebtest, anzupassen. Du musstest versuchen zu verstehen, welche Kriterien entscheidend waren, um überleben zu können. […]. Du versuchtest dich allmählich an dein neues Habitat

20 Ebenda, S. 60 f. (Übers. C.D.).

> zu gewöhnen, die deine *Capucha* für dich darstellte. Du lerntest, durch ihr Gewebe hindurch zu ‚sehen', Schatten zu unterscheiden. Irgendwann konnte ich schon allein aufs Klo gehen, ohne irgendwo anzustoßen, nur aufgrund von Licht und Schatten."
> *(Interview mit Enrique Mario Fukman, 26. 4. 2014)*

> „Mit der Zeit begann man in seiner Zelle eine feine Sensibilität zu entwickeln. Man fühlte sie kommen, auch wenn sie dabei keinen Lärm machten. Man spürte, wann Spannung in der Luft lag und wann nicht."
> *(Interview mit Mario Villani, CEG)*

Um als Gefangene/r im CCDTyE auf Dauer überleben zu können, um nicht völlig der Resignation zu erliegen und sich zugleich seine (Re-) Aktionsfähigkeit zu erhalten, war es eine Voraussetzung, die Grenzen des Lagers als quasi „natürliche" Grenzen anzuerkennen und nicht mehr infrage zu stellen. In diesem Prozess wurde es für die Gefangenen auch notwendig, als Subjekte die äußerlichen Gesetze des CCDTyE allmählich zu verinnerlichen. Diese Verinnerlichung war die Bedingung für die Möglichkeit zu überleben.

Das ist eines jener Phänomene, die Bruno Bettelheim für die nationalsozialistischen Konzentrationslager beschrieb und das mir trotz aller Kritik an einigen seiner Thesen nach wie vor gültig erscheint. Er unterscheidet in „neue" und „alte" Häftlinge und kommt dabei zu dem Schluss:

> „New prisoners seemed to remain intact as a personality and to return to the outer world the same persons who had left it; all their emotional efforts were directed towards this goal. Old prisoners seemed mainly concerned with the problem of how to live as well as possible within the camp. […] They realized that they had adapted themselves to the life in the camp and that this process was coexistent with a basic change in their personality. […] Some of the

> indications from which one could learn about the changed attitude were: scheming to find oneself a better place in the camp rather than trying to contact the outer world, avoiding speculation about one's family, or world affairs, concentrating all interest on events taking place inside of the camp."[21]

Was dem individuellen Gefangenen das Überleben im Lager ermöglichen konnte –Anpassung und die Internalisierung seiner Gesetze – war zugleich Zweck und Funktion von Konzentrationslager wie CCDTyE. Dies zeigt sich auch, möglicherweise sogar noch deutlicher, an einem anderen Element, das – neben der totalen Isolation – für die Phase der „Normalisierung" im CCDTyE prägend ist: das Prinzip willkürlicher Gewalt.

Der Re-Konstituierung jenes gefolterten und zum Objekt degradierten Körpers, als der der Gefangene aus der Intensivphase in die Phase der Normalisierung eintrat, als Subjekt sollten möglichst viele Hindernisse in den Weg gelegt werden. Neben der Isolierung – als Form der psychischen Gewalt – war die physische Gewalt das zweite Element, das sie verhindern sollte. Wurde in der Intensivphase Gewalt noch für bestimmte Zwecke – die Informationsbeschaffung – gezielt eingesetzt, so verfolgte sie in der Phase der Normalisierung längst kein klar definiertes Ziel mehr. Zwar ließ die Folter nach, und auch die Momente physischer Gewalt wurden weniger, dafür jedoch wurden sie zu einem strukturellen Merkmal des Haftalltags: Die Gewalt konnte jederzeit und überall zuschlagen,[22] bevorzugt auf dem Weg zur Toilette.

21 Bettelheim, Behaviour in Extreme Situations, S. 205.

22 Die Art und Weise, in der die Allgegenwart von Gewalt in dieser Phase der Haft beschrieben wird, hat viele Parallelen zu dem Prinzip der „absoluten Macht" im KZ, das Wolfgang Sofsky beschreibt: „Hier streift die Macht ihre Fesseln erst ab, nachdem alle Gegner längst bezwungen sind. Sie verzichtet nicht auf Gewalt, sondern befreit sie von allen Hemmungen. [...] Nicht auf blinden Gehorsam oder Disziplin ist sie aus, sondern auf ein Universum völliger Ungewissheit, in dem auch die Fügsamkeit nicht vor Schlimmerem

„Wenn wir aufs Klo gingen oder von dort zurückkamen, schenkten sie uns ein. Wenn wir zwei Mal gingen, schenkten sie uns zwei Mal ein. [...] Wir dachten darüber nach, gar nicht mehr aufs Klo zu gehen, denn das war immer der Moment, in dem man verprügelt wurde. Es war besser, sich den Drang zurückzuhalten, als dadurch die Prügel herauszufordern."
(Interview mit Enrique Mario Fukman, 26. 4. 2014)

„Eines Nachts brachten sie uns in einen Turnsaal. Stell dir das vor: Leute, die mehr als einen Monat lang die ganze Zeit auf einer Matte herumliegen mussten und deren Nahrung aus einem Stück Brot und einem Stück halbrohen Fleisch bestand. Und sie ließen uns Kniebeugen machen, mit Gewichten. Und wenn einer hinfiel, setzten sie ihm mit ihren Stiefeln zu, bis er wieder aufstand."
(Interview mit Enrique Mario Fukman, CEG)

„Sie holten uns aus unseren Zellen, um Übungen zu machen. Und da setzte es Fußtritte, Schläge mit Gummiknüppeln ..."
(Interview mit Isabel Fernández Blanco, CEG)

„Der Unterkommissar Samuel Miara[23] [...] war einer der Boshaftesten, den ich in den Lagern kennenlernte. Wir Gefangenen [...] hatten alle Angst vor ihm. Er war ein stahlharter Typ [...], der

bewahrt. [...] Absolute Macht tobt sich aus, wann immer sie will. Sie will nicht Freiheit beschränken, sondern vernichten, das Handeln nicht steuern, sondern zerstören." Sofsky, Die Ordnung des Terrors, S. 35.

23 Samuel Miara war Unteroffizier der Bundespolizei und als solcher Mitglied der Einsatzgruppen des Lagerkomplexes *Club Atlético/El Banco/Olimpo* in Buenos Aires. Nach dem Ende der Diktatur emigrierte er nach Paraguay. Nach seiner Auslieferung nach Argentinien wurde er dort im Jahr 2010 zu lebenslanger Haft verurteilt, neben anderen Delikten auch wegen der illegalen Aneignung von im Lager geborenen Zwillingen einer später „verschwundenen" Gefangenen.

> jederzeit den Befehl geben konnte zu foltern – oder er selbst machte es –, einfach nur weil es ihm gerade in den Sinn kam oder weil er sich gerade über etwas ärgerte." *(Interview mit Mario Villani, CEG)*

Warum gab es die Gewalt als strukturelles Element dieser Haftphase, welche Funktion erfüllte sie? Enrique Fukman vertritt dazu folgende Ansicht: „Sie hat zwei Gründe: einer ist Sadismus. […] Aber sie hat auch den Zweck, die Person zu brechen, dich als Person, als menschliches Wesen zu zerstören." (Interview mit Enrique Mario Fukman, 26. 4. 2014)

Was genau bedeutet dieser Begriff des „Brechens" (*Quiebre*) der Person, und in welcher Beziehung steht er zu dem, worin die soziale Intervention des CCDTyE besteht? Osvaldo Barros definiert das „Brechen" der Person als „die Aufgabe deiner Art zu denken, deiner Ideologie, und die direkte Kollaboration mit den Tätern" (Interview mit Osvaldo Barros, CEG). Elisa Tokar beschreibt ihn anhand des Beispiels jener Gefangenen, die in der *ESMA* als Mitglieder des sogenannten Mini-Staffs direkt mit den Repressoren kollaborierten:

> „Viele von ihnen haben die schlimmsten Foltern durchstanden. Irgendwann vollzieht sich in ihnen ein Bruch, und sie liefern sich den Repressoren vollständig aus." *(Interview mit Elisa Tokar, CEG)*

Eine besondere Geschichte eines „Brechens" der Persönlichkeit erzählt Graciela Daleo: Sie wurde entführt, weil sie von jemandem auf der Straße identifiziert und verraten worden war. Die Person, die sie verriet, war eine ehemalige *Compañera*, die als Gefangene der *ESMA* von den Repressoren auf einen *Paseo* – eine gemeinsame Ausfahrt zum Zweck der Identifizierung von künftigen Zielpersonen – mitgenommen worden war. Die Identifikation dieser Gefangenen mit den Tätern ging am Ende so weit, dass sie nach ihrer Befreiung ein Mitglied der Einsatzgruppen der *ESMA* heiratete (siehe Interview mit Graciela Daleo, 24. 6. 2014).

Das Brechen der Persönlichkeit, der *Quiebre*, vollzieht sich also in dem Maße, in dem der Gefangene sich zur Gänze mit den Tätern und deren Anliegen identifiziert. Oftmals wurde dieser Bruch bereits mit den ersten Foltereinheiten erreicht: Einige Gefangene, die der Folter nicht standhalten konnten, gaben so viel von sich und ihrer sozialen Umgebung Preis, dass diese sich für sie als Raum für immer verschloss. Weil es keinen Weg zurück mehr gab, blieb nur mehr der Schritt nach vorn, in die totale Identifikation mit der Welt der Täter.

Hier sind wir zurück bei Bettelheims These der Anpassung als Identifikation mit den Tätern. Leo Löwenthal scheint an denselben Prozess zu denken, wenn er von „Imitation" spricht:

> „Terror reaches its peak of success when the victim loses his awareness of the gulf between himself and his tormentors. With the complete breakdown of personality the most primitive historical force, imitation, becomes openly prevalent in the dehumanized atmosphere of totalitarianism."[24]

Was in den Köpfen jener Gefangenen tatsächlich vorging, die sich zu einer so direkten Kollaboration mit dem Repressoren hinreißen ließen wie in den obigen Zitaten beschrieben, ob die Identifikation mit den Tätern tatsächlich total war, lässt sich nicht sagen. Kein Überlebender gab jemals darüber Auskunft. Doch unabhängig davon stellt sich die Frage: Ist das Brechen der Persönlichkeit, ist die „Gehirnwäsche" – ob es sie nun gibt oder nicht –, tatsächlich das einzige und zentrale Ziel der sozialen Intervention des CCDTyE? Kann sie das überhaupt sein?

Wäre dies der Fall, so würde die Bilanz aus Sicht der Repressoren nämlich eindeutig negativ ausfallen müssen: Nur eine verschwindend kleine Minderheit der Gefangenen ließ sich auf direkte Kollaboration ein. Dieser Bruch der Persönlichkeit ist ein Sonderfall, bei dem

24 Löwenthal, False Prophets, S. 186 f.

das Subjekt völlig ausgelöscht (und möglicherweise durch eine andere Identität „überschrieben") ist, weil sich der Raum, in dem es sich entfalten könnte, vor ihm verschließt. Das Ziel der Repressoren, so meine These, war aber nicht die völlige Auslöschung des Subjekts, sondern vielmehr dessen Modellierung: Die Täter wollten „selbstständige" Subjekte, jedoch nur innerhalb der von ihnen gesetzten Grenzen. Sie wollten handelnde Personen erschaffen, zugleich aber die denkbare Bandbreite ihres Handelns kontrollieren. Sie wollten nicht, dass sich die Gefangenen mit ihnen identifizierten. Sie wollten sich vielmehr als Über-Ich dauerhaft in ihren Persönlichkeiten festsetzen.

> „Es gab zwei Möglichkeiten, wie man sich [bei den Repressoren] Respekt verschaffen konnte: zum einen rebellieren, herumfluchen – natürlich konnte man damit auch erreichen, dass sie einen noch mehr schlugen oder dass sie einen gar auf eine ‚Überstellung' schickten. Aber man verschaffte sich dadurch Respekt. Die andere Möglichkeit war durchzuhalten, nicht zu flehen, nicht zu weinen, die Zähne zusammenzubeißen. Auch das respektierten sie. Aber für wen sie absolut keinen Respekt hatten, war jemand, der nachgab, der um Verzeihung zu flehen begann."
> *(Interview mit Mario Villani, CEG)*

Im Unterschied zur völligen Identifikation mit den Tätern durch das Brechen der Persönlichkeit eröffnet sich in einem Prozess der Anpassung an das neue „Habitat" des Lagers, in einem Prozess der „Normalisierung" sehr wohl wieder ein Raum, innerhalb dessen sich über kurz oder lang das Subjekt neu entfalten kann. Dieser Raum ist zunächst kaum wahrnehmbar: ein winziges Loch in der *Capucha* etwa, durch das hindurch plötzlich ein kleiner Ausschnitt der Welt sichtbar wird; ein Blick unter dem *Tabique* hindurch; eine rudimentäre Kommunikation mit dem Zellennachbarn; ein Wärter, der diese Kommunikation nicht sofort unterbindet; bis hin zu Repressoren, die mit den Gefangenen das persönliche Gespräch suchen:

„Man beginnt, mit der Augenbinde – unter ihr hindurch – sehen zu lernen. Einige *Compañeros* haben mir zum Beispiel erzählt, dass der Stoff ihrer Augenbinde ein winziges Loch hatte und dass sie sich mit der Zeit daran gewöhnten, durch dieses Loch hindurchzusehen. Sie konnten durch dieses Loch hindurch perfekt Dinge erkennen. Man entwickelte so gewisse Lebensweisen, die es einem ermöglichten, weiterhin ein gewisses Maß an Freiheit zu verspüren."
(Interview mit Isabel Fernández Blanco, CEG)

„Irgendwann beginnen [die Wachen], sanfter zu werden. Wenn es zum Beispiel sehr heiß ist, lassen sie die Zellentüren offen stehen, wenn sie sehen, dass die da drinnen vor Schweiß triefen und es außerdem nach Schweiß stinkt, dass es nicht auszuhalten ist. [...] Sie verhalten sich ruhiger, bis irgendwann einer – der Chef oder irgendein anderer – daherkommt und sagt: ‚Ihr seid zu weich. Wir müssen da etwas machen, denn ansonsten werden die irgendwann glauben, dass sie hier zum Spaß sind.' Und dann gibt es zum Ausgleich Prügel." *(Interview mit Mario Villani, CEG)*

„Irgendwann hatte sich die Situation für uns schon geändert, wir konnten uns sehen, miteinander sprechen, uns unterhalten. Du konntest dich sogar ein wenig besser in deine Umgebung integrieren. Um leben zu können, musste man nicht länger vor sich hin fantasieren. [...] Man richtete sich so sehr in seiner Umgebung ein, dass man den Ort allmählich auf andere Art kennenlernte. [...] Man entdeckte plötzlich einige Risse für sich."
(Interview mit Enrique Mario Fukman, Memoria Abierta*)*

Natürlich wurde dieser Raum, wurden diese „Risse" zunächst von den Tätern geöffnet. Dies folgte dem Kalkül ihres eigenen Handelns. Sie konnten den Raum jederzeit auch wieder verschließen und den Gefangenen etwa auf eine „Überstellung" schicken. Doch solange die Repressoren diesen Raum offen hielten, gab es auch die Möglichkeit für die Gefangenen, ihn zu nutzen, um sich allmählich wieder als Subjekte zu konstituieren. Dieser Raum, den die Repressoren des CCDTyE erschaffen wollten, war sowohl ein Raum der Macht[25] als auch einer möglichen Gegenmacht, des Widerstands. Enrique Mario Fukman erläutert dies anhand der Geschichte von Mario Villani, Mitgefangener in der *ESMA*. Villani war ausgebildeter Techniker, weshalb ihn die Repressoren dazu verwendeten, elektronische Geräte zu reparieren, darunter auch die *Picana*, die zur Folterung der Gefangenen eingesetzt wurde. Villani konnte sich dem nicht verweigern, er baute die *Picana* jedoch so um, dass sie nur noch leichtere Stromstöße abgab.[26]

> „Welche Möglichkeiten hatte er? Hatte er die Möglichkeit zu fliehen? Die hatte er sicher nicht. Was konnte er also machen? [...] Die Frage war, ob er es schaffte, Widerstand aufzubringen. [...] Man musste sich fragen, ob man nicht sogar in diesem Rahmen die Möglichkeit zu Widerstand hatte. Meiner Meinung nach ist das das zentrale Thema: Widerstand leisten."
> *(Interview mit Enrique Mario Fukman, 26. 4. 2014)*

25 Enrique Mario Fukman erzählt etwa davon, wie sich die Kontrolle durch die Wachmannschaften allmählich in eine Selbstkontrolle der Gefangenen transformiert: „Irgendwann begannen wir sogar, uns die *Capucha* abzunehmen und uns miteinander zu unterhalten. Die Wachen erlaubten das von Zeit zu Zeit. [...] Es gab aber auch den Moment, in dem wir unsere eigenen Wachen waren. Was will ich damit sagen? In unserem Sektor gab es eine Schwingtür, und unter sie durch konnten man eine andere Tür sehen. Wenn jemand zu dieser Tür hereinkam, machte einer von uns ein Zeichen, und wir alle taten, als ob nichts wäre. Für die Wachen war das sehr angenehm, denn in Wahrheit mussten sie gar nicht Wache schieben. Wir machten das für sie." Interview mit Enrique Mario Fukman, *Memoria Abierta*.

26 Siehe auch Interview mit Mario Villani, CEG; Mario Villani/Fernando Reati, Desaparecido. Memorias de un cautiverio. Club Atlético, el Banco, el Olimpo, Pozo de Quilmes y ESMA, Buenos Aires, 2011.

Ernesto Laclau definiert den Ort des Subjekts als eine temporäre (politische) Position zwischen den beiden Polen völliger Offenheit und völliger Determiniertheit.[27] Die permanente Dislokation durch ein von Antagonismen durchzogenes soziales Außen (das Reale nach Lacan)[28] ist zugleich Bedingung der Möglichkeit wie auch der Unmöglichkeit der Identität des Subjekts.[29] Das Subjekt konstituiert sich, indem es einen Raum öffnet, von dem aus es die permanente Dislokation durch das Außen temporär und bedingt zum Stillstand bringt, während es dieses Außen zur gleichen Zeit als antagonistisches Gegenüber definiert. Doch diese Position des Subjekts bleibt ständig labil und bedroht. Völlig etabliert und uneingeschränkt entfaltet wäre es nur dann, wenn dieses „bedrohliche Außen" nicht mehr existieren würde. Dazu müsste entweder das Außen verschwinden – oder aber das Subjekt völlig im Außen aufgehen und mit ihm identisch werden. In beiden Fällen würde sich aber die Identität des Subjekts im selben Maße auflösen, in dem sie

27 Während Offenheit – im Sinne von „Kontingenz" nach Niklas Luhmann, Soziale Systeme. Grundriß einer allgemeinen Theorie, Frankfurt a. M. 1991, S. 152 – die gleichzeitige Möglichkeit und Nicht-Notwendigkeit von etwas impliziert, bedeutet Determiniertheit sowohl dessen Möglichkeit als auch dessen Notwendigkeit. Die Position des Subjekts nach Laclau ist dagegen ebenso notwendig wie unmöglich, vgl. Ernesto Laclau, Emancipation(s), London/New York 1996; insbesondere das Kapitel „Subject of Politics, Politics of the Subject", S. 47–65.

28 Vgl. Paula Biglieri/Gloria Perelló, The Names of the Real in Laclau's Theory: Antagonism, Dislocation and Heterogeneity, in: Filosofky vestnik XXXII (2001) 2, S. 47–64.

29 „Every identity (and social object) is dislocated per se because it depends on an outside that denies it and, at the same time, is its condition of possibility. Since the field of identities is relational because the social subjects do not constitute themselves in a purely external way (the ones from the others), the identities can never constitute themselves fully, but they form a system impossible to become closed, which always depends on the determined outside that constitutes it." Biglieri/Perelló, The Names of the Real in Laclau's Theory, S. 54 f.

sich vollendet: Ein Subjekt, das im Außen aufgeht, zerfällt; ein Subjekt ohne Außen dagegen hat keinen Begriff von sich selbst.[30]

Die beiden Momente, die in Laclaus theoretischem Konzept die Identität des Subjekts bedrohen – die totale Penetration der eigenen Grenzen durch das Außen (in den Worten Laclaus die „totale Determiniertheit durch die Struktur“) und das völlige Verschwinden dieses Außen –, lassen sich auf konkrete Weise in der Erfahrung der „Normalisierung“ während der CCDTyE-Haft wiedererkennen. In der Isolation hinter dem *Tabique* und der *Capucha*, in der Einsperrung in abgeschlossenen Räumen, mit dem Verbot jeglicher Kommunikation wurde die Umwelt, wurde das Außen für die Wahrnehmung der Gefangenen tendenziell zum Verschwinden gebracht (und umgekehrt: die Gefangenen für das Außen). Andererseits stellten die willkürliche und unberechenbare Gewalt der Wachmannschaften, die Akte der Erniedrigung und Unterwerfung, nicht zuletzt die ständige Möglichkeit, im nächsten Moment auf eine „Überstellung“ geschickt zu werden, Techniken dar, mittels derer die Gefangenen der dauerhaften Penetration eines unkalkulierbaren Außen ausgeliefert wurden. Beide Strategien zielten auf die Zerstörung von Identität, auf die Auflösung des Subjekts.

Doch weder die Penetration noch die Isolation waren total. Immer wieder taten sich kleinere „Ritzen“ und „Spalten“ auf, durch die hindurch soziale Räume sichtbar oder erahnbar wurden. Die Repressoren hatten es in der Hand, sie zu öffnen oder zuzulassen. Die Gefangenen aber mussten lernen, sie zu nutzen: So konnten sich kleinere Räume eröffnen, die nichts anderes waren als das, was Laclau als den Ort des Subjekts beschreibt. Sie waren für die Gefangenen notwendig, um zwischen Isolation und Penetration sich selbst als Subjekte zu (re-)konstituieren.

30 Denn: „[...] every identity is dislocated insofar as it depends on an outside which both denies that identity and provides its condition of possibility at the same time. But this in itself means that the effects of dislocation must be contradictory. If on the one hand, they threaten identities, on the other, they are the foundation on which new identities are constituted.“ Ernesto Laclau, New Reflections on the Revolution of Our Time, London/New York 1990, S. 39.

Die Auflösung von Subjektivität und die Produktion von Subjektivität sind zwei Seiten ein und desselben Machtkalküls: Isolation und Penetration einerseits und „Ritzen" und Freiräume andererseits waren im CCDTyE kein Widerspruch, sondern Teil einer umfassenden Machtstrategie. Diese diente dazu, diejenigen Gefangenen, die nicht dauerhaft „verschwunden" bleiben, also getötet werden sollten, wieder in die Welt „zurückzuholen". Die „Ritzen" und Freiräume ergaben sich nicht zufällig und im Geheimen, sondern wurden von den Repressoren bewusst geöffnet oder zugelassen. Diese konnten sie auch jederzeit wieder verschließen. Sie machten sich damit gewissermaßen zu „Paten" einer „Wiedergeburt" der Gefangenen. Die Strategie der Täter war keineswegs improvisiert, sondern gezielt entwickelt und jahrelang erprobt worden – nicht nur in Argentinien. Ein Auszug aus einem 1963 vom US-amerikanischen Geheimdienst CIA verfassten Leitfaden zur Durchführung von Verhören liest sich wie eine exakte Beschreibung dessen, was Jahrzehnte später die Überlebenden der argentinischen CCDTyE berichteten:

> „The deprivation of stimuli induces regression by depriving the subject's mind of contact with an outer world and thus forcing it in upon itself. At the same time, the calculated provision of stimuli during interrogation tends to make the regressed subject view the interrogator as a father figure."[31]

Durch die Straetegie der Repressoren erhielt der Zwangsraum des CCDTyE aus Sicht der Gefangenen die Gestalt eines sozialen Raums, in dem diese sich als Subjekte (re-)konstituieren konnten. Die Repressoren rückten sich selbst zugleich in die Rolle der Vaterfigur. Doch die Koordinaten von „sozialem Raum" und Zwangsraum waren für die Gefangenen deckungsgleich, die Konstituierung als Subjekt verblieb im Rahmen des Zwangs. Der sich als sozialer Raum gebende Zwangsraum

31 Central Intelligence Agency, Kubark Counter Intelligence Interrogation, July 1963, http://nsarchive.gwu.edu/NSAEBB/NSAEBB122/index.htm#kubark; zitiert in: Naomi Klein, The Shock Doctrine, London 2008, S. 40.

kann als ein „Raum der Anpassung“ definiert werden, in dem Subjekte heranwachsen, die die Grenzen des CCDTyE – das Über-Ich der Täter – bereits verinnerlicht hatten. Die Ambivalenz dieser Räume – zwischen Autonomie und Widerstand einerseits sowie Determiniertheit und Anpassung andererseits – bringt Graciela Daleo anhand eines sehr anschaulichen Bildes auf den Punkt:

> „Wenn ich mich selbst beschreiben müsste, vom Zeitpunkt, an dem sie mich aus dem Lager entließen bis heute, würde ich sagen, [...] dass sie versucht hatten, uns auseinanderzunehmen, als Individuen und als Kollektive. Sie versuchten, dich zu zerlegen, als ob du ein Puzzle wärst; und dich danach wieder zusammenzusetzen. Aber sie waren es, die dich wieder zusammensetzten. Und eines der Puzzleteile behielten sie für sich. [...] Das ist etwas, das sie mir für immer geraubt haben. Sie konnten mich nicht völlig und auf Dauer auseinandernehmen. Aber man durchläuft so eine Erfahrung nicht, ohne Spuren davonzutragen.“
> *(Interview mit Graciela Daleo, 24. 6. 2014)*

Der Prozess der Rekonstitution als Subjekt, den die Gefangenen während der Phase der Normalisierung erleben, ist die Voraussetzung, um in die nächste Phase der Hafterfahrung eintreten zu können: Die Repressoren selbst haben dafür den Namen *Recuperación* (Rückholung) erfunden.

„Rückholung“[1]

„Es gab da das Thema der ‚Rückholung‘, um einen wieder in die Gesellschaft zu reintegrieren. Gerade so, als ob man ein gutartiger Tumor wäre, heilbar sozusagen. ‚Wir heilen dich also und dann schicken wir dich wieder zurück in die Gesellschaft.‘“

Interview mit Carlos Lordkipanidse, CEG

Die Phase der Rückholung kann als die Vollendung eines Prozesses verstanden werden, der in der Phase der Normalisierung begonnen hatte: Die Handlungsräume, die sich in diesem für die Gefangenen häufig langwierigen und von vielen Rückschlägen gezeichneten Prozess allmählich eröffneten, wurden ständig erweitert, bis sie schließlich

1 Das spanische Wort *recuperación* lässt sich mit „Erholung“ oder „Gesundung“ bzw. mit „Rückgewinnung“ oder „Wiedererlangung“ übersetzen. Im Spanischen hat der Begriff jedoch keine gesundheitlich-medizinische Konnotation. „Rückgewinnung“ oder „Wiedererlangung“ wiederum treffen die Bedeutung im gegebenen Kontext nicht ganz. Ich habe mich daher für die etwas freiere Übersetzung „Rückholung“ entschieden. Der Begriff *recuperación* stammt aus dem Jargon der Repressoren. Sie unterschieden zwischen Gefangenen, die als „hoffnungslose Fälle“ getötet werden sollten, und jenen, die als in die Gesellschaft „reintegrierbar“ oder „rückholbar“ (*recuperable*) galten. In der *ESMA* hatte die „Rückholung“ den Status eines offiziellen Programms, mit dem manche der Internierten in die Phase der Zwangsarbeit zum Zweck ihrer späteren Reintegration in die Gesellschaft überführt wurden. Für andere CCDTyE lässt sich die Existenz solcher Programme zwar nicht nachweisen, die analysierten Interviews legen jedoch nahe, dass dort ähnliche Prozesse in unterschiedlichem Ausmaß zum Tragen kamen. Die Überlebenden übernahmen den Terminus der *recuperación*, um damit ihre Erfahrungen in der letzten Haftphase vor der Wiedererlangung der Freiheit zu beschreiben. Zugleich aber erhält der Begriff in ihren Erzählungen eine deutliche ironische Distanz zu seiner Verwendung durch die Repressoren.

einen Punkt erreichten, an dem die Gewalt des CCDTyE zwar nicht aus der alltäglichen Realität, aber vermehrt aus der individuellen Wahrnehmung jener Gefangenen verschwand, die in diese Phase der Rückholung eingetreten waren: Die Isolierung wurde für sie aufgehoben – die Gefangenen mussten weder *Capucha* noch *Tabique* tragen und konnten sich innerhalb des CCDTyE relativ frei bewegen – und die gewaltsamen Übergriffe hörten weitgehend auf.

> „Zum einen gab es den reinen Terror. [...] Zum anderen gab es aber auch eine Grauzone, die sehr schwer zu begreifen war. Nach vielen Monaten [...], in denen man mit Handschellen, Fußfesseln und der *Capucha* auf dem Kopf 24 Stunden am Tag am Boden liegend verbracht hatte, brachten sie einen an einen anderen Ort. [...] Dort hatte man dann weder *Capucha* noch Fußfesseln noch Handschellen. Man war an einem Ort, wo es Büros gab, und schrieb Zusammenfassungen der täglichen Zeitungsmeldungen. [...] Diese Dinge waren fast nicht zu begreifen. Es war für mich sehr schwer, das zu verstehen. Es war ein perverses Spiel, in dem man vorgeben musste zu sein, was man nicht war, um weiter am Leben zu bleiben und einen Funken Hoffnung auf Rettung zu haben."
> *(Interview mit Osvaldo Barros, CEG)*

> „Es war eine Sache, den ganzen Tag in einer Zelle zu liegen, mit verbundenen Augen, ohne irgendetwas zu tun, ohne reden zu können oder nur heimlich. Und eine andere Sache war es, die Zelle verlassen und zur Arbeit gehen zu können, sich bewegen zu können, sprechen zu können [...], sich setzen zu können und manchmal Karten zu spielen. Das war ein Privileg." *(Interview mit Mario Villani, CEG)*

Die Entscheidung darüber, für wen sich diese neue Perspektive eröffnen sollte, oblag ausschließlich den Repressoren. Nach welchen Kriterien sie dabei entschieden, blieb für die Gefangenen in der Regel undurchsichtig. Mario Villani berichtet über die *ESMA*:

> „Im Allgemeinen war man zuerst für einige Zeit im Sektor *Capucha*, bis dann einige – ich weiß nicht nach welchen Kriterien, denn es waren nicht alle – in den Prozess der Rückholung eintraten. Einige nicht, einige blieben ‚verschwunden'. Aber ich weiß nicht, was die Kriterien für die Auswahl waren. Ich weiß nicht, ob es mit der Arbeit zu tun hatte, die man verrichtete, mit der persönlichen politischen Geschichte, die jeder einzelne Gefangene niederschreiben musste, mit der geheimdienstlichen Arbeit, mit den Informationen, die man während der Folter gegeben hatte. Ich weiß nicht, wovon ihre Entscheidung darüber abhing, wen sie in den Prozess der Rückholung zuließen und wen nicht." *(Interview mit Mario Villani, CEG)*

Osvaldo Barros vertritt die Ansicht, dass die Repressoren die Fälle individuell, anhand von Gesprächen und Interaktionen mit den Gefangenen, die in dieser Haftphase zunahmen, bewerteten und so über Tod oder „Rückholung" entschieden:

> „Am Ende der Zeit im Sektor *Capucha* – meist waren das zwischen vier und sechs Monate – entschieden die Repressoren, was mit einem geschehen sollte. Das heißt, entweder wurde man ‚überstellt', was den Tod bedeutete, oder man lebte fortan unter besseren Bedingungen. [...] Das war Teil ihres Kalküls. Sie verwickelten uns ständig in informelle Gespräche, [...] um unseren Gemütszustand zu erkunden, um herauszufinden, was man machte, was man dachte, wie man reagierte, diese Art von Fragen." *(Interview mit Osvaldo Barros, 28. 4. 2014)*

Eines lässt sich allerdings mit Sicherheit feststellen: Die Rückholung war stets mit einer Verpflichtung zur Arbeit verbunden. Im Wesentlichen handelte es sich dabei um administrative Tätigkeiten innerhalb des CCDTyE. Dazu gehörten etwa das Verteilen von Essen, Reinigungstätigkeiten, Reparaturen[2] und technische Arbeiten oder auch das

2 Siehe etwa das Interview mit Mario Villani, CEG.

Ordnen des Raubguts, das die Repressoren durch ihre Entführungsaktion ansammelten.[3] Besonders in der *ESMA* kamen dazu noch geheimdienstliche oder Informationstätigkeiten. Manche der Interviewees mussten etwa in den Laboratorien Dokumente für die Repressoren fälschen,[4] andere arbeiteten im Medienarchiv oder verfassten regelmäßige themenbezogene Berichte über verschiedene Aspekte des nationalen und internationalen politischen Geschehens.[5] Die Gruppe von Gefangenen, die diese Arbeiten verrichtete, wurde in der Sprache der CCDTyE der „Rat“ (*consejo*), in der *ESMA* auch der „Staff“ genannt.

> „Die Situation ist die von Sklavenarbeit. [...] Denn sie geben dir eine Funktion, für die du dich nicht entschieden hast. Natürlich bekommst du dafür auch nichts bezahlt, du hast nichts. Wie einem Sklaven befehlen sie dir, dies zu machen und jenes, und du musst es tun, denn ansonsten töten sie dich. [...] Aber für dich selbst bedeutete das, dass du schon auf dem Weg raus warst. Das war das Ziel. Es war dir egal, dass es Sklavenarbeit war. So lange wie das, was du machtest, nicht dazu führte, dass sie weitere *Compañeros* schnappten, war es dir egal.“ *(Interview mit Enrique Mario Fukman, CEG)*

Die Interviewees stimmen darin überein, dass die Einteilung zur Arbeit zwar eine Grundbedingung, jedoch keine Garantie war, um zu überleben. Um Arbeit zu erhalten, und somit diese Grundbedingung zum Überleben zu erfüllen, war es von Vorteil, über Qualifikationen zu verfügen, an denen die Repressoren Bedarf hatten. Dazu gehörten

3 Siehe etwa das Interview mit Andrea Bello, CEG.

4 Siehe etwa die Interviews mit Andrea Bello, CEG; Liliana Gardella, CEG; Carlos Lordkipanidse, CEG; Carlos Lordkipanidse, 23. 4. 2014.

5 Siehe etwa die Interviews mit Enrique Mario Fukman und Elisa Tokar, CEG. Elisa Tokar musste diese Arbeiten außerhalb der *ESMA*, in der *Cancillería*, verrichten. Sie wurde jeden Tag unter Bewachung an ihren Arbeitsplatz gebracht und danach wieder zurück in die *ESMA*. Einer ihrer Vorgesetzten in der *Cancillería* war einer ihrer früheren Folterer in der *ESMA*.

technische Fähigkeiten[6] genauso wie – besonders in der *ESMA* – abstrakte intellektuelle Fähigkeiten.[7]

Je mehr Mitgefangene in den Arbeitsprozess eingegliedert werden konnten, desto mehr hatten die Chance zu überleben. Eine Strategie der Solidarität mit den Mitgefangenen bestand daher etwa darin, den Repressoren weiszumachen, dass die Arbeit allein nicht zu bewältigen sei:

> „Ich arbeitete nie allein in der Werkstatt. Ich sagte immer, dass ich Hilfe bräuchte. Manchmal war es wirklich so, aber die meiste Zeit brauchte ich in Wahrheit gar keine. Aber ich hatte das Gefühl, dass ich in meiner Werkstatt privilegiert war, denn es war viel besser, als die Zeit in der Zelle zu verbringen. Also versuchte ich zu erreichen, dass sie jemand anderen auch herausließen. [...] Ich machte das nicht, ohne den potenziellen Kandidaten vorher zu fragen. Wie fragte ich ihn? Wenn ich das Essen austeilte, suchte ich nach jemandem, der Lust hätte, aus seiner Zelle herauszukommen, um zu arbeiten." *(Interview mit Mario Villani, CEG)*

6 Siehe etwa das Interview mit Mario Villani, CEG: „In meinem speziellen Fall glaube ich, dass mir die Tatsache half, dass ich Reparaturarbeiten machte. Ständig reparierte ich irgendwelche Sachen. Die Typen brauchten mich. Irgendein Chef hatte immer etwas in Reparatur. Wenn also der Moment der ‚Überstellung' kam, sagten sie: ‚Gefangener X, Gefangene Y, Gefangener Z ... nein, Tito – so nannten sie mich – nicht. Lasst Tito in Ruhe, er repariert mir gerade meinen Fernseher.'"

7 Der Bedarf nach intellektuellen Fähigkeiten stand im Zusammenhang mit dem politischen Projekt des Oberkommandierenden der Marine und Mitglieds der Militärjunta Admiral Emilio Eduardo Massera. Eine der politischen Ambitionen Masseras war die Gründung einer eigenen Partei für die Zeit nach der Diktatur. Zur Vorbereitung dieses Projekts wurde in der *ESMA* ein umfangreiches Nachrichtenarchiv angelegt, das als Grundlage für politische Analysen diente. Für diese Arbeiten wurden auch Gefangene der *ESMA* eingesetzt, da sie über die dafür notwendigen intellektuellen Fähigkeiten verfügten.

Jene Gefangenen, denen Arbeiten übertragen worden und die so in den Prozess der „Rückholung" eingetreten waren, trennte eine Welt von den anderen, die weiterhin in ihren Zellen in totaler Isolation dahinvegetierten und regelmäßig Gewaltexzessen ausgeliefert waren. Sie hatten nicht nur die Möglichkeit, untereinander zu kommunizieren, sie kommunizierten auch mit den Repressoren. Dieser gemeinsame kommunikative Raum mit den Tätern trennte sie zugleich von den Mitgefangenen. Für diese lag daher der Verdacht nahe, dass jene Gefangenen Kollaborateure waren, dass sie ihre Privilegien nur erhalten hatten, weil sie mit den Tätern zusammenarbeiteten. Doch was bedeutet dieser Begriff der „Kollaboration" genau? Zwischen Kollaboration und lebensnotwendiger Anpassung existiert ein schmaler Grat, der in den Interviews der Überlebenden immer wieder verhandelt und zu einem ganz zentralen Thema wird. Schließlich hängen an ihm das eigene subjektive Selbstverständnis und damit zugleich die Möglichkeit, mit sich selbst und der eigenen Geschichte „weiterzuleben":

> „Ich meine, dass die Kollaboration den Bruch von einem selbst als menschliches Wesen bedeutet, ein Bruch mit seinem Leben als politischer Aktivist, die Aufgabe seiner Art zu denken und zu handeln und die direkte Zusammenarbeit mit den Repressoren: ihnen Informationen zu liefern, ohne dass man von Folter bedroht wäre; ihnen zu helfen, indem man sie auf bestimmte Orte aufmerksam machte, indem man ihnen Informationen gab, indem man ihnen sagte, wie sie vorgehen sollten, um zum Erfolg zu kommen. Solche Dinge passierten tatsächlich, es gab solche Individuen. […] Etwas anderes war die Anpassung, das heißt nur solche Aufgaben zu übernehmen, […] die keine direkte Kollaboration mit den Repressoren bedeuteten und die nicht zur Folge hatten, dass weiterhin Menschen entführt und gefoltert und die politischen Organisationen verfolgt würden."
>
> *(Interview mit Osvaldo Barros, 28. 4. 2014)*

„Ich hätte da eine Frage. Wenn sie zu dir sagen: ‚Hier hast du sämtliche Zeitungen. Schreib mir eine Zusammenfassung zum Thema ‚Erziehung' … würdest du das machen, wenn du damit dein Leben retten könntest, oder nicht? Das hat keinen Einfluss auf die Geschichte der Unterdrückung und nichts dergleichen. […] Kollaboration dagegen ist, wenn du für sie geheimdienstlich arbeitest, damit sie weitere *Compañeros* entführen können. Das ist Kollaboration. Aber diese Dinge, die du machst, damit du dein Leben rettest …"
(Interview mit Enrique Mario Fukman, Memoria Abierta*)*

„Im ‚Rat' waren Gefangene, die verschiedene Funktionen im Lager hatten. […] Eine Zeit lang dachte ich, dass sie alle Kollaborateure waren. Erst später wurde mir klar, dass das nicht so war, dass sie einige einfach aus ihren Zellen holten und ihnen gewisse Aufgaben übertrugen. Die meisten Mitglieder des ‚Rats' [im CCDTyE *Olimpo*] sind heute ‚verschwunden'. Nur wenige haben überlebt."
(Interview mit Isabel Fernández Blanco, Memoria Abierta*)*

Am Ende konnten sich also selbst die direkten Kollaborateure, diejenigen, deren Identifikation mit den Repressoren total war, ihres Überlebens nicht sicher sein:

„Es gab da einen, der bei der Folter mithalf. Das war ein sehr kaputter Typ, denn er kollaborierte weit über das hinaus, was sie von ihm verlangten. Ihm gefiel das Gefühl, Macht zu haben, dieses winzige Stück an Macht, das er hatte […]. Und dieser Typ ist heute ebenfalls ‚verschwunden'. Was er gemacht hatte, war für ihn keinerlei Garantie. Und es gab mehrere solcher Fälle. Es gab Leute, die bei der Folter mithalfen und die heute tot sind. Es gab keine Garantie."
(Interview mit Mario Villani, CEG)

Kalkül der Repressoren war es, in den Geist und das Selbstverständnis der Gefangenen einzugreifen, in ihren Kopf einzudringen. Ihr Ziel war es, Subjekte zu formen – Subjekte allerdings, über die sie in letzter Instanz die Kontrolle hatten. In den Worten von Graciela Daleo: Subjekte, die sie zuerst „zerlegten", um sie sodann wieder „zusammenzusetzen", sich dabei aber Teile zurückzubehalten. Um diesen Subjekten „den letzten Schliff" zu geben und zugleich auszuloten, wie weit sie im Prozess der „Rückholung" waren, suchten die Repressoren mit der Zeit den direkten Kontakt zu ihnen. Sie führten persönliche Gespräche, ließen sich gar auf Diskussionen ein oder versuchten in Ansätzen, ein soziales Leben mit ihnen zu teilen:

> „Drei oder vier Mal brachten sie uns in ein Büro im [CCDTyE] *Olimpo*. Ich verstand nie recht wozu. Wir waren dort, um *Mate*[8] zu trinken. Wir Frauen mussten uns die Fingernägel streichen, wir frisierten uns. Man war dort ohne *Tabique*. [...] Man setzte sich einfach zusammen, um Mate zu trinken. Sie fragten uns dabei, wie es uns ging, ob wir etwas bräuchten."
> *(Interview mit Isabel Fernández Blanco,* Memoria Abierta*)*

> „Es gab ihrerseits eine gewisse Annäherung. Zum Beispiel kam eines nachts [Ricardo] Cavallo[9] vorbei, um gemeinsam essen zu

8 *Mate* ist eine Art Tee-Getränk, das aus getrockneten Blättern des Mate-Strauchs zubereitet wird. Das Trinken von *Mate* ist in Argentinien eine Art soziales Gruppenritual. Der *Mate* wird aus einem speziellen Gefäß getrunken, das in der Runde herumgereicht wird und aus dem einer nach dem anderen trinkt. Dabei wird immer wieder mit heißem Wasser neu aufgegossen.

9 Ricardo Miguel Cavallo alias „Marcelo" war Offizier der argentinischen Marine und während der letzten Militärdiktatur Mitglied der Einsatzgruppen der *ESMA*. Auf der Grundlage des von Gefangenen geraubten Vermögens wurde Cavallo in Zeiten der Demokratie ein erfolgreicher Geschäftsmann und war vor allem in Mexiko und Mittelamerika tätig. Im Jahr 2000 wurde er auf Antrag des spanischen Richters Baltasar Garzón wegen der während der Diktatur begangenen Verbrechen von Mexiko an Spanien ausgeliefert. Nach Aufhebung der Amnestiegesetze in Argentinien im Jahr 2003 wurde er dorthin überführt und schließlich 2011 zu lebenslanger Haft verurteilt

> gehen. Ein paar Mal passierte es, dass er mich gemeinsam mit ein paar anderen herausholte und zum Abendessen ausführte. [...] Manchmal erzählten sie dir dabei sogar persönliche Dinge, Sachen aus ihrem Leben. Sehr selten nur sprach man über Politik. Cavallo kam irgendwann fast jede Nacht bei meiner Zelle vorbei, dann spielten wir Schach und aßen gemeinsam."
> *(Interview mit Enrique Mario Fukman,* Memoria Abierta*)*

Auch Elisa Tokar berichtet, dass sie von Repressoren zum Essen ausgeführt wurde, was für sie zugleich eine Art „Prüfung" darstellte:

> „In deinem Status als Entführte führten sie dich manchmal zum Essen aus, in Kleidern, zu denen du auf die verrücktest vorstellbare Weise gekommen warst. Man musste ein halbwegs gutes Bild abgeben, denn all das war Teil dessen, was sie ‚Rückholungsprozess' nannten. Das bedeutete, dass du, auch wenn du dich nie in deinem Leben geschminkt hattest, es jetzt tun musstest, denn damit entsprachst du ihrem ‚westlich-christlichen Weltbild'. Und wenn du normalerweise Turnschuhe trugst, musstest du jetzt plötzlich Stöckelschuhe tragen. Und wenn du normalerweise immer Jeans anhattest, musstest du dir jetzt einen Rock anziehen."
> *(Interview mit Elisa Tokar, CEG)*

Mario Villani betont in seinem Interview die Widersprüchlichkeit des Verhaltens der Repressoren gegenüber den Gefangenen. Dieselben Repressoren, die Gefangene in einem Moment aufs Brutalste foltern oder verprügeln konnten, suchten im nächsten Moment den sozialen Kontakt mit ihnen. Für Villani ist es kein Zufall, dass in den CCDTyE eine Vielzahl solch widersprüchlicher Persönlichkeiten aktiv war: Sie entsprachen genau dem Kalkül und der Funktionsweise der gesamten Institution:

> „Turco Julián[10] habe ich ganz fürchterliche Sachen machen gesehen. Ich habe gesehen, wie er tötete, ich habe gesehen, wie er Gefangene mit einer Eisenkette verprügelte, nur weil er an diesem Tag verrückt drauf war, weil er zornig war, nicht etwa weil es Teil eines Verhörs gewesen wäre. Ich habe aber auch gesehen, wie er mit einem Paket Mate daherkam, von ihm selbst bezahlt, damit die Gefangenen *Mate* trinken konnten. Das waren zwei unterschiedliche Persönlichkeiten." *(Interview mit Mario Villani, CEG)*

Absicht der Repressoren war es, die Gefangenen durch diese informellen Kontakte in „ihre Welt" hereinzuholen und die Regeln dieser Welt allmählich zu ihren eigenen werden zu lassen. Zugleich handelte es sich dabei um eine Art Prüfung, die zeigen sollte, „wie weit" jeder Einzelne in diesem Prozess war. Für die Gefangenen war es schwer, sich dieser Vereinnahmung durch die Täter zu entziehen. Wer überleben wollte, musste sich ihren Vorstellungen anpassen oder dies zumindest vorgeben: Man musste vortäuschen, jemand zu sein, der man nicht war.

> „Was sollte man sagen? Das war ein perverses Spiel: Was zum Teufel sollte man also sagen? Man konnte nicht einfach sagen: ‚Ich bedauere alles, was ich gemacht habe, ich habe das alles schon vergessen. Jetzt werde ich die Radikale Partei[11] wählen.' Das hätte dir niemand

10 Julio Héctor Simón alias „Turco Julián" war Mitglied der Bundespolizei und als Repressor im CCDTyE *Olimpo* tätig. 2006 wurde er zunächst zu 25 Jahren Haft verurteilt und war damit der erste wegen Verbrechen der Militärdiktatur Verurteilte nach Annullierung der Amnestiegesetze im Jahr 2003. Unter anderem wurde ihm die illegale Aneignung von Kleinkindern zur Last gelegt. 2007 wurde er wegen anderer Delikte zu zusätzlichen 23 Jahren und 2010 schließlich zu lebenslanger Haft verurteilt.

11 Gemeint ist die *Unión Cívica Radical* (UCR), die älteste noch existierende Partei Argentiniens. Sie wurde 1891 als politisches Gegengewicht zu den oligarchischen Eliten gegründet. Unter den Präsidenten Hipólito Yrigoyen und Marcelo T. Alvear regierte die UCR das Land von 1916 bis 1930 durch-

abgenommen. Man sagte also so etwas wie: ‚Ich denke immer noch gleich, es gibt da soziale Forderungen, das ist immer noch ein Land voller Ungerechtigkeit, es gibt keine Bildung, es gibt keine Arbeit, dieses und jenes … Ich werde nicht aufhören, so zu denken. Aber womit ich aufhören werde, ist, mich politisch zu betätigen. Und ich habe auch begriffen, dass das, was wir gemacht haben, eine bewaffnete Organisation zu gründen, ein Fehler war.' Etwa in diesem Rahmen musste man sich bewegen."
(Interview mit Osvaldo Barros, CEG)

Eine solche Anpassung an die Vorstellungen der Täter war eine permanente Gratwanderung zwischen Selbstgefährdung und Selbstaufgabe:

> „Das ist ein sehr widersprüchlicher und manchmal geradezu paradoxer Prozess. […] Es ist wie auf einer Rasierklinge zu balancieren. […] Solange du exakt auf der Schneide entlanggehst, passiert nichts. Wenn du aber auch nur einen Millimeter abweichst, dringt sie bis auf die Knochen in dich ein. Es ging darum, dieses Gleichgewicht zu halten. […] Die Frage war: Bis zu welchem Punkt bin ich noch ich und wann beginne ich mich in diejenige zu verwandeln, die ich vorgebe zu sein?" *(Interview mit Graciela Daleo, 24. 6. 2014)*

gehend. Diese Zeit war durch eine fortschrittliche Gesetzgebung etwa im sozialen Bereich sowie eine zunehmende nationale Integration der Arbeiterklasse, aber auch durch die blutige Unterdrückung von Massenprotesten gekennzeichnet. 1930, während seiner zweiten Amtszeit, wurde Yrigoyen durch einen Militärputsch gestürzt. Mit dem Aufstieg des Peronismus in den 1940er-Jahren verlor die Partei zunehmend an politischem Gewicht, das sie erst durch das Verbot der peronistischen Partei nach dem Putsch von 1955 phasenweise wiedererlangen konnte. Während sich der Peronismus in den 1960er- und 1970er-Jahren zu einer oppositionellen Massenbewegung verselbstständigte, kooperierte die UCR in dieser Zeit immer wieder punktuell mit den verschiedenen militärischen Machthabern.

Liliana Gardella erklärt, mit welcher Strategie sie dieser Vereinnahmung durch die Täter zu entgehen versuchte:

> „Sie kamen, um über Politik zu diskutieren und darüber, was sie über das Leben zu sagen hatten. Aber ich ließ mich nie auf diese Diskussionen mit ihnen ein. [...] Ich antwortete ihnen nicht und wechselte das Thema. Ich machte auf kindlich. Ich verhielt mich grundsätzlich ziemlich infantil. Damit lösten sich diese Gesprächssituationen immer wieder auf. [...] Ich hätte mich durch sie nie von irgendetwas überzeugen lassen, noch hätte ich preisgegeben, was ich dachte." *(Interview mit Liliana Gardella, CEG)*

Die Strategien der Täter folgten auch einem Prinzip des Teilens und Herrschens und hatten den Effekt, die Gemeinsamkeit und Solidarität unter den Gefangenen zu untergraben. Das Idealbild der Repressoren war jener Gefangene, der „sich selbst am nächsten war":

> „Die Bedingungen, unter denen man dort lebte, machten es nicht einfach, mit anderen eine freundschaftliche Beziehung aufrechtzuerhalten. Es kamen dort sämtliche menschliche Erbärmlichkeiten ebenso ans Tageslicht wie das Beste in jedem Einzelnen. Es traten der Neid hervor, das Misstrauen, der Zweifel, das, was der eine von dem anderen dachte, all diese Dinge. Aber es ging dabei eher um allgemein menschliche Dinge als um politische Differenzen."
> *(Interview mit Osvaldo Barros, 28. 4. 2014)*

Elisa Tokar, die in der *ESMA* bereits in der Phase der „Rückholung" war, Arbeiten verrichtete und sich tagsüber relativ frei bewegen konnte, musste die Nacht immer noch im Sektor *Capucha* verbringen, wo auch jene Gefangenen untergebracht waren, die nach wie vor Folter und Isolierung unterworfen waren. Das säte Misstrauen unter den Gefangenen und nährte Selbstzweifel und Gewissensbisse:

„Das war das Verrückteste an der ganzen Situation, für uns und für alle anderen. Denn es rief noch mehr Misstrauen unter den Gefangenen in *Capucha* hervor: ‚Warum sie und nicht wir?' Das ist eine Frage, die mich persönlich immer noch verfolgt, trotz all der Jahre, die seither vergangen sind: Warum wir und sie nicht?"
(Interview mit Elisa Tokar, CEG)

Die Gefangenen, die in den Augen der Repressoren den Prozess der „Rückholung" erfolgreich durchlaufen hatten, waren bereit für die Entlassung. Die Entlassung war nicht ein einzelner Moment der Befreiung, sondern im Regelfall ein langwieriger Prozess, der nahtlos an die allmähliche Heranführung der Gefangenen an die Welt der Täter in der Rückholungsphase anschloss. Sie begann meist damit, dass es den Gefangenen erlaubt wurde, erstmals wieder Kontakt mit ihren Familien aufzunehmen. Häufig durften sie danach einzelne Wochenenden bei der Familie verbringen und mussten sich am Montag wieder im CCDTyE zurückmelden. Enrique Fukman erzählt:

„[Ricardo] Cavallo [alias ‚Marcelo'] brachte mich zu mir nach Hause. Wir klingelten an der Tür. Ich wusste nicht, was mich erwarten würde, und ich wurde mit folgender Realität konfrontiert: Mein Vater mit Gips, meine Mutter und meine Schwester. Als wir klingelten, fragte meine Mutter durch die Tür hindurch: ‚Wer ist da?' Stell dir das vor: Es ist nach ein Uhr in der Nacht und irgendwer klingelt bei dir an der Tür. Ich antwortete: ‚Ich bin es, Mama …' Was sollte ich sonst sagen? Alles ging sehr schnell, die Tür öffnete sich, Umarmungen, all das – und hinter mir stand Marcelo. Wir traten ein, gingen in das Esszimmer und begannen, uns zu unterhalten. So hat das alles begonnen. Von da an rief ich jede Woche freitags bei mir zu Hause an, und alle zwei Wochen brachten sie mich auf Besuch nach Hause."
(Interview mit Enrique Mario Fukman, CEG)

„Den ersten Telefonanruf ließen sie mich machen, als sie mich in den Sektor *Pecera*[12] verlegten. Sie ließen mich meine Familie anrufen. [...] Es war ein Freitag, und sie sagten mir, dass ich am darauffolgenden Samstag meine Eltern zu Hause besuchen würde. Das war in etwa im Februar 1977. Zwei Wachen brachten mich nach Hause, sie ließen mich dort und sagten, sie würden mich am nächsten Tag wieder abholen kommen."
(Interview mit Elisa Tokar, CEG)

Den Kontakt mit der Familie wieder aufnehmen zu können, war für die Gefangenen ein erstes Anzeichen dafür, dass sie eine Chance auf ein Überleben und eine bevorstehende Entlassung hatten:

„Ich glaube, dass von denjenigen, die ihre Familie besuchen konnten, nur sehr wenige am Ende nicht überlebten. Ich weiß von einem einzigen solchen Fall, vielleicht gibt es mehrere. [...] Aber im Allgemeinen glaube ich, dass wir alle, die wir damals in der *ESMA* waren und die sie rausließen, um ihre Familien zu sehen, am Leben geblieben sind." *(Interview mit Liliana Gardella, CEG)*

Bevor ein/e Gefangene/r endgültig aus dem CCDTyE entlassen wurde, musste er/sie in der Regel eine Ansprache über sich ergehen lassen, die ihm/ihr noch einmal ins Gewissen reden, aber auch klarmachen sollte, dass Entlassung und Freiheit nicht dasselbe bedeuteten. Die Repressoren gaben den Gefangenen gewissermaßen ein „Erinnerungsbild" von sich selbst mit auf den Weg, das diese fortan immer bei sich tragen sollten.

12 *Pecera* wurde in der Umgangssprache der *ESMA* jener Sektor im 3. Stock des Offizierskasinos genannt, in dem die Gefangenen ein Zeitungsarchiv und eine Bibliothek verwalten und tägliche Zusammenfassungen von Pressemeldungen verfassen mussten. *Pecera* bedeutet auf Spanisch „Goldfischglas" oder „Aquarium". Der Sektor wurde so genannt, da man durch die verglasten Türen hindurch die Gefangenen bei der Arbeit beobachten konnte wie Fische in einem Aquarium.

„An den letzten Tagen sprachen sie viel mit uns. Sie sagten uns, dass wir uns benehmen sollten, denn es ginge dort alles um das Thema der Reintegration. Sie seien ja eigentlich wie die Tauben, und das könnte nicht so weitergehen, dass sie weiterhin Leute umbringen oder zum ‚Verschwinden' bringen müssten. Sie möchten beweisen können, dass es Leute gibt, die reintegrierbar waren und dass wir deshalb die Politik bleiben lassen und von nun an zu den Guten gehören sollten." *(Interview mit Rufino Almeida, CEG)*

„Sie brachten mich mit immer noch verbundenen Augen zu einem Büro, in dem sich Rolón[13] befand. Er sagte zu mir: ‚Ich stelle dir den Chef der geheimdienstlichen Abteilung des [CCDTyE] *Olimpo* vor, Paco. Nimm dir die Augenbinde ab, du gehst jetzt nach Hause.' Ich nahm also die Augenbinde ab, und der andere sagte zu mir: ‚Gut, Chiche, die bist frei. Schau zu, dass du dich um deine Frau kümmerst, um deinen Sohn. [...] Mach keinen Blödsinn mehr, lass dich nicht mit den Linken ein, lass die Finger von den Waffen, weil beim nächsten Mal bist du dran.' [...] Dann gab mir Paco die Hand."
(Interview mit Juan Agustín Guillén, CEG)

„Sie versammelten alle, die freigelassen wurden, und sie brachten uns in einen Raum. ‚Setzt euch!' Und dann hielten sie uns einen politischen Vortrag. ‚Entschuldigt, was passiert ist. Ihr geht morgen nach Hause. Wir wären viel lieber mit euch einen Kaffee trinken gegangen oder in eine Kneipe, um zu fragen, was mit euch los ist. Leider Gottes mussten wir aber diese Methode anwenden."
(Interview mit Gilberto Ponce, CEG)

13 Óscar Augusto Isidro Rolón alias „Soler" war Mitglied der Bundespolizei und als Repressor im Lagerkomplex *Club Atlético/El Banco/Olimpo* tätig. Im Dezember 2009 wurde er für die dortige Ermordung und das „Verschwindenlassen" von Gefangenen von einem argentinischen Gericht zu lebenslanger Haft verurteilt.

Nach der Entlassung aber hatten die Gefangenen die Freiheit noch lange nicht wiederbekommen. In der Regel verblieben sie danach in sogenannter überwachter Freiheit (*libertad vigilada*). Das heißt: Sie waren verpflichtet, sich regelmäßig telefonisch bei den Repressoren zu melden, sie erhielten Kontrollanrufe oder wurden zu Hause oder am Arbeitsplatz überraschend von ihren ehemaligen Folterern besucht, die sich bei ihnen „in Erinnerung rufen" wollten.

Sehr ausführlich und anschaulich beschreibt Mario Villani, was „überwachte Freiheit" für die Gefangenen bedeutete:

> „Es gibt keinen Moment, in dem ich ‚befreit' worden wäre, denn das mit der Freilassung verläuft so: Eines Tages öffnen sie die Zellentür und sagen: ‚Verschwinde!' Irgendwann brachten mich […] zwei Typen für zwei Stunden zu meiner Ex-Ehefrau nach Hause. Wir setzten uns gemeinsam mit den beiden in einer Runde zusammen, um Bier zu trinken. […] Zwei Stunden zu Hause, und dann zurück in die *ESMA*. […]. Danach brachten sie mich in das Haus meiner Schwester, wo auch meine Eltern lebten. Und sie verständigten meine Frau, damit sie auch vorbeischaute. Und dann wieder zurück in die *ESMA*. Danach brachten sie mich zu mir nach Hause, sie ließen mich dort einen Tag lang und sagten mir: ‚Morgen kommen wir wieder, um dich abzuholen. Wir lassen dir keine Wache hier. Wenn du abhauen und das Land verlassen willst, kannst du das machen. Aber wenn du abhaust, nimm lieber deine ganze Familie mit, denn wenn nicht, werden wir sie alle kassieren.' […]
> Später brachten sie alle, die im Prozess der ‚Rückholung' waren, in eine Bar in der Nähe der *ESMA*. Und dann fuhr jeder mit öffentlichen Verkehrsmitteln für ein Wochenende lang zu sich nach Hause. […] Am Sonntagabend musste man wieder zurück in dieser Bar sein. So ging das über mehr als ein Jahr, bis schließlich der Moment kam, an dem sie mich eine Woche lang zu Hause bleiben ließen. Und danach sagten sie irgendwann: ‚Bleib bei dir zu Hause und ruf jeden Tag hier an.' Später rief ich einmal pro Woche an,

dann ein Mal im Monat, danach gar nicht mehr. Aber sogar als ich mich gar nicht mehr meldete, erhielt ich immer wieder Anrufe von ihnen, und sie brachten mich ein paar Mal zurück in die ESMA, weil sie wollten, dass ich ihnen irgendetwas reparierte."
(Interview mit Mario Villani, CEG)

Diese Daseinsform in „überwachter Freiheit", die eine Rückkehr in ein normales Leben unmöglich machte, wird in vielen Interviews ausführlich beschrieben, so auch in den folgenden:

„Dass sie mich ‚freiließen', heißt nicht, dass ich nun frei war. ‚Freilassen' muss hier in Anführungszeichen stehen. [...] Wir blieben weiterhin Geiseln in unserem eigenen Zuhause."
(Isabel Fernández Blanco, CEG)

„Turco Julián [Julio Héctor Simón] kam immer zu mir nach Hause. [...] Später dann mussten wir jeden Mittwoch eine Telefonnummer anrufen. Das war furchtbar, es war wie die Glocke des Pavlovschen Hundes. Jeden Mittwoch klingelte diese Glocke, und sie sollte dir in Erinnerung rufen, dass du überwacht wurdest. Du solltest nicht vergessen, dass sie in Wahrheit ständig da waren."
(Interview mit Rufino Almeida, CEG)

„Sie riefen mich ständig an. Astrada[14] sagte mir eines Tages: ‚So, du wirst ab jetzt wieder zu Hause wohnen. Aber das bedeutet nicht, dass du jetzt frei bist. Anstatt jeden Tag hier zu schlafen, wirst du bei dir zu Hause übernachten. Und wenn wir dich brauchen, rufen wir dich an.' Außerdem musste ich regelmäßig eine Telefonnummer anrufen. [...] Die Kontrollintervalle wurden mit der Zeit aber immer länger. Was zuerst jeden Tag der Fall war [...], passierte danach einmal in der Woche, später einmal im Monat, und manchmal vergingen auch

14 Dieser Name konnte nicht verifiziert werden.

> zwei, drei Monate. Und dann stand plötzlich wieder einer bei dir zu Hause und sagte: ‚Hey, was ist los? Du hast ewig nicht angerufen!'"
> *(Interview mit Carlos Lordkipanidse, CEG)*

Die Gefangenen wurden langsam an die Außenwelt herangeführt. Was sie dabei lernen sollten, war weniger, sich allmählich wieder in dieser Welt zurechtzufinden, als vielmehr permanent das Über-Ich der Täter zu verspüren: zu wissen, dass sie unter dauerhafter Beobachtung standen und dass ihre Freiheit nur ein provisorischer Zustand war, der jederzeit wieder rückgängig gemacht werden konnte.[15]

Die Repressoren imaginierten sich in diesem Prozess selbst wie gesagt als eine Art Vater, Lehrer oder Pate und die Gefangenen als ihre „Schützlinge", die sie durch langwierige gezielte Maßnahmen wieder auf den „rechten Weg" gebracht hatten und mit denen sie daher auch weiterhin „emotional" verbunden blieben. Das lässt sich aus einigen Begegnungen schließen, die manche Gefangene nach ihrer Befreiung mit ihren ehemaligen Repressoren hatten:

> „Eines Tages nach meiner Freilassung tauchte plötzlich [Ricardo] Cavallo bei mir zu Hause auf. Und während der Woche kam er mich an der Fakultät besuchen, mitten während meiner Studienzeit. […] Ich dachte, er sei gekommen, um die politische Situation an der Fakultät zu erkunden. Aber nichts dergleichen. Er wollte eine persönliche Beziehung aufbauen."
> *(Interview mit Enrique Mario Fukman, CEG)*

15 Hinzu kamen häufig Drohungen der Täter gegen die Familien, Freunde und *Compañeros* der Entlassenen. Wer aus dem Land zu fliehen oder sich der Überwachung der Repressoren zu entziehen versuchte, musste damit rechnen, dass er dadurch sein soziales Umfeld in ernsthafte Gefahr brachte (siehe dazu etwa die Interviews mit Enrique Mario Fukman, Carlos Lordkipanidse, Rufino Almeida und Mario Villani, alle CEG)

„Sie kamen zu den unmöglichsten Zeiten plötzlich auf Besuch. Einmal schaute Turco Julián vorbei, mit Geschenken für die Kinder, Spielsachen. [Meiner Lebensgefährtin] Claudia schenkte er einen Kochtopf. [...]. Ich erinnere mich jetzt nicht mehr genau, aber möglicherweise gab ich ihm sogar einen Kuss zur Begrüßung.[16] [...] Einmal kamen sie um vier Uhr nachts vorbei: ‚Hey Flaco, komm runter [...]. Schau, wen wir mitgebracht haben.' Ich ging runter, und da traten einige dieser Typen hervor, die mit ihnen kollaborierten [...]. Sie hatten sie auf Besuch zu ihren Familien gebracht [...]. Und man musste dann so tun, als sei das eine Gruppe von Freunden, mit denen zusammen man einen heben ging."
(Interview mit Rufino Almeida, CEG)

„Plötzlich klopfte es an der Tür. Ich öffnete, und mir standen Colores[17] und ein anderer Militär gegenüber [...]. Sie waren gekommen, um uns zu besuchen. ‚Was für ein schönes Haus!' – das Haus war in Wahrheit noch halb im Rohzustand – ‚wenn es einmal fertig ist, wird es richtig schön sein. Wie geht es dir? Was treibt ihr so? Habt ihr irgendjemanden wiedergetroffen?'"
(Interview mit Juan Agustín Guillén, CEG)

Die Repressoren waren für die Gefangenen also auch dann immer noch präsent, als diese schon längst offiziell aus dem CCDTyE entlassen waren. Noch lange Zeit danach blieben sie als Begleiter im alltäglichen Leben latent anwesend – so wie die Angst, die die Gefangenen auch nach ihrer „Freilassung" nicht verließ:

16 In Argentinien ist es auch unter Männern üblich, zum Gruß einen Kuss auf die Wange anzudeuten.

17 Juan Antonio del Cerro alias „Colores" war Mitglied der Bundespolizei und als Repressor im Lagerkomplex *Club Atlético/El Banco/Olimpo* tätig. Er verstarb im Jahr 2006 in Untersuchungshaft, wo ihn mehrere Verfahren, unter anderem wegen der illegalen Aneignung von Minderjährigen sowie der Ermordung und des „Verschwindenlassens" von mindestens 160 Personen, erwarteten.

„Man verließ das CCDTyE mit einer Menge Angst, [...] denn man wusste nicht, was einem passieren könnte. Wenn etwa ein Polizeiauto anhielt – was nichts Außergewöhnliches war , wenn man im öffentlichen Bus unterwegs war, hatte man ständig diese Furcht. Solche Dinge passierten damals immer noch täglich in Argentinien. Man wusste, dass sämtliche Geheimdienste des Landes seine Daten hatten. [...] Man konnte also jederzeit durch irgendeinen dieser Dienste erneut entführt werden. In diesem Sinne kann man sagen, dass man ständig mit dieser Angst lebte."

(Interview mit Osvaldo Barros, 28. 4. 2014)

Diese Angst, mit der die Gefangenen lebten, hörte selbst mit dem Ende der Diktatur nicht einfach auf. Sie war tief in der Persönlichkeit der Überlebenden verankert worden, und die Repressoren behielten sich sogar noch nach 1983 – um mit Graciela Daleo zu sprechen – jenes „Puzzleteil" zurück, das den Überlebenden zur Vervollständigung ihrer selbst als Subjekte fehlte.

Die wirkliche Befreiung als Subjekt war ein langwieriger Prozess, bei dem es einer aktiven Auseinandersetzung mit der eigenen Geschichte und den eigenen Erfahrungen im Kontext einer Gemeinschaft bedurfte. Welchen Zeitpunkt Überlebende als Moment ihrer Befreiung definieren und wann die Erfahrung des CCDTyE für jede/n Einzelne/n endet, ist individuell äußerst unterschiedlich. Die wirkliche Befreiung ist nicht als objektivierbarer Zeitpunkt mit Datum zu beschreiben, sondern vielmehr das Ergebnis einer unterschiedlich langen individuellen wie kollektiven Verarbeitungsleistung, die für viele bis in die Gegenwart nicht abgeschlossen ist.

Weiterleben

„Wenn du aufhörst, so zu handeln, dass sich die Wahrheit allmählich Bahn brechen kann, ist es, als ob du ihre Hände [die der ‚verschwundenen' *Compañeros*] loslassen würdest. Das ist etwas sehr Intimes."

Interview mit Liliana Gardella, CEG

„Mich interessiert, die Erinnerung zu befördern, aber nicht, die Geschichte abzuschließen."

Interview mit Hugo Sánchez, CEG

Bruno Bettelheim sieht das wichtigste Ziel für einen KZ-Häftling, an dem sich sein gesamter Überlebenskampf ausrichtete, darin, „to safeguard his ego in such a way that, if by any good luck he should regain liberty, he would be approximately the same person he was when deprived of liberty".[1]

Dieses Ziel nicht aus den Augen zu verlieren und das Handeln bei allen Hindernissen weiterhin an diesem Ziel auszurichten – darin besteht der Kampf des Individuums gegen die Macht des Lagers. Auch das Machtkalkül des CCDTyE zielte darauf, das Individuum als Subjekt auszulöschen oder zu transformieren. Es manifestierte sich in der beschriebenen Abfolge der verschiedenen Haftphasen: Die Intensivphase war die Phase der Ruptur, der Auslöschung oder des „Brechens" des Subjekts. In der Phase der Normalisierung wurde zum einen dieser tiefe Bruch gefestigt, zum anderen konnten die Gefangenen als Subjekte die Bedingungen der Repressoren und ihre Gesetze internalisieren, sich aber auch in Ansätzen neu konstituieren. In der Phase der Rückholung

1 Bettelheim, Behaviour in Extreme Situations, S. 203.

wurde diese Konstituierung schließlich konsolidiert und das Individuum aus der Isolation zurück in den Raum des Sozialen geholt. An diese drei Phasen der Haft schließt für manche, aber bei Weitem nicht für alle Überlebenden eine Zeit der Aufarbeitung an, deren Ziel es ist – im Sinne Bruno Bettelheims –, eine kritische Distanz zur vorangegangenen Transformation seiner selbst zu gewinnen mit dem Ziel, diese wieder rückgängig zu machen. Sie ist die Phase einer neuen, kritischen Selbstkonstituierung.

Im letzten empirischen Teil möchte ich daher zu ergründen versuchen, welche Hemmnisse einer solchen Aufarbeitung der individuellen Hafterfahrung entgegenstehen und unter welchen individuellen und vor allem kollektiven Voraussetzungen sie dennoch gelingen kann. Die Interviews, auf die sich dieser Versuch stützen kann, sind dabei selbst lebendige Zeugnisse von einem – mehr oder weniger – gelungenen, in jedem Fall aber begonnenen Reflexions- und Aufarbeitungsprozess, dessen erster Schritt – darüber sind sich die Interviewees weitgehend einig – stets gleichbedeutend mit der Fähigkeit ist, die eigene Geschichte zu erzählen. Wer ein Interview gibt, wer in der und für die Öffentlichkeit über seine persönlichen Erfahrungen spricht und dieses Sprechen zugleich innerhalb eines gemeinsamen sozialen Diskurses zu verorten versteht, hat eine nicht unbeträchtliche Strecke des Weges der Rekonstituierung seiner selbst als Subjekt bereits zurückgelegt.[2]

Doch diejenigen Überlebenden, die – sei es gegenüber Menschenrechtsgruppen, in Medien oder in Prozessen gegen die Repressoren – öffentlich über ihre Erfahrungen berichten, sind nach wie vor in der Minderheit. Für manche ist dieses Sprechen selbst in der engeren sozialen und familiären Umgebung bis heute noch immer nicht denkbar.

2 Zur Bedeutung des Erzählens für die Verarbeitung traumatischer Erlebnisse siehe Rosenthal, Erlebte und erzählte Lebensgeschichte, S. 167–185. Eine große Zahl – wahrscheinlich sogar die Mehrheit – der Überlebenden hat bislang nie öffentlich über ihre Erfahrungen erzählt. Diese persönlichen Erinnerungen fanden daher bis jetzt keinen Eingang in das kollektive (kommunikative) Gedächtnis der argentinischen Gesellschaft.

Die traumatischen Erfahrungen müssen allzu oft um der „Gesellschaftsfähigkeit" willen verdrängt werden:[3]

> „Ich habe so eine Ahnung, dass es sehr viele Überlebende gibt, die bis zum heutigen Tag im Schweigen verharren, Gefangene von Schuldgefühlen, von äußerem Druck, vom Mandat, das ihnen die Repressoren auferlegt haben, und jenem ihrer eigenen Familien, die ihnen rieten zu schweigen. Das ist schrecklich."
> *(Interview mit Rufino Almeida, CEG)*

> „Es gibt andere, die [...] den Schrecken und die Angst nicht überwinden konnten. Sie sind aus diesem Ort entlassen worden und haben danach nie den Mund aufgemacht. Sie haben nie in irgendeiner Weise Zeugnis abgelegt. Nichts erzählt. Nichts."
> *(Interview mit Osvaldo Barros, 28. 4. 2014)*

Auch wenn diesbezüglich keine empirischen Zahlen vorliegen, so gilt es doch in der Auseinandersetzung mit den Interviews zu berücksichtigen, dass sie nicht repräsentativ für die Überlebenden sein können. Wovon sie aber Zeugnis ablegen, ist, unter welchen Voraussetzungen ein Aufarbeitungsprozess „gelingen" kann. Allein die Tatsache, dass es diese Interviews gibt, zeugt bereits von einem solchen Gelingen.[4] Jedes

3 Dies kann, wie Gabriele Rosenthal anmerkt, für die Überlebenden gravierende Folgen haben: „Sind Erlebnisse nicht erzählbar, so besteht die Gefahr, dass die Betroffenen im Erlebten verhaftet bleiben und sich nicht von ihm distanzieren können. [...] M. E. führt das Nicht-Erzählen-Können von traumatisierenden Erlebnissen und Lebensphasen zu einer zweiten Traumatisierung nach der Leidenszeit. Wenn es nicht gelingt, Erfahrungen in Geschichten zu bringen, werden die in den erlebten Situationen entstandenen Traumatisierungen verstärkt." Rosenthal, Erlebte und erzählte Lebensgeschichte, S. 172.

4 „Die Lebenserzählung kann [...] zum so notwendigen Zusammensetzen von einzelnen Erfahrungsfragmenten [...] und zur Integration der traumatischen Erfahrung in den Gesamtzusammenhang der Lebensgeschichte beitragen.

der Interviews sagt ebenso viel über den Prozess der Aufarbeitung der individuellen Erfahrungen und historischen Ereignisse aus wie über diese Erfahrungen und Ereignisse selbst. Beide Ebenen sind eng miteinander verwoben, zwei Seiten ein und derselben Erzählung. Dieses Kapitel ist daher auch der Versuch, diese beiden Ebenen analytisch voneinander zu unterscheiden bzw. sie in ihrem gegenseitigen Zusammenwirken zu verstehen.

Es ist praktisch unmöglich, als der- oder dieselbe das Lager zu verlassen, als der oder die man dort hingebracht worden ist.

> „Eines ist sicher: dass man die *ESMA* als ein anderer wieder verließ."
> *(Interview mit Osvaldo Barros, 28. 4. 2014)*

> „Die Wahrheit ist, dass wir uns alle danach erst wieder fassen, uns wiederherstellen mussten nach diesem Erlebnis."
> *(Interview mit Enrique Mario Fukman, 26. 4. 2014)*

Die Möglichkeit, eine eigene Identität zurückzuerlangen, wird durch das aus den Hafterfahrungen resultierende Trauma[5] permanent

[…] Die Erzählung stellt eine Form der Umwandlung von Fremdem in Vertrautes dar, in der das Unbekannte durch die erzählerische Tätigkeit dem Erzähler selbst und dem Zuhörer bekannt und verstehbar gemacht wird." Rosenthal, Erlebte und erzählte Lebensgeschichte, S. 172.

5 Fischer und Riedesser definieren das Trauma als „vitales Diskrepanzerleben zwischen bedrohlichen Situationsfaktoren und den individuellen Bewältigungsmöglichkeiten, das mit Gefühlen von Hilflosigkeit und schutzloser Preisgabe einhergeht und so eine dauerhafte Erschütterung von Selbst- und Weltverständnis bewirkt". Gottfried Fischer/Peter Riedesser, Lehrbuch der Psychotraumatologie, München/Basel 2003, S. 79. Amos Goldberg beschreibt das Trauma in Lacanschem Sinne folgendermaßen: „Trauma is caused by the subject's close encounter with what Lacan calls the ‚Real' – a situation or an event that exceeds the symbolic order and therefore cannot gain any meaning in the subject's symbolic framework. Something in this encounter bypasses the cognitive mental apparatus and is experienced by the subject as excess.

untergraben. Liliana Gardella beschreibt das traumatische Moment, das dem Leben „danach“ immanent ist:

> „Derselbe Impuls, den du im Moment der Entführung verspürtest, kehrt danach immer wieder, dieser ‚Spasmus‘, wie ich das nenne. [...] Die ganze Zeit wiederholt sich dieser selbe Mechanismus. Deswegen ist auch alles so schwierig: Du handelst nie aus deiner gegenwärtigen Lebenssituation heraus, ständig kehren diese Gefühle wieder zurück.“ *(Interview mit Liliana Gardella, CEG)*

Die traumatische Erfahrung, die sich im Moment der Entführung erstmals einstellte und im Verlauf der Inhaftierung in unterschiedlichsten Situationen wiederkehrte, kann sich im Leben „danach“ als geradezu körperliche Reaktion ständig wiederholen. Der oder die Überlebende wird von diesem „Spasmus“, wie Liliana Gardella es ausdrückt, erfasst. Autonomes Denken und Handeln werden in diesem Moment unmöglich. Die psychischen Spuren, die die Vergangenheit im Individuum hinterlassen hat, ergreifen in diesem Moment völlig von ihm Besitz. Die individuelle Gegenwart steht im Bann der Vergangenheit, und für manche Überlebende bleibt es unmöglich, in ihr ein Leben zu entfalten:

> „Ich war die ganze Zeit wie betäubt. [...] Ich war am Leben, aber ich registrierte das nicht. [...] Erst nach vielen Jahren begann ich allmählich wieder das Gefühl zu verspüren, am Leben zu sein.“
> *(Interview mit Margarita Cruz, CEG)*

This excess, which is created in trauma and which is not integrated into any meaningful structure, is doomed to return as a traumatic symptom and haunt the subject in a compulsory manner.“ Amos Goldberg, Trauma, Narrative, and the Two Forms of Death, in: Literature and Medicine 25 (Spring 2006) 1, S. 133 f.

> „Man hat ständig Angst, aber eine irrationale Angst. Es ist eine diffuse Angst, die man ständig verspürt, eine Angst, die mit dem Schrecken zu tun hat, den man erlebt hat, nicht damit, was wirklich passieren könnte. Zumindest in meinem Fall ist es so, dass mich das bis heute verfolgt." *(Interview mit Liliana Gardella, CEG)*

Dieser quasi-körperliche, traumatische Reflex markiert die Grenzen, die das CCDTyE den Überlebenden „implantiert" hat und die sie als „zerbrochene und neu zusammengesetzte Subjekte" zunächst nicht zu überschreiten imstande waren, ja denen sie sich besser gar nicht erst nähern sollten. Hierbei wird erneut ein grundlegender Unterschied zwischen den disziplinären Institutionen im Sinne Foucaults und dem CCDTyE deutlich: Die Gewalt, die von Ersteren ausgeht, hat den Zweck, in den Gefangenen bestimmte Aspekte ihrer selbst, bestimmte Verhaltensformen und Denkweisen für sie „problematisch" werden zu lassen,[6] ihnen ihre „Unzulänglichkeiten" spürbar vor Augen zu führen. Auf diese Weise wird die Aufmerksamkeit des Individuums auf sich selbst gerichtet und „eine Selbstproblematisierung entlang disziplinärer Normen und Regeln" als Subjektivierungsprozess in Gang gesetzt.[7] Die Gewalt, die die Gefangenen im CCDTyE erfahren, ist dagegen so total, dass sie „als Ganze zum Problem werden", sich in ihrem gesamten Sein, ihrer gesamten Subjektivität infrage gestellt sehen müssen. Selbstproblematisierung und „Selbstkorrektur" sind keine probaten Mittel, um der Gewalt zu entkommen. Weil diese Gewalt total ist, ist sie nicht rationalisierbar und kann gerade dadurch ihre traumatisierende Wirkung entfalten. Die traumatische Gewalterfahrung – mitsamt des Anteils einer kohärenten Subjektivität, der durch sie ausgelöscht wurde – ist somit vielleicht genau jenes fehlende Puzzleteil, von dem Graciela Daleo spricht: dasjenige, welches das Subjekt als solches erst komplett machen

6 Zum Begriff der „Problematisierung" vgl. Michael Schwartz, Critical Reproblemization. Foucault and the Task of Modern Philosophy, in: Radical Philosophy 91 (1998), S. 19–29.

7 Christian Dürr, Jenseits der Disziplin, S. 59.

würde, den dieses sich jedoch nie aneignen kann, weil es nicht zu fassen ist. Es ist nicht Teil seines eigenen Universums, sondern allein jenes der Repressoren. Der Versuch der „Wiederbegegnung mit demjenigen, der man einmal war“ (Interview mit Osvaldo Barros, CEG), gleichsam das Ziel jedes Aufarbeitungsprozesses, führt daher in nichts weniger als die offene Konfrontation des Subjekts mit seinem Trauma.

Viele Überlebende scheuten sich vor diesem Prozess – teilweise bis heute. Um unter den Bedingungen des Traumas als kohärente Subjekte überhaupt „funktionieren“ zu können, mussten sie den „unfassbaren“ Aspekt ihrer Erfahrung, ihrer Geschichte und ihres Selbst verschweigen, verdrängen, durch verschiedene narrative Strategien diskursiv abkapseln und von sich abstoßen. Er blieb für sie undenkbar und unsagbar. Damit veränderten sich zwangsläufig ihr bewusstes „Verhältnis zu sich“[8] und in weiterer Folge auch ihre Persönlichkeit und Identität.[9] Mario Villani erzählt in seinen publizierten Memoiren sehr

8 Ich verstehe den Begriff „Selbstbezug“ im Zusammenhang mit dem, was Foucault als das „Moralsubjekt“ beschreibt: „Gewiss enthält jede moralische Handlung ein Verhältnis zu dem Wirklichen, in dem es sich abspielt, und ein Verhältnis zu dem [Moral-]Code, auf den es sich bezieht; aber sie impliziert auch ein bestimmtes Verhältnis zu sich; dieses ist nicht einfach ‚Selbstbewußtsein‘, sondern Konstitution seiner selbst als ‚Moralsubjekt‘, in der das Individuum den Teil seiner selbst umschreibt, der den Gegenstand dieser moralischen Praktik bildet, in der es seine Stellung zu der von ihm befolgten Vorschrift definiert, in der es sich eine bestimmte Seinsweise fixiert, die als moralische Erfüllung seiner selbst gelten soll.“ Michel Foucault, Der Gebrauch der Lüste. Sexualität und Wahrheit 2, Frankfurt a. M. 1991, S. 39 f.

9 Wichtig ist zu betonen, dass es sich hier um eine idealtypische Darstellung handelt. Selbst eine in der Theorie „totale“ Institution weist in der Realität stets „Lücken“, Schlupflöcher“ und mögliche Nischen des Widerstands auf, die ihre „Totalität“ relativieren. Auch das CCDTyE ist ein Raum, in dem in der Realität Macht (der Institution) und Widerstand (der Gefangenen) aufeinandertreffen. Wie stark Trauma, Selbstverleugnung und Persönlichkeitsveränderung in den Gefangenen wirken, ist immer das Ergebnis der realen Beziehung von Macht und Gegenmacht.

anschaulich, wie sich eine solche Persönlichkeitsveränderung jenseits jeglicher Eigenwahrnehmung vollziehen kann.[10]

Zu Beginn seiner Haft war Villani wie alle anderen Gefangenen Folter und Tod hilflos ausgeliefert. Später wurden die Repressoren auf seine technischen Fähigkeiten aufmerksam und sie begannen, ihn mit verschiedensten Reparaturarbeiten zu beauftragen. Er trat damit langsam in die Phase der „Rückholung" ein. So wie für die Mehrheit der Gefangenen war auch für Villani der Prozess der „Befreiung" ein allmählicher: zunächst einzelne begleitete Freigänge, später ganze Wochenenden bei der Familie. Am Ende verbrachte er die Nächte zu Hause und betrat die Haftanstalt nur mehr, um dort „seine Arbeit zu verrichten". In diesem Moment war die Transformation vollzogen: Das Gefängnis war zum Arbeitsplatz geworden; die Folterer und Mörder waren nun seine „Chefs"; der äußere Zwang war verinnerlicht.

> „Ich erzähle das, und mir ist völlig bewusst, wie surreal das ist, was ich sage: Wir waren Gefangene, die an die Tür eines Konzentrationslagers klopften […], damit sie uns reinließen!"[11]

Das Leben vor der Entführung, selbst die Erinnerung daran waren wie ausgelöscht. Es sollte danach noch viele Jahre dauern, bis es Mario Villani gelang, sich von diesen sekundären Folgen der Inhaftierung und Folter zu befreien.

Ein Beispiel für einen ähnlichen Prozess, der diese individuelle Erfahrung Villanis auf allgemeiner gesellschaftlicher Ebene widerspiegelt, nennt Elsa Drucaroff. Sie beschreibt, welche Bedeutungsveränderung und welchen Funktionswandel der Begriff der „Utopie", wie ihn die Generation der politischen Militanz der 1960er- und 1970er-Jahre geprägt hat, in den Diskursen der Postdiktatur erfährt:

10 Vgl. Villani/Reati, Desaparecido. Memorias de un cautiverio, S. 162–164.

11 Ebenda, S. 163 (Übers. C. D.).

„Diejenigen, die in den 1960er- und 1970er-Jahren dieses Wort mit Verachtung verwendeten, um damit die Undurchführbarkeit und politische Unzweckmäßigkeit eines politischen Projekts zu markieren, das – *eben weil es eine Utopie war* – verworfen werden musste, um stattdessen ein anderes, tatsächlich mögliches Projekt mit dem Potenzial auf Veränderung zu verfolgen, sagen heute von sich: ‚Ich habe immer schon für Utopien gekämpft.' Ohne es zuzugeben, haben sie sich verändert und sich mit ‚der Utopie' als etwas scheinbar Wertvollem abgefunden, ohne sich dabei mit der Niederlage auseinanderzusetzen, die eine derartige Veränderung bedeutet."[12]

Anders gesagt: Die politischen Ziele, die man einmal verfolgt hat, sind in der Gegenwart in einen Raum des Irrealen verdrängt worden, der zwar ersehnt, jedoch weder konkret gedacht noch durch konkretes Handeln erreicht werden kann.

Das Trauma und die daran geknüpfte Abkoppelung oder Verschüttung eines Teils ihrer selbst hatten häufig auch zur Folge, dass die Überlebenden ihre gewohnten sozialen Beziehungen zu kappen begannen und sich zunehmend in Isolation begaben. Sie zogen sich in die Nischen des Privaten zurück und stellten die Konfrontation mit der Außenwelt weitgehend ein.[13] Liliana Gardella fand dafür ein markantes Bild: Sie

12 Elsa Drucaroff, Los prisioneros de la torre. Política, relatos y jóvenes en la postdictadura, Buenos Aires 2011, S. 36 (Übers. C. D.). Feierstein sieht darin diskursive Strategien der psychischen Verdrängung, die er auch als „Ideologie der Sinnlosigkeit" (*ideología del sinsentido*) beschreibt. Sie besteht in der „ideologischen Begründung des *Fehlens von Sinn*, als Folge der Unmöglichkeit, das Traumatische zu fassen", sowie in dem „bewussten und ideologisch gerechtfertigten Verzicht auf das Streben nach Strukturierung der eigenen Identität, der manchmal mit Zynismus, manchmal mit Nihilismus, seltener mit Satire oder Spott gekoppelt ist". Feierstein, Memorias y representaciones, S. 81 (Übers. C. D.).

13 Natürlich gibt es auch hier Ausnahmen. Enrique Mario Fukman etwa betont in seinen Interviews, er habe von Beginn an versucht, sich in eine alltägliche Normalität zu integrieren und so weiterzuleben, als wäre nichts gewesen, vgl. insbesondere das Interview mit Enrique Mario Fukman, 26. 4. 2014.

spricht davon, dass sie die *Capucha* erst viele Jahre nach der Befreiung aus dem CCDTyE tatsächlich abnehmen konnte (Interview mit Liliana Gardella, CEG). Einige Überlebende erzählen von ihren Versuchen, möglichst unauffällig in der Gesellschaft aufzugehen, sich an den Mainstream anzupassen und alles zu vermeiden, das die Aufmerksamkeit der Umwelt auf sie lenken könnte:

> „Ich trug immer Anzug und Krawatte und ich kämmte und gelte mir die Haare, um den Eindruck zu erwecken, ich sei ein Facharbeiter oder arbeite in einer Plastikfabrik in Tigre[14]. Ich begann erneut an der Fakultät zu studieren. Ich hatte mit Architektur begonnen, als ich siebzehn und gerade aus der Mittelschule gekommen war. Ich nahm also mein Studium wieder auf. Meine Eltern wollten, dass ich weiterstudierte und mein Studium abschloss. Ich ging also zurück an die Fakultät und trug auch dort Sakko und Krawatte."
> *(Interview mit Rufino Almeida, CEG)*

Für andere war es wichtig, an ihr Leben davor anzuschließen und so einen bekannten, vor allem aber möglichst konfliktfreien Alltag zurückzugewinnen, in dem man sich sicher fühlen konnte:

> „Ich begann mit allem Einsatz zu arbeiten. Daneben nahm ich auch mein Ingenieursstudium wieder auf. Es war eine Art Realitätsverweigerung. [...] Ich baute mir eine Struktur auf, die mir eine Kontinuität zu dem herstellte, was ich vor meiner Entführung gemacht hatte. Es war der Versuch, zu einem Alltag zurückzukehren."
> *(Interview mit Enrique Mario Fukman,* Memoria Abierta*)*

Kurzum: Der erste Reflex der Überlebenden der CCDTyE bestand zumeist darin, sich als solche gar nicht erst zu erkennen zu geben, der

14 Eine Stadt sowie eine Gegend im Delta des Río de la Plata unweit von Buenos Aires, die heute wohlhabenderen Hauptstädtern als Naherholungsgebiet dient.

gesellschaftlichen Konfrontation auszuweichen, nicht über ihre Erlebnisse zu sprechen und „unsichtbar" zu bleiben.

Neben dem Trauma und der andauernden Angst als Folge des durchstandenen Terrors sind mindestens zwei weitere Phänomene zu nennen, die der Möglichkeit der Überlebenden zu sprechen sowie jener der Gesellschaft zuzuhören im Wege standen und zum Teil bis heute stehen. Sie kommen vor allem in Momenten zum Tragen, in denen der Wille des/der Überlebenden, das Erlebte in Worte zu fassen, die durch das Trauma bedingten Hemmnisse bereits überwiegt. Zu nennen ist zum einen das Unbehagen der Gesellschaft angesichts der Erzählungen der Überlebenden, die deren Zuhörer die Grenze des Sozialen vor Augen führen.[15] Hinzu kommt ein Klima des generellen Misstrauens, mit dem die Gesellschaft den Überlebenden begegnete und zum Teil noch heute begegnet – als Methode der Rationalisierung des Irrationalen, häufig in Form einer Kriminalisierung der Opfer oder einer Opfer-Täter-Umkehr. Im Folgenden möchte ich auf diese beiden Aspekte, die eng miteinander zusammenhängen, eingehen. Andrea Bello sagt im Interview:

> „Ich hatte Angst davor, die anderen mit meinen Erzählungen zu verschrecken." *(Interview mit Andrea Bello, CEG)*

Ähnliches erwähnt auch Juan Agustín Guillén:

> „Ich hatte zusammen mit meiner Frau Mónica beschlossen, dass wir mit niemandem darüber sprechen würden – aber nicht etwa aus Sicherheitsgründen, sondern um den Leuten keine Angst zu machen." *(Interview mit Juan Agustín Guillén, CEG)*

15 „Terror dissoziiert, er zersprengt die Voraussetzungen des Sozialen, die Norm der Gegenseitigkeit, das Grundvertrauen in den Fortbestand der Gesellschaft, die Aussicht auf Hilfe, die Gewissheit gemeinsamen Sinns." Wolfgang Sofsky, An der Grenze des Sozialen. Perspektiven der KZ-Forschung, in: Herbert/Orth/Dieckmann (Hrsg.), Die nationalsozialistischen Konzentrationslager. Bd. 2, S. 1141–1169, hier S. 1159.

Der Horror der Erzählung – das ist das Fazit der Mehrheit der Interviews – hatte häufig zur Folge, dass sich ihr deren Empfänger auf die eine oder andere Weise verschlossen, sie bauten eine Barriere auf, die vor allem dem Selbstschutz diente. Die anderen – seien es Freunde, Familie oder die Öffentlichkeit – wollten meist gar nicht hören, was die Überlebenden der CCDTyE zu berichten hatten.

„Ich lebte zusammen mit meiner Mutter. Wir verbrachten viele Stunden gemeinsam, aber sie fragte mich nie nach irgendetwas. Nie fragte sie mich. Und das, obwohl wir viele Sonntage zu zweit verbrachten, denn wir teilten uns ja eine Wohnung."
(Interview mit Margarita Cruz, CEG)

„Die Familie wollte nicht, dass man davon sprach, denn in Wahrheit fügte es den anderen Schaden zu. Wir hatten viele Freunde, die nicht zuhören wollten, wenn jemand sprach, weil sie dann ja auch uns zuhören hätten müssen. Uns tat es dagegen gut, wenn wir darüber reden konnten. Für die anderen war es schlecht. All das machte es sehr schwierig, ein wenig lockerer zu werden, sich allmählich zu befreien, Zeugnis ablegen zu können."
(Interview mit Osvaldo Barros, 28. 4. 2014)

„Niemand wollte einem zuhören. Sie sagten: ‚Sprich nicht darüber, das tut dir nicht gut.' Und wir fragten uns: ‚Wem tut es nicht gut – uns oder denjenigen, die uns sagten, dass wir nicht darüber reden sollten?' Auf der anderen Seite sagten wir uns aber auch selbst oft: ‚Ich erzähle lieber nichts, denn das würde die anderen fertigmachen.'"
(Interview mit Enrique Mario Fukman, 26. 4. 2014)

„Oft hatte ich ganz schön Konflikte mit den Leuten, denn wenn ich erwähnte, dass ich ‚verschwunden' gewesen war, passierte etwas in der Art: Die Leute ignorierten dich. Es war, als ob du eine ansteckende Krankheit gehabt hättest." *(Interview mit Juan Agustín Guillén, CEG)*

Die Überlebenden der CCDTyE, insbesondere jene, die nach ihrer Befreiung zum Sprechen zurückgefunden haben, sind in der Regel politisch denkende Menschen. Dies war ja der Grund, warum die Militärs sie entführt, interniert und gefoltert hatten. Wer nach der Befreiung Worte für das Erlebte fand oder dabei ist, sie zu finden, der hat zugleich gelernt, die persönlichen Erfahrungen innerhalb eines weiteren sozialen und politischen Kontextes zu interpretieren und weiterzuerzählen. Daher nehmen sie auch ihre – nach der Isolation im CCDTyE – erneute Isolation angesichts einer Gesellschaft, die nicht zuhören wollte oder konnte, nicht lediglich als individuelles Schicksal wahr, sondern analysieren es vor dem Hintergrund seiner sozialen und politischen Funktion. Ein Beispiel dafür ist Mario Villani. Er hat erkannt, dass hinter seinem Überleben ein Kalkül der Täter stand, dass ihm als Überlebendem innerhalb dieses Kalküls eine bestimmte Rolle zukam und ihn diese Rolle in ein fundamentales moralisches Dilemma brachte:

> „Sie ließen mich am Leben, damit ich den Terror verbreitete. Aber hätte ich begonnen zu reden, so hätte ich das Mandat erfüllt, das mir die Repressoren mitgegeben hatten. Ich hätte ihren Terror weitergesät. Andererseits, wenn ich den Mund hielt, um dieses Mandat nicht zu erfüllen, machte ich mich zum Komplizen, weil ich dabei half, ein Verbrechen zu verschleiern. Es war ein verfluchtes Dilemma."
> *(Interview mit Mario Villani, CEG)*

Ganz ähnlich äußert sich auch Carlos Lordkipanidse:

> „Uns, die Überlebenden, brachte das in eine sehr schwierige Situation, weil wir auf diese Weise die Vorgehensweise der Diktatur weiterverbreiteten. Es fielen auch manche Zweifel auf uns, denn schau mal: ‚Warum haben sie grad dich rausgelassen, um all das weiterzuerzählen?' Aber gut, uns erschien das unumgänglich. Wir sahen es dennoch als Verpflichtung zu reden."
> *(Interview mit Carlos Lordkipanidse 23. 4. 2014)*

Villani und Lordkipanidse stellen also ihre individuelle Erfahrung, dass die Erzählung der eigenen Geschichte ihre Zuhörer verschreckte, in einen größeren Zusammenhang und interpretieren dies als Teil eines besonderen Kalküls der Repressoren: Diejenigen, die aus den CCDTyE entlassen wurden, sollten den Horror, den sie erlebt hatten, hinaus in die Gesellschaft tragen. Das Trauma der Überlebenden und dessen soziale Folgen sollten durch diese Erzählungen auf die gesamte Gesellschaft übertragen werden. Dieses Deutungsmuster[16] birgt für die Überlebenden aber auch einen besonderen Moment der Selbstbefreiung, lieferte es doch zugleich eine Erklärung dafür, warum die Repressoren manche „Verschwundene" am Leben ließen. Susana Muñoz bringt genau das zum Ausdruck, wenn sie von Diskussionen unter den *Compañeros* über die Frage, warum gerade sie überlebt haben, andere dagegen nicht, erzählt:

> „Wenn wir *Compañeros* untereinander über das Thema redeten, sagte ich immer: ‚Es war nur Zufall.' Und es gab da einen, Fernando, der erwiderte: ‚Nein, sie ließen absichtlich manche am Leben, damit wir den Terror weitersäten.'" *(Interview mit Susana Muñoz, CEG)*

Unabhängig davon, ob ein solches Kalkül der Täter tatsächlich existierte und sie tatsächlich konkrete Handlungsstrategien daraus ableiteten – dieses Deutungsmuster ist für die Überlebenden wichtig, um sich ihr eigenes Überleben erklären zu können. Es kommt daher nicht nur isoliert in Aussagen Einzelner zum Ausdruck, sondern ist vielmehr Teil eines kollektiven Diskurses, zu dem manche der Überlebenden in den letzten Jahren und Jahrzehnten gefunden haben. Es ist mittlerweile sogar zu so etwas wie dem offiziellen Narrativ der Mitte der 1990er-Jahre gegründeten Überlebendenorganisation *Asociación de Ex Detenidos*

16 Ich verwende den Begriff des „Deutungsmusters" hier im Sinne von Reiner Keller, Diskurse und Dispositive analysieren. Die Wissenssoziologische Diskursanalyse als Beitrag zu einer wissensanalytischen Profilierung der Diskursforschung, in: Historical Social Research 33 (2008) 1, S. 73–107, hier S. 83–85.

Desaparecidos (AEDD – Verband der ehemals Gefangenen und Verschwundenen) geworden.[17] Auf deren Website findet sich ein eigener Menüpunkt mit dem Titel „Warum haben wir überlebt?". Dieser führt zu einem Text, der auf den Punkt bringt, was in fast allen der analysierten Interviews mehr oder weniger ausführlich zum Ausdruck kommt:

> „Über Jahre des Kampfes und der Reflexion, oft verzweifelter Reflexion, haben wir uns gefragt: Wer sind wir, die wir überlebt haben? Warum und wozu? […] Wenn es das Ziel der repressiven Politik war, den Terror in die argentinische Gesellschaft zu verpflanzen, und wenn dieser Terror hinter verschlossenen Türen ausgeübt wurde, wer könnte den Menschen dieses Landes davon erzählen und ihn weiterverbreiten? […] Diese Erzählung des Schreckens sollte aus den Mündern einer Handvoll Überlebender kommen […]. Der Freigelassene war ein von der erlittenen Erfahrung zerbrochenes Wesen, der – mit seinen Worten oder seinem Wahnsinn, seinem Schweigen oder seiner Verzweiflung, seinem körperlichen Verfall oder seinem Verfolgungswahn – den Schrecken aufrechterhielt, der für die reserviert war, die sich widersetzten. […] In einer Situation des Terrors und der realen Gefahr für die Gegner der Diktatur war es schwierig, das Misstrauen zu überwinden und die Isolierung der Überlebenden zu verhindern. […] Terror und Misstrauen führten zu einer langen Phase der sozialen Fragmentierung, die es der Diktatur erlaubte, sich an der Macht zu behaupten."[18]

17 Die AEDD wurde laut Selbstdarstellung „von Überlebenden der verschiedenen Konzentrationslager [gemeint sind die CCDTyE] gegründet, die während der letzten Militärdiktatur in unserem Land existierten, sowie von *Compañeros*, die unsere Ziele teilen und mit uns in verschiedenen Aktivitäten zusammenarbeiten. Unser Auftrag ist die Suche nach Gerechtigkeit und die Schaffung von Erinnerung – nicht nur an den Schrecken, sondern auch an den Kampf unseres Volkes und seiner Organisationen für eine gerechtere Gesellschaft." http://www.exdesaparecidos.org/aedd/quienesomos.php (4. 6. 2015; Übers. C. D.)

18 http://www.exdesaparecidos.org/aedd/sobrevivimos.php (Übers. C. D.).

In diesem Narrativ äußert sich einerseits das Streben danach, die von den Repressoren auferlegte Isolation – während und nach der Gefangenschaft – zu überwinden und die eigene individuelle Erfahrung als Teil eines kollektiven gesellschaftlichen Prozesses zu interpretieren. Andererseits muss sie aber auch als diskursive Strategie gegen das Klima des Misstrauens gelesen werden, mit dem die Überlebenden in ihrem „Weiterleben“ konfrontiert waren. Dieses Misstrauen der Mehrheitsgesellschaft gegenüber den Überlebenden äußerte sich in einer doppelten Annahme: dass es zum einen „schon seinen Grund haben würde“, dass sie von den Militärs entführt und in Lagern interniert worden waren – und dass es ebenso seinen Grund haben würde, dass die Militärs sie am Ende wieder freigelassen hatten. Mit der ersten Annahme werden Überlebende entsprechend der Argumentation der Militärs pauschal als „Subversive“ und „Delinquenten“ – heute würde man wohl „Terroristen“ sagen – verdächtigt; die zweite Annahme suggeriert, dass, wer überlebte, auf irgendeine Weise mit den Militärs kollaboriert haben musste.

> „Wir sind mit einem doppelten Verdacht konfrontiert: Als wir in Gefangenschaft gerieten, als sie uns entführten, sagten die Leute: ‚Das wird schon seinen Grund haben. Irgendetwas haben sie wohl getan.‘ Und danach, als wir überlebt hatten, sagten sie ebenfalls: ‚Das wird seinen Grund haben, irgendetwas haben sie dafür wohl getan.‘“
> *(Interview mit Carlos Lordkipanidse, 23. 4. 2014)*

> „Wir Überlebenden haben lange Zeit das Misstrauen sowohl unserer eigenen *Compañeros* […] als auch der Familienangehörigen der ‚Verschwundenen‘ zu spüren bekommen: ‚Warum hast du überlebt und mein Sohn, mein Bruder, mein Ehemann nicht?‘ Das war ein Zeichen von Misstrauen. Das hielt mehrere Jahre an, bis sie endlich zu verstehen begannen, dass es nicht in der Verantwortung des Einzelnen lag, dass er am Leben war und jemand anderer nicht.“
> *(Interview mit Osvaldo Barros, 28. 4. 2014)*

Für die „Anderen", für die Gesellschaft hatte dieser doppelte Generalverdacht gegen die Überlebenden der Lager vor allem eine Funktion: die eigene Angst und das soziale Trauma der Diktatur zu rationalisieren. Die diffuse Ungewissheit angesichts einer unsichtbaren, aber dennoch permanent wahrnehmbaren Bedrohung kann gebannt werden, sofern sich eine rationale Begründung finden lässt, warum, wann und gegen wen die Gewalt zuschlägt. Wenn sie nachvollziehbarerweise „Subversive", „Delinquenten" und „Guerrilleros" trifft, bedeutet das zugleich, dass man selbst, sofern man keiner dieser „Gruppen" angehörte, sicher war. Freilich folgte der Terror der argentinischen Militärs in Wahrheit einer ganz anderen Logik: Ihr Ziel war es, durch die Spaltung der Gesellschaft und die Zerstörung ganzer sozialer Milieus der Möglichkeit politischer Radikalisierung bereits in Ansätzen den Boden zu entziehen. Und die Gesellschaft wusste, dass diejenigen, die vor ihren Augen verschwanden oder von deren Verschwinden man hörte, in der Regel keineswegs gefährliche „Feinde der westlichen Zivilisation" waren, sondern sozial und politisch engagierte Menschen. Dass die „Verschwundenen", mehr aber noch die Überlebenden der Lager dennoch retrospektiv unter Generalverdacht genommen wurden, kann nur als Selbstschutzstrategie der Mehrheitsgesellschaft interpretiert werden, die auf diese Weise ihre Anpassung an die politischen Machtverhältnisse ebenso rechtfertigen konnte wie den Mangel an Solidarität mit den Opfern. Zugleich folgte sie damit der Logik der Militärs, deren Ziel die Spaltung der Gesellschaft und die Isolierung und Vernichtung von Teilen dieser Gesellschaft war. Mit dem Übergang von der Diktatur zur Demokratie war zumindest ihr erstes Ziel keineswegs „gescheitert", vielmehr hatten die Militärs es geschafft, soziale Fundamente zu legen, die in Zeiten der Post-Diktatur weiter wirkten und gesellschaftlich prägend blieben.[19]

19 In den Erfahrungen und Erzählungen der Überlebenden im Besonderen und im argentinischen Diskurs um die Aufarbeitung der Geschichte der letzten Militärdiktatur im Allgemeinen wird die Wiedereinführung der Demokratie 1983 daher auch keineswegs als jener einschneidende Moment der Befreiung interpretiert, als der etwa der 8. Mai 1945 in den Diskursen über den

Der Riss des Misstrauens in der Post-Diktatur trennte nicht lediglich die Milieus von Sympathisanten und Mitläufern der Militärdiktatur vom Rest der Gesellschaft, sondern durchzog selbst die Milieus des Widerstands. Charakteristisch ist dabei die Auseinandersetzung der Überlebenden der CCDTyE, insbesondere der AEDD als deren „Interessensvertretung", mit den *Madres de la Plaza de Mayo* (Mütter der Plaza de Mayo).[20] Enrique Mario Fukman nimmt auf diesen Konflikt in seinem Interview anhand eines konkreten Ereignisses Bezug:

Nationalsozialismus heute gilt. Das Ende der Diktatur wird im argentinischen Diskurs vielmehr als Phase der Transition gedacht, die nur durch einen gemeinsamen gesellschaftlichen Aufarbeitungsprozess vielleicht tatsächlich zu so etwas wie einer „Befreiung" werden kann. Die Betonung des 8. Mai 1945 als Datum der Befreiung im Diskurs über den Nationalsozialismus steht somit möglicherweise in direktem Zusammenhang zu der Tatsache, dass dessen tatsächliche – politische, juristische, psychologische – Aufarbeitung nur sehr begrenzt stattfand.

20 Die *Asociación Madres de la Plaza de Mayo* ist ein Zusammenschluss von Müttern von während der Militärdiktatur Entführten und „Verschwundenen". Ihre Ursprünge gehen ins Jahr 1977 zurück, als sich mehrere Mütter zusammentaten, um von dem De-facto-Präsidenten Jorge Rafael Videla Aufklärung über den Verbleib ihrer Söhne und Töchter zu erhalten. Wegen des geltenden Ausnahmezustands war es ihnen nicht erlaubt, sich auf der Plaza de Mayo gegenüber dem Regierungssitz zu versammeln, weshalb sie ihre Treffen in Form von „Rundgängen" über den Platz abhielten. Diese fanden bald schon regelmäßig jeden Donnerstag statt. Als Erkennungsmerkmal trugen sie weiße Kopftücher. Die *Madres* wurden von der Militärdiktatur systematisch verfolgt, einige von ihnen wurden zum „Verschwinden" gebracht. 1986 kam es aufgrund politischer Differenzen zu einer Spaltung der Organisation in die *Asociación Madres de la Plaza de Mayo* und die *Asociación Madres de la Plaza de Mayo Línea Fundadora* (vgl. http://www.madres.org bzw. http://madresfundadoras.blogspot.co.at/). Eine sehr interessante Darstellung der *Madres* als soziale Bewegung findet sich in: Raul Zibechi, Genealogía de la revuelta. Argentina: La sociedad en movimiento, Bilbao 2005, S. 33–45.

„Ich werde nie vergessen, als wir in einem der ersten Aufmärsche des Widerstands alle gemeinsam mit den Fotos unserer ‚verschwundenen' *Compañeros* der peronistischen Jugend einmarschierten. Und dann kamen Hebe (de Bonafini)[21] und die anderen der *Madres de la Plaza de Mayo* auf uns zu, um uns wegzujagen: ‚Unsere Söhne und Töchter waren keine *Guerrilleros*', sagten sie. ‚Sie waren gute Jugendliche, und diese Schweinehunde haben sie uns einfach so weggenommen.' Es war ein sehr angespannter Moment. [...]. Ihre Söhne und Töchter waren doch unsere *Compañeros* gewesen."
(Interview mit Enrique Mario Fukman, Memoria Abierta*)*

Das Anliegen der *Madres,* ihre „verschwundenen" Söhne und Töchter nicht mit den Überlebenden der CCDTyE gleichzusetzen, bezeugt, dass jener doppelte Generalverdacht, den die Militärs mit ihrer Politik von Verfolgung und Terror gestreut hatten, auch Eingang in deren Diskurs gefunden hatte. Und in diesem ist allein Platz für „unschuldige" Opfer, für Opfer, die lediglich Söhne oder Töchter, Enkel oder Enkelinnen waren, nicht aber soziale Akteure und politische Aktivisten. Letztere dagegen gerieten unter den Verdacht, in gewissem Maße selbst Schuld an ihrer Verfolgung, Entführung und Folterung zu sein und zudem (durch Denunziation und Kollaboration) womöglich auch noch an der Verfolgung oder sogar Ermordung der „Unschuldigen" Verantwortung zu tragen.

An der Reaktion der *Madres,* wie sie Enrique Mario Fukman beschreibt, wird das Nachwirken des Terrors in der Post-Diktatur sichtbar, dessen Leidtragende im Wesentlichen die überlebenden Opfer der CCDTyE waren:

21 Hebe de Bonafini ist Mutter zweier während der Militärdiktatur „verschwundener" Söhne und *Madre* der ersten Stunde. Sie ist Mitbegründerin und derzeitiges Vorstandsmitglied der *Asociación Madres de la Plaza de Mayo.*

„Wir, die Überlebenden, sind wie die Lepra. Man vergisst uns, man denkt nicht an uns. Alle glauben, dass die Einzigen, die litten, die Mütter und die Söhne und Töchter der Verschwundenen waren […].[22] Manchmal scheint es, als ob wir […] ihre Feinde wären."
(Interview mit Rufino Almeida, CEG)

Die Fragmentierung der Gesellschaft und die Isolierung von Teilen von ihr sind ein weiteres Vermächtnis der Diktatur. Die Gesellschaft, in die die Überlebenden entlassen wurden, unterschied sich fundamental von jener, die sie aus der Zeit vor ihrer Gefangenschaft kannten. Bestimmte diskursive Räume und reale Handlungsfelder hatten sich verschlossen bzw. waren zerstört worden.

„In den 1960er- und 1970er-Jahren war jeder irgendwie politisch aktiv. […] Als ich [1989 aus dem Exil] zurückkehrte, war das alles zu einem großen Teil zerstört – aber nicht nur physisch zerstört, indem man die Träger dieser Ideen getötet hatte, sondern man hatte die Idee selbst zerstört. Die Träger waren ihrer Idee beraubt worden."
(Interview mit Carlos Lordkipanidse, 23. 4. 2014)

„Es war damals viel einfacher, politisch aktiv zu sein, denn es gab dafür eine viel höhere Akzeptanz in der gesamten Gesellschaft. Man war an der Universität politisch aktiv, in den Armenvierteln. Man spürte dort überall eine Akzeptanz. […] Heute ist das alles viel schwieriger, denn es sind viele Dinge dazwischengetreten: das Misstrauen, der Individualismus, auch die materiellen Bedürfnisse, die es in diesem Ausmaß damals nicht so gab. […] Ich glaube, dass

22 Almeida nimmt hier Bezug auf die Tatsache, dass der Diskurs um die Erinnerung an die Diktatur lange Zeit von den Müttern der Plaza de Mayo, später auch von den Organisationen der Söhne und Töchter, wie H. I. J. O. S., geprägt und darin für die Erfahrungen der Überlebenden nur wenig Platz war. Zur Organisation H. I. J. O. S. siehe Zibechi, Genealogía de la revuelta, S. 54–63; Colectivo Situaciones, Escrache.

> es heute viel schwieriger ist, politisch aktiv zu sein, als es damals war." *(Interview mit Osvaldo Barros, 28. 4. 2014)*

Die sozialen und politischen Räume, die die Sprache und das Handeln des politischen Aktivismus vor der Diktatur geprägt hatten, existierten danach schlicht nicht mehr. Um sprechen zu können, mussten sich die Überlebenden daher erst neue Räume eröffnen. Als „Verschwundene" hatten sie alle zwar ein ähnliches Schicksal erlitten; die Isolation, in der sie gefangen gehalten worden waren und in der sie zum Teil nach wie vor lebten, machte es jedoch unmöglich, diese gemeinsamen Erfahrungen miteinander zu teilen. Jeder erlebte dasselbe, aber jeder allein für sich. Selbst unter den überlebenden *Compañeros* war es schwer, einen gemeinsamen Sprachraum zu schaffen.

Der Austausch untereinander war dennoch ein notwendiger Schritt im Hinblick auf einen individuellen wie kollektiven Aufarbeitungsprozess:

> „Wir waren nur wenige Freunde, die wir untereinander über das Erlebte sprechen konnten. Ich traf mich mit alten *Compañeros* aus der Zeit, als ich noch politisch aktiv war, mit den *Compañeros*, mit denen ich gemeinsam in Gefangenschaft war. Unter uns konnten wir sprechen, aber in größerem Rahmen ging das nicht."
> *(Interview mit Osvaldo Barros, 28. 4. 2014)*

> „Wir fingen an, uns gegenseitig zu erzählen, was uns passiert war. Uns allen war das noch nicht wirklich ganz klar. Wir erzählten uns ganz vehement gegenseitig unsere Erlebnisse, wir suchten nach Bezugspunkten, nach Gemeinsamkeiten, nach einheitlichen Verfolgungsmustern. [...] Und wenn dann ein neuer *Compañero* dazukam ... du kannst dir das gar nicht vorstellen ... wie aus Maschinengewehren schlugen ihm die Fragen entgegen. Alle redeten gleichzeitig drauf los, um zu erzählen, was ihnen passiert war."
> *(Interview mit Osvaldo Barros, CEG)*

Wer sich entschloss zu sprechen, sah sich ständig der Gefahr der Konfrontation mit dem eigenen Trauma oder der Traumatisierung der anderen ausgesetzt. Das Sprechen wurde häufig an diese Tatsache angepasst, und es wurden Strategien dagegen entwickelt:

> „Wenn wir mit anderen Leuten darüber sprachen, machten wir das häufig mit viel schwarzem Humor, mit sarkastischen Kommentaren. Statt über die Folter zu sprechen, sprachen wir über andere Dinge: ‚Erinnerst du dich an diesen Trottel? Dieser Alte, der mit dem Offizier über Marxismus diskutierte und ihm erklärte, wer Bakunin war? Und wer der war und wer der war? Dieser alte Depp?' So sprachen wir, um überhaupt irgendwie darüber reden zu können."
> *(Interview mit Osvaldo Barros, CEG)*

Die Überlebenden schufen sich so zunächst private Räume des Sprechens und Zuhörens, die die Kommunikation unter Gleichgesinnten, unter denjenigen, die ähnliche Verfolgungs- und/oder Hafterfahrungen teilten, ermöglichten. Doch auch hier ist es wichtig zu betonen, dass dies ein Schritt war, den keineswegs jeder, tatsächlich vielleicht sogar nur eine Minderheit zu gehen imstande war:

> „Viele *Compañeros* trafen diese Entscheidung: ‚Ich muss mein Leben wieder in Gang bringen, so als ob das alles nicht passiert wäre.' Sie gingen nach Hause und setzten sich ganz allein mit dem Erlebten auseinander: ‚Halt durch und leb dein neues Leben.' […] Viele *Compañeros* haben das über 30 Jahre hinweg so gemacht."
> *(Interview mit Enrique Mario Fukman, 26. 4. 2014)*

Der Austausch mit Gleichgesinnten und die Erkenntnis, dass es Menschen gab, mit denen man dieselben oder ähnliche Erfahrungen teilte, konnten als Initialzündung für den Prozess der Rückeroberung einer eigenen kohärenten Lebensgeschichte wirken. Langfristig kann das Erzählen – und damit die Rekonstitution des Subjekts – aber nur gelingen, wenn sich soziale Räume finden, in denen es auf Resonanz trifft, wenn es von einem Gegenüber reflektiert, wieder aufgenommen und allmählich in so etwas wie einen gesellschaftlichen Diskurs transformiert wird.

Zu einem eigenen Sprechen kann nur in der Auseinandersetzung mit der Sprache der Gesellschaft gefunden werden. Der nächste entscheidende Schritt der Aufarbeitung bestand daher darin, die eigene Geschichte in die Gesellschaft hinauszutragen und dort die diskursive Auseinandersetzung zu suchen. Dazu war es zunächst nötig, das Wort nun auch öffentlich zu ergreifen – was für viele jedoch eine unvorstellbare Überwindung bedeutete:

> „Die Angst trugen wir über viele Jahre in uns. Sie lähmte uns. Sie machte es uns unmöglich, als Scharnier für die Familienangehörigen derjenigen zu dienen, denen wir dort drinnen begegnet waren; ihnen dabei zu helfen, etwas über deren Schicksal zu erfahren. Wir hatten Angst, denn wir wussten ja, dass das ganze System der Repression noch intakt war."
> *(Interview mit Osvaldo Barros, CEG)*

Mario Villani erzählt, dass er eingeladen wurde, Medienvertretern ein Interview zu geben. Aus Angst war er knapp davor abzulehnen. Doch dann wurde ihm plötzlich etwas bewusst:

> „In diesem Moment fragte ich mich selbst: ‚Warum sage ich nein? Was ist mit mir los?' Ich schaute auf beide Seiten, um zu sehen, ob da irgendein Repressor stand, der mir sagte: ‚Vorsicht! Wenn du was sagst, hab ich dich.' Da war aber niemand. In diesem Moment wurde mir klar: Er ist in mir drinnen. Dieser Typ, der den Finger erhebt und mir das sagt, der steckt in mir. Er braucht gar nicht neben mir zu stehen, sie haben ihn in mich hinein verpflanzt. In dem Moment erkannte ich, dass ich immer noch gefangen war."
> *(Interview mit Mario Villani, CEG)*

Um zum öffentlichen Sprechen zu finden, um Anschluss an einen kollektiven gesellschaftlichen Diskurs zu erhalten, musste diese existenzielle Angst – wenn auch nur für einen kurzen, gleichwohl aber entscheidenden Moment – verdrängt werden. Häufig war – wie im Fall Mario Villanis – das Zusammentreffen eines persönlichen Schlüsselerlebnisses mit einer eher allgemeinen gesellschaftlichen oder politischen Entwicklung der entscheidende Impuls, der dies ermöglichte.

> „Ich musste in diesem Augenblick den Rubikon überschreiten. Es war für mich ein Schlüsselmoment, in dem ich erstmals fühlte, dass ich mich von dem Repressor in mir drinnen befreien konnte."
> *(Interview mit Mario Villani, CEG)*

Die Möglichkeit der Anbindung der individuellen Lebensgeschichten der Überlebenden an den gesellschaftlichen Diskurs wurde in den ersten Jahren der Post-Diktatur durch einige Entwicklungen auf politischer Ebene erheblich begünstigt. Die Arbeit der *CONADEP* in den Jahren 1983/84 sowie der Prozess gegen die Mitglieder der Militärjuntas 1985 wirkten als Katalysatoren für die kollektive gesellschaftliche ebenso wie für die individuelle Aufarbeitung der Verfolgungs-, Haft- und Foltererfahrungen der Überlebenden. Sie eröffneten institutionell abgesicherte Räume, in denen das Erzählen der eigenen Geschichte nicht nur möglich, sondern sogar verlangt war und die aufgrund der öffentlichen Aufmerksamkeit, die sie hervorriefen, relativen Schutz vor der Willkür immer noch aktiver Netzwerke der Repressoren boten.[23]

23 Dieser Schutz ist selbst in der Demokratie nicht garantiert, wie der Fall von Jorge Julio López zeigt. López war unter der Diktatur verschleppt und in mehreren CCDTyE interniert worden. 2006 wurde der Prozess gegen den ehemaligen Bundespolizisten Miguel Osvaldo Etchecolatz eröffnet – der erste Prozess gegen einen Funktionär der Militärdiktatur seit Aufhebung der Amnestiegesetze. López war einer der Hauptzeugen. Nicht zuletzt aufgrund seiner Aussagen wurde Etchecolatz zu lebenslanger Haft verurteilt. Kurz nach der Urteilsverkündung verschwand López spurlos. Bis heute ist sein Schicksal ungeklärt.

„Ich spürte erstmals eine Art Befreiung, als ich 1985 im Gerichtsprozess gegen die Angehörigen der Militärjuntas aussagte. Bis dahin hatte ich immer noch sehr viel Angst, dass dasselbe noch einmal passieren könnte, obwohl die Diktatur schon zu Ende war und es eine konstitutionelle Regierung unter Alfonsín gab. Man wusste, dass die Einsatzgruppen nach wie vor auf freiem Fuß waren, dass sie immer noch funktionierten. Sogar während des Verfahrens gegen die Militärkommandanten sah man Angehörige der Einsatzgruppen des Öfteren in den Rängen des Gerichtssaals sitzen. Sie schrien und agitierten, um die angeklagten Diktatoren zu unterstützen."
(Interview mit Osvaldo Barros, 28. 4. 2014)

Die eigene Geschichte konnte in diesem Kontext erstmals als Teil der Geschichte der gesamten Gesellschaft wahrgenommen werden.

„Als die Demokratie zurückkehrte, wurde die *CONADEP* eingesetzt. [...] Für viele bedeutete das, dass sie zum ersten Mal ihre Geschichte in einem institutionellen Rahmen erzählten, nicht mehr nur in dem Grüppchen von Freunden. Die Sache wurde plötzlich zu einem breiten gesellschaftlichen Thema."
(Interview mit Enrique Mario Fukman, 26. 4. 2014)

„Der Prozess gegen die Mitglieder der Militärjuntas war für mich wie eine soziale Wiederauferstehung. Im Zuge dieses Prozesses wurde all das öffentlich, was ich davor erlebt hatte. Bis dahin wussten das nur ein paar wenige."
(Interview mit Osvaldo Barros, CEG)

Wesentliche Motivation waren für viele Überlebende der Wille und die Möglichkeit, das Andenken der ermordeten *Compañeros* zu bewahren und zugleich deren Mörder zur Verantwortung zu ziehen:

„Wir hatten das Gefühl, dass unsere Zeugenaussagen dazu dienen müssten, öffentlich zu machen, mit wem zusammen wir dort gefangen gewesen waren, wo unsere *Compañeros* verblieben waren und was mit den Söhnen und Töchtern derjenigen passiert war, die ‚verschwunden' blieben."[24] *(Interview mit Juan Agustín Guillén, CEG)*

Die *CONADEP* und der Prozess gegen die Juntas hatten weitreichende gesellschaftliche Folgen. Durch sie wurde der Öffentlichkeit erstmals annähernd die gesamte Tragweite der von der Militärdiktatur begangenen Verbrechen deutlich, und erstmals hörte sie auch die Erzählungen der überlebenden Opfer. Die gesellschaftliche Auseinandersetzung mit der Geschichte und dem Erbe der Militärdiktatur dehnte sich in der Folge auch auf andere soziale und politische Räume aus.

„Man wurde an die Universität eingeladen, um dort zu sprechen, an eine Schule, in ein Kulturzentrum, in einen Kreis von Freunden … Auf diese Weise wurde man mit der Zeit ein wenig lockerer. Und dann begann ich, mich für die Frage der Menschenrechte einzusetzen. Und so ging es dann weiter." *(Interview mit Osvaldo Barros, 28. 4. 2014)*

Mit den Amnestiegesetzen der Regierungen Alfonsín und Menem ab Ende der 1980er-Jahre begann der Prozess der gesellschaftlichen Aufarbeitung der Verbrechen der Militärdiktatur langsam wieder zu

24 Guillén nimmt hier Bezug auf die Fälle von Kindsraub. Mindestens 500 schwangere Frauen gerieten in Gefangenschaft und brachten dort ihre Kinder zur Welt. Bevor man sie tötete, nahm man ihnen die Neugeborenen ab. Die Babys wurden meist Familien von Militärs übergeben und wuchsen dort auf. Die meisten leben bis heute, ohne ihre wahre Herkunft zu kennen, vgl. Victoria Donda, Mi nombre es Victoria. Una lucha por la identidad, Buenos Aires 2009; zur Kontroverse um die Frage von „Identität" im Zusammenhang mit verleugneter Herkunft vgl. Gabriel Gatti, „Imposig Identity against Social Catastrofes. The Strategies of (Re)Generation of Meaning of the Abuelas de Plaza de Mayo (Argentina), in: Bulletin of Latin American Research 31 (2002) 3, S. 352–365.

verebben. In dieser Phase war es wichtig, das Erreichte gegen den erneut zunehmenden Opportunismus und die Gleichgültigkeit der Mehrheitsgesellschaft zu verteidigen. Die politischen Entwicklungen der ersten Jahre der Post-Diktatur hatten diskursive und soziale Räume geschaffen, in denen manche Überlebende zum Sprechen hatten zurückfinden können. In den folgenden Jahren gesellschaftlicher Stagnation übernahmen nun einige von ihnen selbst die Rolle von Protagonisten eines Diskurses, der nicht nur dagegen ankämpfte, dass sich diese Räume wieder verschlossen, sondern sogar danach trachtete, sie zu erweitern. Wie mehrfach angesprochen basiert dieser Text auf Gesprächen mit Überlebenden, die nach ihrer Befreiung allmählich wieder zu einer Art politischem Aktivismus zurückfanden, der zugleich Grundlage wie Ergebnis eines individuellen Aufarbeitungsprozesses war: Grundlage, weil sich in den Zirkeln politisch Gleichgesinnter jene Räume ergaben, die das Sprechen ermöglichten; Ergebnis, weil im Zuge dieses Aufarbeitungsprozesses deutlich wurde, wie sehr das individuelle Schicksal mit allgemeinen politischen Entwicklungen in Zusammenhang stand, die die Gesellschaft als Ganze betrafen. Die eigene Geschichte wurde als Aspekt der politischen Geschichte einer ganzen Gesellschaft erkannt und weitererzählt:[25]

> „Der Genozid der Diktatur bringt zwei verschiedene Erfahrungen hervor: die Erfahrung der Lager, aber auch die Erfahrung der Gesellschaft jenseits der Lager. Und die Konsequenzen, die er in Letzterer erzeugte, waren ebenfalls sehr stark, sehr tief greifend – vielleicht sogar noch einschneidender, zwar nicht auf individueller, aber doch auf gesellschaftlicher Ebene."
> *(Interview mit Enrique Mario Fukman, 26. 4. 2014)*

25 Die Bemühungen, soziale Räume des Sprechens und Zuhörens zu schaffen, innerhalb derer sich Kollektive in Auseinandersetzung mit der eigenen Geschichte als neue politische Akteure herausbilden können, teilten und teilen die Überlebenden mit anderen direkt von der Gewaltpolitik der Militärdiktatur betroffenen gesellschaftlichen Gruppen, wie etwa den Müttern und den Söhnen und Töchtern der „Verschwundenen".

Der individuelle Aufarbeitungsprozess eines Teils der Überlebenden transformierte sich so selbst zu einem wesentlichen Motor der kollektiven Auseinandersetzung der argentinischen Gesellschaft mit ihrer Geschichte. Zentral ist in diesem Zusammenhang die Rolle der *Asociación de Ex Detenidos Desaparecidos* (AEDD).

Für viele Überlebende – und für die meisten Interviewees des hier zugrunde gelegten Samples – fungierte sie als genau jenes Instrument, das es ihnen ermöglichte, die skizzierten Schritte einer persönlichen Aufarbeitung zu vollziehen: die Angst ablegen; einen privaten Raum des Sprechens und Zuhörens finden; einen Diskurs formen, der die individuelle Erfahrung zur politischen Geschichte der Gesellschaft in Bezug setzt:

> „Eine Sache ist es, wenn man alles zu Hause für sich allein verarbeiten muss. Eine andere Sache ist es aber, wenn diese Aufarbeitung im Rahmen eines Kollektivs stattfindet, gemeinsam mit deinen Compañeros, in diesem Fall der *Asociación de Ex Detenidos Desaparecidos*. Die Aufarbeitung ist dann keine statische Angelegenheit mehr wie das Sofa eines Psychoanalytikers, sondern sie ist Teil einer politischen Praxis. Sie ist eine Aufarbeitung auf gesellschaftlicher Ebene im Austausch mit unterschiedlichen gesellschaftlichen Sektoren."
> *(Interview mit Enrique Mario Fukman, 26. 4. 2014)*

Einige Überlebende haben – vor allem über die AEDD als ihr Sprachrohr – auf diese Weise in den letzten Jahren zu einem neuen kollektiven Selbstbewusstsein (zurück)gefunden. Die Stimme, die sie für sich zurückerobert haben, setzen sie dafür ein, den sozialen Diskurs über die jüngere argentinische Geschichte in Gang zu bringen und zu prägen. Eine wichtige Funktion hat darin jenes besonders von der AEDD propagierte Konzept, das den Staatsterror der Militärs als Genozid verstanden wissen will.

In einigen Interviews kommt dieses Konzept explizit zum Ausdruck:

„Was uns antreibt, ist die Gewissheit, dass es sich bei dem, was in Argentinien vorgefallen ist, um einen Genozid handelte. Seit Wiederbeginn der Gerichtsprozesse haben wir uns für diese Sichtweise eingesetzt. Im Zuge der neuen Prozesse, mit all den neuen Zeugenaussagen, die von der Massivität der Verbrechen berichten, [...] lässt sich erkennen, wie sich die Auslöschung der politischen Gruppen in Argentinien Schritt für Schritt vollzog. Das führt uns zu dem Schluss, dass es sich um einen Genozid handelte. Und dafür sollten die Verantwortlichen auch angeklagt und verurteilt werden – nicht weil sie Geld gestohlen, oder – im schlimmsten Fall – schwangere Frauen umgebracht und ihre Kinder gestohlen haben. Das sind einzelne Delikte, aber das, was im Großen stattfand und wofür man sie anklagen und verurteilen muss, das war ein Genozid."
(Interview mit Carlos Lordkipanidse, 23. 4. 2014)

Man mag zwar die Standpunkte der AEDD – wie etwa im Fall der Frage, ob es sich bei den Verbrechen der argentinischen Militärdiktatur um einen Genozid handelte – nicht immer teilen.[26] Tatsache ist aber, dass sie als Zusammenschluss von Überlebenden wesentlichen Anteil daran hat, dass individuelle Verfolgungs- und Hafterfahrungen in einen gesellschaftspolitischen Diskurs überführt wurden, der im Argentinien der Gegenwart ein gewisses Gewicht hat und die sozialen, politischen und selbst wissenschaftlichen Debatten mit prägt. Mit der AEDD ist es den Überlebenden gelungen, sich nicht nur wieder als Subjekte ihrer eigenen Geschichte einzusetzen, sondern als solche auch Einfluss auf die Gegenwart und Zukunft der Gesellschaft, in der sie leben, zu nehmen.

26 Eine Diskussion des Konzepts des Genozids und dessen Anwendung auf den Fall Argentinien ist hier nicht möglich. Dafür sei auf die Arbeiten von Daniel Feierstein verwiesen, insbesondere: Feierstein, El genocidio como práctica social.

„Ein wichtiges Ergebnis unseres mehr als drei Jahrzehnte andauernden Widerstands ist, dass wir es geschafft haben, kleine Marksteine zu setzen, um die herum sich langsam eine Art gesellschaftlicher Erinnerung aufbauen konnte, die sich der offiziellen Geschichtsschreibung widersetzt und auf deren Basis künftige Generationen das gesellschaftliche Gefüge allmählich wiederherstellen können."
(Interview mit Enrique Mario Fukman, 26. 4. 2014)

Vielen Überlebenden der nationalsozialistischen Konzentrationslager indes wurde die Einflussnahme auf den gesellschaftlichen Diskurs in weitaus geringerem Maß zugestanden. Als „Opfer" wahrgenommen, blieb einem Großteil von ihnen der Status von Subjekten ihrer eigenen Geschichte verwehrt,[27] und wer in den postnazistischen Gesellschaften noch nicht einmal als „Opfer" anerkannt wurde (wie die „Asozialen", die „Kriminellen", Homosexuelle, Deserteure, …), fand sich nicht nur seines Status als Subjekt, sondern überhaupt seiner Geschichte beraubt.

Dass es stets die anderen waren, die die Geschichte, Gegenwart und Zukunft eines Großteils der Überlebenden der Konzentrationslager verhandelten, betont auch Ruth Klüger, wenn sie konstatiert,

27 Eine Ausnahme bilden hier häufig die politischen Häftlinge, deren Verfolgungs- und Haftgeschichten in verschiedenen Nachkriegsgesellschaften für deren jeweilige politische Zielsetzungen vereinnahmt wurden. Hier kann nicht nur auf den bekannten Selbstlegitimationsdiskurs etwa der DDR verwiesen werden, sondern auch auf die Vereinnahmung der ehemaligen politischen Häftlinge – und die weitgehende Verdrängung aller anderen Häftlingsgruppen aus dem Erinnerungsdiskurs – zur Selbstinszenierung Österreichs als „erstes Opfer des Nationalsozialismus", vgl. Christian Dürr, Von Mauthausen nach Gusen und zurück. Verlassene Konzentrationslager – Gedenkstätten – traumatische Orte, in: Daniela Allmeier/Inge Manka/Peter Mörtenböck/Rudolf Scheuvens (Hrsg.), Erinnerungsorte in Bewegung. Die Neugestaltung des Gedenkens an Orten nationalsozialistischer Verbrechen, Bielefeld 2016, S. 144–165.

„daß die Überlebenden der KZ entweder als unverlässliche Zeugen ausgegrenzt werden (weil sie angeblich zu befangen sind und zu viele Fehler machen) oder, umgekehrt, so unbekümmert, als hätten sie noch immer kein Recht auf ihre ureigene Identität, mit Beschlag belegt werden. [...] Man wird nicht zum Zeugen, sondern zum Rohmaterial. Der denkende Mensch, der dahinter steckt und sein Leben bewältigt, ist nebensächlich. Unsere Fähigkeit, Geschehenes von Erinnertem zu unterscheiden, wird in Frage gestellt. Wir sind dann nur noch Dokumente, lebende Dokumente, die andere lesen und deuten müssen. Es entsteht eine Art von Zuhören, die sich völlig deckt mit ihrem Gegenteil, dem Nicht-zuhören-wollen."[28]

Was die Überlebenden der argentinischen CCDTyE, die nach ihrer Gefangenschaft zum Sprechen zurückgefunden haben, dagegen kollektiv erreicht haben, ist die Tatsache, dass ihr Diskurs den Blick auf Vergangenheit, Gegenwart und Zukunft der argentinischen Gesellschaft aktiv mit gestaltet, ja dass er zum Teil sogar konstitutiv dafür ist. Bestes Beispiel sind die seit der politischen Wende 2003 wieder aufgenommenen Prozesse gegen die direkten Täter ebenso wie gegen die intellektuellen Verantwortlichen und die ökonomischen Profiteure der Diktatur. Ohne die Aussagen der Überlebenden, die neben den Repressoren zumeist die Einzigen sind, die über die Vorgänge in den CCDTyE und die Schicksale der Verschwundenen Bescheid wissen, könnte heute weder dieser Teil der argentinischen Geschichte geschrieben, noch könnten die Täter zur Verantwortung gezogen werden.[29] Zugleich eröffnen diese Prozesse jene notwendigen Räume, in denen die Aussagen

28 Ruth Klüger, Von hoher und niedriger Literatur, in: dies., Gelesene Wirklichkeit: Fakten und Fiktionen in der Literatur, Göttingen 1996, S. 29–67, hier S. 58 f.

29 Die Archive, die ebenfalls Auskunft geben könnten, konnten bis heute kaum aufgespürt werden. Entweder sind sie längst vernichtet, oder sie werden in den nach wie vor von den von Korpsgeist geprägten Strukturen in Militär und Polizei unter Verschluss gehalten.

zusammengetragen, zu einer konsistenten Geschichte verbunden und mit einer Relevanz versehen werden, die normativ auf das Selbstverständnis der gesamten Gesellschaft rückwirkt:

> „Ohne unsere Zeugenschaft würde es die Prozesse gar nicht geben. Es könnte sie nicht geben, weil ohne Überlebende die Mütter und Väter der Entführten die einzigen Zeugen wären. Die einzige Erzählung, die es dann gäbe, wäre, dass eines Tages ein Trupp das Haus stürmte und den Sohn oder die Tochter mitnahm. […] Und vielleicht noch wie viele Autos es waren, ob es Schüsse gab … Aber das wäre schon alles. Was danach geschah, das wüssten nur die Entführer. […] Die Überlebenden erfüllen in den aktuellen Prozessen ihre moralische Verpflichtung als politische Aktivisten, indem sie Zeugnis ablegen. Und deswegen kann etwa jemand wie Astiz[30], wenn er gefangen genommen wird, zu lebenslang verurteilt werden, weil es da einen Zeugen gibt, der aussagt, dass Astiz es war, der ihn entführte und folterte und der darüber hinaus auch noch andere entführte und folterte. […] Ohne diesen Zeugen gäbe es diese Möglichkeit nicht.“ *(Interview mit Carlos Lordkipanidse, 23. 4. 2014)*

So sehr die Überlebenden mit ihren Aussagen Einfluss auf das Selbstverständnis und die weitere Entwicklung der gesamten Gesellschaft nehmen, so gering bleiben meist die Erwartungen hinsichtlich der Verarbeitung der eigenen traumatischen Vergangenheit. Die Erfahrung von

30 Alfredo Ignacio Astiz war während der Militärdiktatur Mitglied der Einsatzgruppen der *ESMA*. Im Falkland-Krieg nahmen ihn britische Streitkräften gefangen und lieferten ihn trotz geltender Haftbefehle in anderen Ländern nach Argentinien aus. Ein französisches Gericht verurteilte ihn 1990 in Abwesenheit zu einer lebenslangen Haftstrafe wegen seiner Beteiligung am „Verschwindenlassen“ französischer Staatsbürger. Aufgrund der Amnestiegesetze konnte er wieder in den Marinedienst zurückkehren, nach deren Aufhebung aber verurteilte ihn im Jahr 2011 ein argentinisches Gericht zu lebenslanger Freiheitsstrafe.

Entführung, Inhaftierung und Folter war für die Opfer im Wesentlichen eine der Zerstörung von Sinn. Sie waren „einem Regime der Unsichtbarkeit, der verleugneten Wahrheit, der ausgelöschten Körper, der unmöglichen Dinge, der Räume des Ausnahmezustands" unterworfen worden. Die Figur des „Verschwundenen" „wandelt entlang der Grenze zum Unmöglichen".[31] Dass für die Gefangenen der CCDTyE jeglicher Referenzrahmen gesellschaftlich bedeutsamen Handelns systematisch zerstört wurde, hat, wie Amos Goldberg betont, gravierende Folgen:

> „The greatest catastrophe that is implicit in the traumatic encounter is the potential eradication of the entire grid of meaning, or, to put it differently, the point when the subject is left with no relevant cultural, historical, or personal context from which to work through the trauma. At such a point, the victim either cannot speak or his or her speech has absolutely no meaning; the victim has been silenced."[32]

Der Verlust eines solchen Referenzrahmens beraubte die Gefangenen in letzter Konsequenz jeglicher Möglichkeit, die Einheit ihrer selbst als Subjekte zu bewahren. Die Erzählungen, die diese zerstörte Geschichte zu fassen versuchen, bleiben daher notwendigerweise immer brüchig und unvollständig. Sie verweisen auf eine Leerstelle im erzählenden Subjekt, die nie mit positivem Sinn gefüllt werden kann:

> „Die Erzählung vermittelt ein Schweigen, sie kommuniziert, was man nicht aussprechen kann, sie ist das Aussetzen des Diskurses. Sie schafft ‚das Paradox eines hörbaren Schweigens' […]. Die Erzählung ist also die Spannung, die zwischen der Wirklichkeit und ihren Darstellungen entsteht, wenn die Darstellung unmöglich wird."[33]

31 Gatti, Las narrativas del detenido-desaparecido, S. 28 (Übers. C. D.).

32 Goldberg, Trauma, Narrative, and the Two Forms of Death, S. 134.

33 Gatti, Las narrativas del detenido-desaparecido, S. 36 (Übers. C. D.).

Auch wenn das der explizite Gehalt der Erzählungen der Überlebenden nicht immer durchblicken lässt – in letzter Konsequenz zeugen sie doch immer von einer nie ganz zu schließenden Kluft zwischen dem Erzähler als Subjekt und dem Subjekt der erzählten Geschichte. In den Berichten der Überlebenden wird in jedem Moment die Anstrengung offenbar, diese beiden Subjekte so weit wie möglich wieder einander anzunähern. Das Bewusstsein der Unmöglichkeit, diese subjektive Diskrepanz einmal gänzlich überwinden zu können, lässt nur eine Hoffnung: sich selbst und dem, der man einmal war, in der eigenen Erzählung langsam wiederzubegegnen.

> „Niemand konnte sofort wieder derselbe Mensch sein, der er vorher gewesen war, mit demselben unbedingten Einsatz für eine politische Sache. Das war einfach nicht möglich. Erst viel später begann ich, mich selbst langsam wiederzufinden, und ich weiß nicht recht, ob ich wieder zu demselben geworden bin, der ich war, aber zumindest zu jemandem, der demjenigen sehr ähnlich ist. Ich habe wieder begonnen, mich für Dinge einzusetzen, eine Idee zu verfolgen und sie voranzutreiben.“ *(Interview mit Osvaldo Barros, 28. 4. 2014)*

Versuch eines Schlusses: Disziplin, Kontrolle und das Dispositiv des „Verschwinden-Lassens"

„Oft fiel es mir schwer einzuschlafen. Ich war überwältigt von einem unbezwingbaren Verlangen nach Ruhe und Einsamkeit. Also stellte ich mir vor, mich abzugrenzen. Ich ließ rings um mich eine riesige Mauer wachsen aus vier Wänden, die ein kleines Feld umschlossen, auf dem ich rücklings lag. Vier türenlose Wände, zwischen ihnen war ich sicher."
Lodovico Barbiano di Belgiojoso über seine Haft im KZ Gusen[1]

„Ich war damals in sehr schlechtem Zustand ... so lange Zeit in Einsamkeit und in dieser Isolation, die ich immer stärker zu spüren begann. [...] Als [der Wachmann] sich mir näherte, ergriff ich seine Hand. Ich ergriff sie so fest [...], nicht um um Gnade zu flehen, sondern um in Kontakt mit dem Menschsein zu kommen."
Margarita Cruz über ihr „Verschwundensein" in der Escuelita de Famaillá[2]

Das nationalsozialistische Konzentrationslager ist ein Ort zur Entsorgung des gesellschaftlichen „Ausschusses", ihres „überflüssigen und störenden Rests". Dieser Rest wird durch die Bewegungen der Gesellschaft

1 Lodovico Barbiano di Belgiojoso, Notte, nebbia. Racconto di Gusen, Parma, Guanda, 1996, zitiert nach: Gabriele Pflug, Notte, nebbia. Erinnerungen des italienischen Widerstandskämpfers Lodovico Barbiano di Belgiojoso an das KZ Gusen. Übersetzung, Glossar und literaturwissenschaftliche Analyse, Diplomarbeit, Salzburg, Dipl.-Arb., 2002, S. 33.

2 Interview mit Margarita Cruz, CEG.

selbst in dem Maß, in dem diese Ordnung und Gestalt annimmt, erst hervorgebracht und sichtbar gemacht. Er ist nicht geheim, er muss nicht „bei Nacht und Nebel“ einfach zum Verschwinden gebracht werden, als ob es ihn nie gegeben hätte. Er wird vielmehr offen aus der Gesellschaft „abgeschöpft“ und im KZ deponiert. Das KZ wiederum ist wie das Zerrbild einer Gesellschaft. Im KZ wird die Masse der Gefangenen, wie Lodovico Barbiano di Belgiojoso es beschreibt, zu einer Art Lebewesen verdichtet, über das die Einzelnen selbst keine Kontrolle mehr haben:

> „Nach dem Lärm, den hundert Personen veranstalten, wenn sie sich unter Schimpfen und Fluchen in zwanzig Sprachen in den Stockbetten zusammendrängen, wurde jeden Abend Befehl zur Ruhe gegeben und das Licht gelöscht. [...] Später, wenn nach und nach die Leute einschliefen, begann ein Konzert aus Geschnaufe und Gezisch, aus Hustenanfällen, Rülpsen und Furzen, ein Geschnarche und Gesäge in mehreren Tonlagen, leises Klagen, Schluchzen und Schimpfen. [...] Diese Geräusche drangen aus 100 Körpern und verquickten sich zu einem einzigen, schrecklichen Ton, erzeugt wie von einem riesigen, abscheulichen Wesen, das sich im Dunkeln verkrochen hatte.“[3]

Im Konzentrationslagern regieren Mangel und Konkurrenz, die den Existenzdruck auf die Gefangenen bis ins Extreme maximieren und die „Häftlingsgesellschaft“ als Gesellschaft zur Implosion bringen. Im KZ verwirklicht die SS das Prinzip der „natürlichen Auslese“ der „nicht Lebensfähigen“, das die Gefangenen auf ihr „nacktes Leben“ (Agamben), auf ihre rein physische Existenz reduziert.[4] Das KZ ist

3 Lodovico Barbiano di Belgiojoso, Notte, nebbia, zitiert nach: Gabriele Pflug, Notte, nebbia, S. 32 f.

4 In den der Inspektion der Konzentrationslager (IKL) unterstehenden KZ kam die überwiegende Mehrheit der Gefangenen nicht durch gezielte Tötungsaktionen ums Leben, sondern durch das, was der SS als „natürliche Todesursachen“ galt, was aber dennoch nicht weniger intentional war. Die meisten

nicht dazu da zu disziplinieren oder zu resozialisieren. Es wendet zwar seiner äußeren Form nach Methoden der Disziplin an (der Appell, die Arbeitskolonnen, die Disziplin im „Block" bis hin zum „Bettenbau" etc.) und füllt Zeit und Raum vollständig mit ihnen aus. Doch letztlich dienen diese Methoden nur dazu, die Gefangenen daran zugrunde gehen zu lassen. Das KZ will in ihnen keine andere Bewegung in Gang setzen als die zum Tode hin, ein langsames Dahinscheiden, das seitens der SS kontrolliert und immer wieder auch beschleunigt wird. Das KZ mit seinen spezifischen Methoden der Macht und Unterwerfung ist die Kehrseite des Lebens der Gesellschaft, die es hervorbringt.

Das CCDTyE bildet nicht deren Kehrseite, es erschafft vielmehr einen Ort fernab jeder Gesellschaft. Um mit Enrique Mario Fukman zu sprechen, könnte dieser Ort genauso gut im All liegen oder irgendwo unter der Erde. In der Erfahrung der Überlebenden ist das CCDTyE ein Ort, an dem Gesellschaft, Sozietät als solche, nichts gilt und nicht existiert. Es ist ein Ort, an dem ein Moment des Schreckens, des Schocks angesichts eines katastrophischen Ereignisses in Richtung Ewigkeit hin ausgedehnt werden soll.[5] Während das KZ seine Gefangenen allmählich

starben einen „bewusst provozierten ‚hinausgezögerten Tod' […], welcher der chronischen Unterernährung ebenso geschuldet war wie den katastrophalen hygienischen Bedingungen und grassierenden Seuchen, den täglichen Quälereien, der kräfteraubenden Arbeit oder den mörderischen Arbeitsumständen." Dürr/Lechner, Töten und Sterben im Konzentrationslager Mauthausen/Gusen.

5 Diese in den Erzählungen der Überlebenden zum Ausdruck gebrachte Erfahrung des Schocks entspricht den objektiven Zielen der Folterer. Dies wird etwa anhand eines 1963 herausgegebenen Leitfadens der CIA zur Durchführung von Verhören deutlich, in dem es heißt: „There is an interval – which may be extremely brief – of suspended animation, a kind of psychological shock or paralysis. It is caused by a traumatic or sub-traumatic experience which explodes, as it were, the world that is familiar to the subject as well as his image of himself within that world." Central Intelligence Agency, Kubark Counter Intelligence Interrogation, July 1963, http://nsarchive.gwu.edu/NSAEBB/NSAEBB122/index.htm#kubark; zitiert in: Klein, The Shock Doctrine, S. 16.

verbraucht, sie „aussaugt“ und Schritt für Schritt ohne Lebenskraft zurücklässt, befinden sich die „Verschwundenen“ des CCDTyE wie in dauerhafter Schockstarre. Jegliche Welt um sie herum ist ausgeschaltet. Sie sind „bei Nacht und Nebel“ entführt worden und von einem Augenblick auf den anderen aus der Welt und der Gesellschaft verschwunden. Für eine Minderheit dieser „Verschwundenen“ kann sich jedoch ein möglicher Weg zurück eröffnen, ein Schlitz, durch den hindurch die Welt und die Ahnung von so etwas wie Gesellschaft wieder sichtbar werden; eine Nische, in der Fragmente sozialer Beziehungen zu wirken beginnen. Eines Tages kann es dann passieren, dass irgendwo auf der Welt ein Telefon klingelt, durch das die Stimme eines oder einer „Verschwundenen“ spricht. Er oder sie spricht von einem Ort aus, der für die Gesellschaft jenseits ihrer Vorstellungskraft liegt, ein Ort, mit dem man besser nicht in Berührung kommen und zu dem man Distanz halten sollte. Der oder die „wiederaufgetauchte Verschwundene“ ist die lebendige Botschaft dieses Ortes an alle anderen. Während die nationalsozialistische Gesellschaft sich in der Figur des KZlers spiegelt und in ihm all das sieht, was sie selbst nicht ist, ist das Gespenst des „Verschwundenen“ für die Gesellschaft der argentinischen Militärdiktatur das Symbol ihrer Versehrtheit, ihrer Verletzlichkeit und ihrer Ausgeliefertheit in letzter Instanz an eine undefinierte und undefinierbare „höhere Macht“.

Für den ehemals „Verschwundenen“ und die ehemals „Verschwundene“ dagegen, die die lebendige Erinnerung an diesen Ort außerhalb der Gesellschaft weiterhin in sich tragen, ist das Stück Gesellschaft und das Stück Freiheit, das sie wiedergewonnen haben – so begrenzt es angesichts der fortbestehenden Überwachung und der unsichtbaren, aber permanenten Präsenz der Repressoren auch sein mag – jener Raum, in dem ein Leben wieder möglich werden kann. Die Ahnung oder die Gewissheit, dass sie von einem Moment auf den anderen aus dieser Welt auch wieder verschwinden könnten, das Gefühl der Unsicherheit und Furcht, das daraus entsteht, bringen in ihnen Mechanismen der Selbstbeschränkung und Selbstkontrolle zum Wirken.

Der theoretische Ausgangspunkt der Arbeit war Michel Foucaults Konzept der modernen Disziplinargesellschaft, und hier möchte ich an ihrem Schluss auch wieder ansetzen. Wie lassen sich das Bild, das ich von den CCDTyE der argentinischen Militärdiktatur zu zeichnen versucht habe, und jenes, das sich im Kontrast dazu von den nationalsozialistischen KZ ergibt, zu Foucaults Konzepten in Beziehung setzen? Was haben CCDTyE und KZ mit der Disziplinargesellschaft zu tun? Wo weisen sie darüber hinaus und machen andere Erklärungsansätze nötig? Und schließlich: Welche Erklärungsansätze könnten das sein?

Die Disziplinargesellschaft ist nach Foucault durchzogen von verschiedenen „Einschließungsmilieus" – den disziplinären Institutionen –, die einander ergänzen, sich ineinander verschränken und einander ablösen und die die Individuen von einer zur nächsten weiterreichen. Diese modernen Einschließungsmilieus – zu denen die Fabrik ebenso gehört wie die Familie, die Schule, die Klinik, die Kaserne und nicht zuletzt das Gefängnis – haben das Ziel, die Individuen und ihre Körper nutzbar zu machen: Eines ihrer zentralen Anliegen ist „die Schaffung eines Verhältnisses, das in einem einzigen Mechanismus den Körper umso gefügiger macht, je nützlicher er ist und umgekehrt".[6] Die Methode, die die Disziplin dabei verfolgt, ist, die Körper auseinanderzunehmen und sie danach in Raum und Zeit neu zusammenzusetzen, wodurch sie sowohl kontrolliert als auch in ihrer Produktivität gesteigert werden: „konzentrieren; im Raum verteilen; in der Zeit anordnen; im Zeit-Raum eine Produktivkraft zusammensetzen, deren Wirkung größer sein muss als die Summe der Einzelkräfte".[7] „Die Disziplin ist festsetzend; sie bringt Bewegung zum Stillstand oder unter Regeln; sie löst Verwirrungen und kompakte Zusammenballungen in sichere Kreisläufe und kalkulierte Verteilungen auf."[8]

6 Foucault, Überwachen und Strafen, S. 176.

7 Deleuze, Postskriptum über die Kontrollgesellschaften, S. 254.

8 Foucault, Überwachen und Strafen, S. 281 f.

Die Disziplin versucht, die Körper durch Abrichtung und Observation in eine raum-zeitliche Form zu bringen.[9] Doch jede Form hat notwendigerweise auch ihr Außen. Foucault wies bereits darauf hin, dass jede disziplinäre Institution „als Unterschied zu allen übrigen Unterschieden [gemeint ist die Differenzierung der Individuen innerhalb der disziplinären Ordnung] [...] schließlich die äußere Grenze gegenüber dem Anormalen" zieht.[10] Im Fall der Disziplin ist das „Anormale" all das, was sich ihrem Zugriff widersetzt, sich weder einschließen noch verteilen, noch prüfen, noch messen lässt und das daher dem disziplinären Paradigma der individuellen „Entwicklung" widerstrebt.[11] Deshalb wird es an einen Ort außerhalb des disziplinären Milieus verbannt. Die disziplinären Institutionen, ja die Disziplinargesellschaft als Ganze, reproduzieren nicht nur permanent sich selbst, sondern ebenso ein Außen, eine Art „Abfallprodukt", einen störenden Rest. In dieses Außen sind all jene Antagonismen[12] ausgelagert und verdinglicht, für die im homogenen Inneren der Disziplinargesellschaft kein Platz ist.

9 Deleuze nennt die disziplinären Einschließungen auch „Gussformen". Gilles Deleuze, „Postskriptum über die Kontrollgesellschaften", S. 254.

10 Foucault, Überwachen und Strafen, S. 236. Foucault nennt als Beispiel etwa die sogenannten Schandklassen der *école militaire*.

11 „Die Disziplinarverfahren bringen eine lineare Zeit zur Erscheinung, deren Momente sich ineinander verschränken und die sich auf einen fixen Zeitpunkt ausrichtet. Es handelt sich um ‚evolutive' Zeit. Und es ist daran zu erinnern, dass damals die Kontrolltechniken der Administration und der Wirtschaft eine gesellschaftliche Zeit serieller, gerichteter und kumulativer Art zur Geltung brachten: Entdeckung einer Evolution als ‚Fortschritt'." Foucault, Überwachen und Strafen, S. 207.

12 Ich verwende den Begriff im Sinne von Ernesto Laclau, vgl. Laclau, New Reflections on the Revolution of Our Time, S. 5–41; Ernesto Laclau/Chantal Mouffe, Hegemony and Socialist Strategy. Towards a Radical Democratic Politics, London/New York 1985, S. 122–127. Laclau spricht etwa von „the intrinsic negativity of all antagonisms, which prevents us from fixing it a priori in any positive theorization about the ‚objectivity' of social agents". Laclau, New Reflections on the Revolution of Our Time, S. 4.

Das Politische, das der Technologie der Disziplinarordnung lediglich als Störung gilt, ist auf die Dichotomie zu diesem Außen reduziert. Die Abgrenzung zu diesem wird zum politischen Akt par excellence, während im Innern der Gesellschaft nur mehr das wirkt, was Foucault „politische Technologien“[13] nannte, eine entpolitisierte Form gesellschaftlicher Verwaltung.

Der Ort dieses Außen, das sich „jenseits der Disziplin“[14] bewegt, ist das KZ – „ein Instrument der sozialen Diskrimination und des Todes“.[15] Das KZ ist ein konkreter Ort. Es ist sichtbar und es macht sichtbar. Seine innere Struktur und seine Funktionsweise machen es gewissermaßen zum negativen Abbild des disziplinären Einschließungsmilieus. Die der Disziplin entlehnten Methoden des KZ zielen weniger darauf ab, die Körper nutzbar zu machen, als sie einzusperren, ihre freien Bewegungen und Verbindungen zu unterbinden und zu begrenzen.[16] Es setzt die Körper nicht zu einer funktionierenden Maschine zusammen, sondern konglomeriert sie zur unartikulierten Masse, die nur durch die äußere Grenze zusammengehalten wird, die die SS ihr aufzwingt (die Lagermauer, die „Postenkette“, der „Block“, die Marschkolonne, die Appellformation). Die Gliederung des Raums im KZ durch „Zonierung“[17] hat

13 „Politische Technologien dringen vor, indem sie ein eigentlich politisches Problem aufgreifen, es aus dem Bereich des politischen Diskurses herauslösen und es in der neutralen Sprache der Wissenschaft neu stellen. Ist das geschehen, werden die Probleme zu technischen, die die Fachleute angehen.“ Hubert L. Deyfus/Paul Rabinow, Michel Foucault. Jenseits von Strukturalismus und Hermeneutik, Weinheim 1994, S. 228.

14 Vgl. Christian Dürr, Jenseits der Disziplin. Eine Analyse der Machtordnung in nationalsozialistischen Konzentrationslagern, Wien 2004.

15 Sofsky, Die Ordnung des Terrors, S. 69.

16 Ein mögliches Gegenargument für diese These wäre der Verweis auf den sogenannten Funktionswandel der Konzentrationslager ab 1942. Ich glaube aber nicht, dass sich die grundlegende Machtordnung in den KZ durch diese Entwicklung grundsätzlich änderte. Für die entsprechende Argumentation sei hier auf S. 47, Fußnote 28 verwiesen.

17 Vgl. Sofsky, Die Ordnung des Terrors, S. 61–69.

nichts zu tun mit den Parzellierungen, Verteilungen und Funktionsstellen[18] der disziplinären Institutionen. In Letzteren definiert zwar der Raum die in ihm verteilten Subjekte, umgekehrt definieren diese Subjekte aber auch den Raum, in dem sie sich befinden: durch ihre Handlungen, ihre Funktionen, ihren Status. Anders im KZ, das „Raum als Handlungs- und Lebensraum" zerstört und in dem der Mensch „nurmehr ein Objekt im Raum" ist.[19] Auf ähnliche Weise gilt im KZ nicht das Prinzip einer linearen und evolutiven Zeit (vermittelt durch die Techniken der Übung und Prüfung),[20] sondern jenes einer zirkulären zwanghaften Wiederholung des ewig Gleichen. Es „zerstört die Kontinuität der inneren Zeit, kappt die Verbindungen zwischen Vergangenheit und Zukunft, sperrt die Menschen in einer ewigen Gegenwart ein".[21] Das Dispositiv des KZ dringt nicht wie die Disziplinarmacht in die Körper ein, sondern umschließt sie von außen. Es nimmt Anleihe an der Form disziplinärer Herrschafts- und Überwachungstechniken, entleert sie aber ihres Zwecks, der Disziplinierung. Die Maßnahme ohne Ziel verkommt im KZ zum reinen Selbstzweck.[22]

Während das Gefängnis die Körper nutzbar machen will, während das KZ den gesellschaftlichen „Rest" abschöpfen und auf den Weg zum Tod bringen will, will das CCDTyE die Subjekte in einen dauerhaften Schock versetzen. Mit seinen Methoden der Isolation verbannt es sie aus Raum und Zeit. Und nur manchmal eröffnet es ihnen einen Weg zurück in die Welt – unter der Bedingung, dass deren Grenzen von nun an einer äußeren wie inneren Kontrolle unterliegen. Im Unterschied zum Gefängnis und zum KZ, die beide – wenngleich im Fall des KZ in invertierter Form – auf die Disziplin verweisen, scheint mir dem CCDTyE ein anderes Machtdispositiv zugrunde zu liegen: jenes der Kontrolle. Am Ende dieser Arbeit möchte ich daher den Versuch

18 Vgl. Foucault, Überwachen und Strafen, S. 183–187.

19 Sofsky, Die Ordnung des Terrors, S. 61.

20 Vgl. Foucault, Überwachen und Strafen, S. 207 f.

21 Sofsky, Die Ordnung der Terrors, S. 88.

22 Vgl. Dürr, Jenseits der Disziplin, S. 144–152.

unternehmen, das CCDTyE in Bezug auf das Konzept der Kontrollgesellschaft zu verorten.

Gilles Deleuze skizziert die Kontrollgesellschaft als die paradigmatische Gesellschaftsform des postmodernen/postfordistischen Kapitalismus, dessen wirtschaftspolitische Artikulationsform der Neoliberalismus ist.[23] Während das Ziel der Disziplinargesellschaft die Implementierung einer Form und einer Struktur ist, so hat sich die Kontrollgesellschaft von Formen und Strukturen unabhängig gemacht: „Die Einschließungsmilieus sind unterschiedliche Formen, Gussformen, die Kontrollen jedoch sind eine Modulation, sie gleichen einer sich selbst verformenden Gussform, die sich von einem Moment zum anderen verändert."[24] Die Disziplinargesellschaft und ihre Einschließungsmilieus wollen einen konkreten Wert schaffen oder steigern: die Fabrik will die Produktivkraft steigern; die Kaserne die Kampfkraft der Truppe; die Schule will gebildete Menschen hervorbringen und das Gefängnis selbstkontrollierte Individuen. Die Stabilität des Systems ist davon abhängig, inwieweit diese Institutionen die gesamte Gesellschaft zu durchdringen vermögen.

Mit dem, was Deleuze als Kontrollgesellschaft beschreibt, kommt es zu einem qualitativen Sprung dieses Konzepts: Die Form der Institution wird zur Meta-Form und die Stabilität des Systems zur Meta-Stabilität, eine Stabilität, die nicht mehr auf der Permanenz einer Form basiert, sondern darauf, dass die Veränderbarkeit der Form definierbaren Regeln (in diesem Fall: der Verwertung) folgt. Ausdruck dieser Meta-Form ist die Ware, und die Meta-Stabilität besteht im Prinzip der

23 Gilles Deleuze, Postskriptum über die Kontrollgesellschaften, in: ders., Unterhandlungen. 1972–1990, Frankfurt a. M. 1993, S. 254–262; den Begriff des Postfordismus verwende ich vor allem in Anlehnung an: Joachim Hirsch, Vom Sicherheitsstaat zum nationalen Wettbewerbsstaat, Berlin 1998; siehe auch Alessandro Di Giorgi, El gobierno de la excedencia. Postfordismo y el control de la multitud, Madrid 2006 (insbesondere S. 87–110).

24 Deleuze, Postskriptum über die Kontrollgesellschaften, S. 256.

Verwertung des Werts.[25] In einem von Über-Akkumulation geprägten Spätkapitalismus kann und muss *alles* zur Ware werden können. So lange das der Fall ist, ist die Stabilität der Wertverwertung und damit des Systems gesichert. Die disziplinären Institutionen geraten in die Krise. Die fordistische Fabrik – als paradigmatische disziplinäre Institution – wird in der Kontrollgesellschaft vom „Unternehmen" abgelöst. Das Unternehmen ist für Deleuze nicht wie die Fabrik ein „Körper, sondern eine Seele, ein Gas".[26] Sie produziert keinen Gegenstand mehr, sondern einen Wert, der verschiedenste gegenständliche Formen annehmen kann. „Zum Zentrum, zur ‚Seele' des Unternehmens ist die Dienstleistung des Verkaufs geworden."[27] Ebenso ist die Einheit, aus denen sich das Unternehmen zusammensetzt, nicht mehr länger jenes Individuum, dessen Körper gelehrig gemacht werden muss, um die Produktivkraft zu maximieren. Das Individuum wird vielmehr „dividuell": Es zerfällt in vereinzelte Verhaltensweisen, Eigenschaften und Kompetenzen, für die sich die Kontrollmacht zu interessieren beginnt, die sie dokumentiert, auswertet und in möglichst effiziente Techniken der Steuerung der Bevölkerung rückübersetzt.[28]

25 Der Wirtschaftssektor, in dem das Prinzip der Verwertung des Werts am deutlichsten repräsentiert ist, ist der Finanzsektor. Juan Villarreal zeigt in seiner Studie, wie die argentinischen Militärs zwischen 1976 und 1983 ihre Wirtschaftspolitik systematisch auf die Interessen dieses Sektors zuschnitten. Dies führte ihm zufolge zu einer Homogenisierung der Interessen „von oben", während die vormals existierende „Hegemonie von unten" durch die Aushungerung der Industrie und den zunehmenden Druck auf die Arbeiterschaft sowie kleine und mittlere Unternehmer allmählich zerbrach, vgl. Juan Villarreal, Los hilos sociales del poder, en: Eduardo Jozami et al., Crisis de la dictadura argentina. Política económica y cambio social (1976–1983), Buenos Aires 1985, S. 229–243.

26 Deleuze, Postskriptum über die Kontrollgesellschaften, S. 256.

27 Ebenda, S. 260.

28 Ebenda, S. 258. Genau dieser „dividuelle" Körper ist es, den sich die Folter zum Objekt macht. Es geht ihr dabei nicht im disziplinären Sinn darum, ihn „gelehrig" zu machen, sondern ihm Informationen, „Daten", zu entlocken.

Während die Disziplinarmacht die Körper formt und im Disziplinarsubjekt neu zusammensetzt, um ihnen einen Mehrwert zu entlocken, ist ihnen dieser in der Kontrollgesellschaft bereits – geradezu im „Überfluss" – immanent und muss, um ihn nutzbar zu machen, nur mehr abgeschöpft werden.[29] Der Übergang von der Disziplinar- zur Kontrollgesellschaft, von Fordismus zu Postfordismus, kann demnach beschrieben werden als „Übergang von einem *Produktionsregime, das von einem Mangel geprägt ist* – und von der Anwendung einer Reihe von Strategien zur Disziplinierung dieses Mangels – zu einem *Produktionsregime, das von einem Überfluss geprägt ist,* und als Konsequenz daraus vom Aufkommen verschiedener Strategien zur *Kontrolle* dieses Überflusses."[30]

Alles kann zur Ware werden, alles kann verwertet werden, alles trägt zur Reproduktion des Systems bei. Ein solches System kennt kein Außen mehr, oder besser: *darf* keines kennen. Denn obwohl bereits das „Ende der Geschichte" ausgerufen wurde,[31] ist nicht zu übersehen, dass auch dieses System sein Außen hervorbringt: diejenigen, die den Prozess der Wertverwertung stören, weil sie sich nicht verwerten las-

29 Alessandro Di Giorgi spricht vom „konstanten *Überschuss* von Produktionspotenzialen, von Kooperationsbeziehungen, von Kommunikationsformen und ihrem Bezug zu den Geografien der Produktion, die von einer auf Herrschaft reduzierten kapitalistischen Rationalität durchgesetzt werden. Das Kapital [...] beschränkt sich darauf, Kontrolle auszuüben, als rein äußerliche Grenze für eine produktive Zusammenarbeit zu fungieren, die bereits auf ihr eigenes Obsoletwerden verweist." Di Giorgi, El gobierno de la excedencia, S. 103 f. (Hervorhebungen im Original; Übers. C. D.).

30 Di Giorgi, El gobierno de la excedencia, S. 38 (Hervorhebungen im Original; Übers. C. D.); Gilles Deleuze schreibt über die neuen Techniken der Kontrolle: „Die Eroberung des Marktes geschieht durch Kontrollergreifung und nicht mehr durch Disziplinierung, eher durch Kursfestsetzung als durch Kostensenkung, eher durch Transformation des Produkts als durch Spezialisierung der Produktion." Deleuze, Postskriptum über die Kontrollgesellschaften, S. 260.

31 Francis Fukuyama, Das Ende der Geschichte. Wo stehen wir?, München 1992.

sen wollen oder schlicht nicht verwertbar sind: die Arbeitslosen, die Obdachlosen, die Bettler, die Flüchtlinge, die Terroristen; Gruppen, die aufgrund ihrer Qualität als soziale Subjekte oder ihrer puren Quantität zu einem Faktor der Instabilität des Systems werden.[32] Jedes soziale Handeln, das nicht durch das Warenverhältnis vermittelt ist, ist dieser neuen Hegemonie suspekt und wird zunehmend zum Gegenstand ihres kontrollierenden Blicks. Die Überwachung der Grenzen und der öffentlichen Räume, die Gentrifizierung des urbanen Raums sind einige jener Mittel, mit denen die Kontrollgesellschaft gegen die „Überschüssigen" vorgeht. Sie lässt ihnen dabei nur zwei Alternativen: unsichtbar bleiben oder zum Verschwinden gebracht werden.

Die Überwachung ist in einer solchen Gesellschaft nicht mehr auf die Einschlussmilieus beschränkt, die Foucault noch beschrieb, sondern ist permanent und allgegenwärtig. Die Daten, die dabei erhoben werden, werden nicht – wie in den disziplinären Institutionen – auf die Individuen als Wissen zurückgespiegelt, sondern bleiben den Betroffenen verborgen. Sie werden auf Vorrat gespeichert, um sie in jenem Moment schnell und effektiv verwerten zu können, in dem eine „Destabilisierung der Grenzen des Systems" ein gewaltsames Eingreifen erfordert. Ebenso wie die Generierung des Wissens diffus und ortlos wird, ist auch die Repression an keine Einschlussmilieus mehr gebunden:

> „Es wird immer schwieriger, den Ort und die Zeit der Repression zu identifizieren und zu definieren. Die Kontrolle und die Überwachung breiten sich auf diffuse Weise aus, entlang raum-zeitlicher Linien, die die Schwellen der totalitären Institutionen (des Gefängnisses, der Irrenanstalt, der Fabrik) kreuzen. Im weiten und undefinierten Raum der Metropolen entfalten sich neue befestigte Stadt-Staaten, die mit eigenen Sicherheitsheeren ausgestattet sind."[33]

32 Alessandro Di Giorgi spricht vom Gegensatz von „negativem Überfluss" (*excedencia negativa*) und „positivem Überfluss" (*excedencia positiva*). Di Giorgi, El gobierno de la excedencia, S. 91–110.

33 Alessandro Di Giorgi, Tolerancia cero, Barcelona 2005, S. 58 (Übers. C.D.).

Weil in dieser Gesellschaft grundsätzlich alles möglich ist, werden deren Grenzen zu den Orten der Intervention der Kontrollmacht. Um sie stabil zu halten, gilt es zuvorderst ein Außen zu definieren und zugleich „fernzuhalten".[34] So transformiert sich auch die Institution des Gefängnisses zunehmend von einer Instanz der disziplinären Zurichtung der Körper und Individuen zu einer der „Neutralisierung" und „Eindämmung" bestimmter Gruppen: Die Kontrolle

> „verliert ihren disziplinierenden Charakter, das heißt, sie ist nicht mehr länger ein Instrument zur Transformation der Subjekte. Andererseits verschiebt sich die Kontrolle: Sie verlässt das Gefängnis als ihren spezifischen Ort und verteilt sich im städtischen und metropolitanen Raum. Dem Gefängnis bleibt somit nur mehr die Funktion der Neutralisierung besonders gefährlicher Subjekte."[35]

34 Vielleich könnte man folgenden Schluss ziehen: In der Disziplinargesellschaft sind es die Einschlussmilieus, die den „Anderen", der seinen Platz außerhalb oder am Rand der Gesellschaft hat, zugleich definieren und sichtbar machen. Das Gefängnis definiert das, was der nationalsozialistische Rechtsjargon den „Berufsverbrecher" nannte, das Arbeitsregime definiert den „Asozialen", die Klinik das „lebensunwerte Leben". In dem Maß, in dem das Disziplinarregime im Innern der nationalsozialistischen Gesellschaft immer stärker wurde und die disziplinären Einschlussmilieus sich multiplizierten, gelangten auch jene zur Sichtbarkeit, welche von ihnen „ausgespuckt" oder an den Rand gedrängt wurden. (Die Figur des „Juden" kann in diesem Zusammenhang als jener „leere Signifikant" verstanden werden, der dieses Außen in all seinen Facetten als Ganzes imaginiert.) In der Kontrollgesellschaft dagegen sind es nicht mehr disziplinäre Institutionen, die das Außen und die Anderen definieren (welche nun zudem zunehmend unsichtbar bleiben), sondern Geheimdienste. Ihre Funktion ist es, die Regeln und Normen der Gesellschaft permanent zu überschreiten und auf diese Weise die Grenze zwischen „Innen" und „Außen" zu definieren und zugleich zu überwachen.

35 Di Giorgi, Tolerancia cero, S. 58 (Übers. C. D.).

Das CCDTyE und das Dispositiv des „Verschwinden-Lassens“, so meine These, fügen sich in dieses Panorama des Übergangs von der Disziplinar- zur Kontrollgesellschaft ein und sind *Instrumente ihrer ursprünglichen Durchsetzung.* Die Kontrollgesellschaft ist ein Raum totaler Hegemonie: In ihr sind, um mit Ernesto Laclau zu sprechen, sämtliche Differenzen in einer unendlichen Kette von Äquivalenzen aufgehoben.[36] Die Ware ist jener „empty signifier“[37], der diese Kette repräsentiert: Alles kann Ware sein. Um diese Hegemonie ursprünglich herzustellen, bedurfte es einer radikalen politischen Intervention, die (nicht nur) in Argentinien die Form eines unvorstellbaren Massenverbrechens – mehr und mehr ist auch von Genozid die Rede – annahm. Historisch gesehen ist die hegemoniale Intervention der Militärdiktatur der Versuch, in einem nach dem Tod Juan Domingo Peróns immer stärker von Antagonismen geprägten und sich entinstitutionalisierenden politischen Feld eine Gegen-Hegemonie gegen den zerfallenden Peronismus durchzusetzen.[38]

Die sozialen Subjekte, die die Träger dieser neuen politischen Antagonismen waren, mussten dafür im wahrsten Sinne des Wortes „zum Verschwinden gebracht“, die politischen Räume, die sie besetzten, „unbehausbar“ gemacht werden. Die Bedrohung mit Gefängnis und im Extremfall mit dem Tod, die die Verfolgung in vorangegangenen

36 Zum Konzept der Hegemonie im Sinne Ernesto Laclaus vgl. Laclau/Mouffe, Hegemony and Socialist Strategy; Laclau, Emancipation(s).

37 Vgl. Laclau, Why do Empty Signifiers Matter to Politics?, in: ders., Emancipation(s), S. 36–46.

38 Vgl. Ernesto Laclau, La razón populista, Buenos Aires 2014, S. 266–274. Über das Projekt der Militärdiktatur zur Installierung einer neuen politischen Hegemonie schreibt Juan Villarreal: „Um eine Homogenisierung der Gesellschaft von oben durchzusetzen, wurden vielfältigste Mittel angewendet, das alles unter konjunkturellen Bedingungen, die die Vereinigung der Interessen unterschiedlicher Sektoren begünstigte. Die Krise des Peronismus, der Ungehorsam der Arbeiterschaft und die Bedrohung durch die Subversion hatten die Verteidiger der Ordnung zum Zittern gebracht.“ Villarreal, Los hilos sociales del poder, S. 238 (Übers. C. D.).

Diktaturen prägte, war dafür nicht ausreichend. Das Dispositiv des „Verschwinden-Lassens", das die neue Diktatur verfolgte, sollte den Raum des politischen Antagonismus als lebendigen sozialen Raum, das heißt: als Raum, in denen soziale Konventionen und ein geteilter Diskurs gelten, zur Gänze auslöschen. Über ihm sollte die Drohung schweben, dass er jederzeit zu einem Nicht-Raum gemacht werden könnte, in dem jegliche Möglichkeit sozialer Beziehungen aufgehoben und die sozialen Subjekte „verschwunden" sind. Der konkrete Ort des CCDTyE steht für diesen Nicht-Raum, weil er zugleich überall (als reale Bedrohung) und nirgends (für die „Verschwundenen") ist.

Die konzentrationäre Erfahrung ist dabei nichts anderes als die bis ins Extrem gesteigerte Version einer allgemeinen gesellschaftlichen Erfahrung unter dem „Dispositiv des Verschwindenlassens": der Verlust sozialer Beziehungen und das „Verschwinden" als soziales Subjekt. Für die Menschen, die auf diese Weise aus den Räumen des politischen Antagonismus abgedrängt werden, gibt es danach nur mehr zwei mögliche Wege: in den Tod („Überstellung") oder zurück in den hegemonialen Mainstream („Rückholung"). Dass in der Realität die Handlungsräume oft größer waren und sich zusätzliche Handlungsalternativen ergaben, verdankte sich allein der moralischen Standhaftigkeit und dem Überlebenswillen der Gefangenen und entglitt somit dem ursprünglichen Kalkül der Repressoren.

Während die Disziplinarmacht dort am stärksten wirkt, wo sie am wenigsten durchgesetzt ist, ist die Kontrollmacht dann vollständig etabliert, wenn sie nicht mehr wahrgenommen wird. Daher verfolgen KZ und CCDTyE auch zwei unterschiedliche Machtstrategien. Je tiefer das Disziplinarsystem die Gesellschaft durchdringt, desto stärker produziert sie ihr eigenes sichtbares Außen. Sein Ort ist im Nationalsozialismus das KZ. Das System der CCDTyE als Institutionen zur Durchsetzung der Kontrollmacht muss dagegen von Beginn an „unsichtbar" bleiben. Weder gibt es einen konkreten Ort, noch gibt es konkrete Körper. Es existiert nur als vage Drohung und diskursive Leerstelle. Diejenigen, die es „verschlingt", sind weder an- noch abwesend, sondern in einem undefinierten Zustand der *Desaparición*, des „Verschwundenseins“. Gerade weil die Kontrollmacht dann am stärksten durchgesetzt ist, wenn man sie am wenigsten spürt, zieht sich das System der CCDTyE in dem Maß allmählich zurück, in dem ihre Hegemonie etabliert ist. Es wird zum „vanishing mediator“.[39] Am Ende bleibt die symbolische Vollendung des Genozids im postdiktatorialen gesellschaftlichen Diskurs, der den Antagonismus nur mehr in Termini des Absoluten, des Fremden und der eigenen Gesellschaft Äußerlichen denken kann: „die Subversion“, „der Kommunismus“, „der Terrorismus“, „das Böse“.

Das CCDTyE ist die politische Institution, die dazu dient, mittels Angst, Terror, Folter und Verschwinden-Lassen die reale Alternativlosigkeit eines Systems durchzusetzen und jede Alternative, jeden politischen Antagonismus unrealistisch und undenkbar zu machen.

> „Das Gemetzel war ein massives, zugleich aber auch selektiv. Es zerstörte die Möglichkeit, dass die jungen Leute im neuen konstitutionellen Prozess an jenen Punkt anknüpfen konnten, an dem die vorangegangene politische Erfahrung von der Diktatur unterbrochen wurde. Sie konnten die Folgen der verordneten Entpolitisierung, der Ignoranz, die von der Macht und vor allen Dingen von der entmoralisierenden und jede Selbstachtung zerstörenden Angst begünstigt wurde, nicht überwinden.“[40]

Nur so konnte in Argentinien die Hegemonie der neoliberalen Kontrollgesellschaft auf eine Weise durchgesetzt werden, die es dieser in den nachfolgenden Jahren der Demokratie ermöglichte, ihre Metastabilität

39 Zum Konzept des „vanishing mediator“ vgl. Slavoj Žižek, Why Should a Dialectician Learn to Count to Four!, in: Radical Philosophy 58 (1991) S. 3–9.

40 Guillermo Almeyra, La protesta social en la Argentina (1990–2004), Buenos Aires 2004, S. 115 (Übers. C. D.).

mit „weicheren“ Kontrollformen zu gewährleisten. Im Neoliberalismus folgt auf die Angst vor dem Terror des Staates die Angst, den eigenen Platz in der Gesellschaft zu verlieren.[41] Die Gesellschaft der Gegenwart hat verlernt, mit dem politischen Antagonismus zu leben. Das ist der Erfolg des Dispositivs des „Verschwindenlassens“.

41 „Die Furcht vor der Hyperinflation und die Unsicherheit, die der Risikogesellschaft eigen ist, führten in einer blinden und irrationalen Suche nach Sicherheit zur Wiederwahl von Menem. Diese Angst, die Hälfte des Einkommens durch die Inflation zu verlieren, so wie viele andere den Arbeitsplatz zu verlieren, in der sozialen Hierarchie nach unten zu Fallen und im Armenviertel zu enden, die Angst vor der ‚Lateinamerikanisierung‘ des Landes und so weiter stärkten nicht nur den Konservativismus der Gesellschaft, sondern führten auch zum Verlust der demokratischen Werte, die zuvor noch von den ‚progressiven‘ Parteien proklamiert worden waren.“ Guillermo Almeyra, La protesta social en la Argentina, S. 115 f.

Nachwort

Mit den folgenden Zeilen möchte ich einen Zugang zu dem vorangegangenen Text bieten und dabei ausgehend von eigenen Erlebnissen und Gedanken berichten. Ich spreche dabei nicht in irgendjemandes Namen. Dennoch kann ich diese Zeilen nur schreiben, weil sie von einem gemeinsamen Erleben, einem gemeinsamen Denken und auch einem gemeinsamen Tod handeln. Ich spreche also in der ersten Person, dies aber an einem Kreuzungspunkt einer unendlichen Zahl von Subjektivitäten und Stimmen. Diese Zeilen sind kein exklusives individuelles Zeugnis, sondern, wie es im Text heißt, „eine Interpretation des subjektiv Erlebten im Kontext eines gesellschaftlich geteilten historischen Diskurses". Vielleicht sind sie auch eine Art „Einladung", in jene erschreckende Erfahrung einzutauchen, die der Text untersucht – eine Erfahrung, die sich nicht auf das Grauen der Vernichtung von Menschen beschränkt, sondern die das „Während" und das „Danach" dieser Vernichtung mit einbezieht, die Teil der Erfahrung derjenigen von uns wurden, die „nicht zur Gänze gestorben sind": der Überlebenden.

Es gibt nicht viele „Kundschafter", die über den initialen Schock hinaus tiefer in den Dschungel der argentinischen Konzentrationslager eingetaucht sind. Die „Intensivphase" entriss uns der Außenwelt und beraubte uns unseres „Wesens", wie es der Diktator Videla ausdrückte. Doch die Strategie ging über die rein physische Vernichtung hinaus: Diese wurde zugleich verleugnet, und uns, den „Verschwundenen", wurde verwehrt, jemals existiert zu haben. Wir waren ohne Gegenwart, ohne Zukunft, ohne Geschichte. Diese Geschichte, das „Davor", ist aber wichtig, denn es ist das, was uns zu dem machte, was wir waren. Die Spuren von politischer Überzeugung und Aktivismus, von Verfolgung und Untergrund charakterisierten die individuellen und kollektiven

Identitäten, welche die Militärs mit ihrem „Prozess" „reorganisieren" wollten. Eine ständige Entwicklung der Terrormaßnahmen entlud sich daraufhin über die Gesellschaft und führte zu Fragmentierung, Isolierung und Misstrauen – etwas, das Jahrzehnte später noch anhalten sollte: „der Ausschluss des ‚Politischen' aus der Sphäre des ‚Sozialen'". Was der Text daher auch liefert, ist eine Genealogie unserer eigenen Gegenwart.

Der Hauptfokus des Textes ist aber das „Während": die Phase der voranschreitenden „Normalisierung", in der die Täter, sich als Götter fühlend, experimentierten und selektierten; in der auf die Folter der „Intensivphase", deren Zweck es war, die Gefangenen zu entwaffnen, sie wehrlos zu machen und ihnen ihre Humanität und ihr „Weltvertrauen" zu rauben – mehr noch als irgendwelche Informationen –, die unberechenbare und willkürliche alltägliche Gewalt und die dauerhafte Ungewissheit folgten. Dies war der Beginn einer neuen Phase mit neuen Gefahren: Die andauernde Gefangenschaft verlangte von uns jene „Anpassung", welcher der Text ausgehend von den Erzählungen der Überlebenden Zeile für Zeile nachvollzieht. Sie konnte uns dazu bringen zu leugnen, was wir waren, bevor wir „verschwanden". Daher mussten wir zugleich mit aller Kraft gegen sie ankämpfen. Dies war eine Schlacht mit ungewissem Ausgang, denn selbst dieser Widerstand war Teil des Kalküls des Projekts des „Verschwindenlassens". Uns brachte das in ein schreckliches Dilemma: Wir mussten uns anpassen, uns „normalisieren", um die Wirklichkeit zu ertragen; und wir mussten der „Normalisierung" widerstehen, um uns selbst nicht zu verlieren. Und beides wussten diejenigen, die das Leben und den Tod der Gefangenen in ihren Händen hatten, für sich zu nutzen.

Immer noch erfüllt es mich mit Schrecken, daran zu denken, was es bedeutete, nicht zur Gänze gestorben zu sein, nicht an Mittwochen, an denen „Überstellungen" anstanden, meine Nummer zu hören, nicht bis ans Ende des Weges zu gelangen, der in den Tod führt. Die Gewissheit des bevorstehenden Todes ist erschreckend, das will ich nicht leugnen. Der Text beschreibt aber etwas ebenso Schreckliches wie den Tod:

das Gefühl für jenen Abgrund zu verlieren, der uns von den Tätern trennte. Dies ermöglichte ihnen nämlich den nächsten Schritt: „handelnde Personen zu erschaffen“, deren „Bandbreite ihres Handelns sie zugleich kontrollierten“. „Die Auflösung von Subjektivität und zugleich die Produktion von Subjektivität“, wie es im Text heißt, waren die notwendigen Prozesse für den Übertritt in die Phase der „Recuperación“, der „Rückholung“. Ich erlaube mir hier einen kurzen Nebengedanken: Wie viele Begriffe im Zusammenhang mit den Strategien der Diktatur dieser Text doch nennt, die mit „re-“ bzw. „wieder-“ beginnen: „reorganisieren“, „re-konstituieren“, „re-integrieren“, „wieder-herstellen“, „wieder-erlangen“, ...

Die „Rückholung“ war die dritte Etappe und die vielleicht verschlungenste Schöpfung der Einsatzgruppen, die sich in ihrem Selbstverständnis als Götter ganz der „Wieder-Erschaffung“ verschrieben hatten. Sie war nichts anderes als ein Selektionsprozess auf der Grundlage völlig undurchsichtiger und willkürlicher Kriterien, eine Willkür, die Ausdruck der Macht der Täter war: Sie taten es, weil sie es konnten. Wie wenige andere zeichnet dieser Text diese Übergangsphase der „Rückholung“ nach, indem er die Stimmen von uns Überlebenden aufnimmt, samt ihrer offenen Fragestellungen und unvollendeten Antworten. Der Vernichtungsplan der Repressoren schloss eine scheinbare „statistische Abweichung“ mit ein: dass einige von uns am Leben bleiben sollten, damit sie als Multiplikatoren des Horrors und Prediger der Reue fungierten. „Du lebst, weil ich das so entscheide“, war das Urteil, das jene zu hören bekamen, die „nicht zur Gänze starben“. Das Leben ist nicht länger ein Recht, sondern ein Zugeständnis desjenigen, der die Macht hat, es zu gewähren oder es zu nehmen. Das ist eine Politik, von der auch die Bevölkerung als Ganze betroffen war, die nicht mehr länger aus Rechtssubjekten bestand, sondern aus passiven Empfängern dessen, was die Mächtigen zuzugestehen bereit waren. Es war deren Entscheidung, dass manche von uns leben, überleben oder vielleicht auch nur einen unvollständigen Tod sterben sollten. Es ist beinahe wie ein Laborexperiment, so als ob man aus einer rebellischen, hinterfragenden „Spezies“

eine Art „genmanipulierter“ Objekte machen wollte; als ob man mittels einer „repressiven Manipulationstechnik“ die sozialen Eigenschaften verändern wollte, die den Zielen der herrschenden Klassen entgegenstehen; als ob man in die engagierten und aktiven Subjekte verpflanzen wollte, was Monsanto Jahre später patentieren lassen sollte: sich selbst zerstörendes Saatgut, darauf programmiert, keine Nachkommenschaft zu hinterlassen. Die Möglichkeit der Reproduktion sollte in Händen anderer, nicht in den eigenen liegen.

Wir, die wir für die „Rückholung“ ausgewählt worden waren, wehrten uns mit bescheidenen oder auch mächtigen Mitteln des Widerstands, risikoreichen Mitteln wie etwa der Simulation. Das Risiko bestand darin, dass das, was als Simulation begann, in etwas anderem enden könnte. Der Text gibt auch ein ausdrucksstarkes Bild dessen, was die Täter tatsächlich zu erreichen suchten: „in den Geist und das Selbstverständnis der Gefangenen einzugreifen, in ihren Kopf einzudringen“; „die Gefangenen [...] in ‚ihre Welt‘ hereinzuholen und die Regeln dieser Welt allmählich zu ihren eigenen werden zu lassen“, um sie danach in die Außenwelt zurück zu entlassen. Die Täter gewährten eine Freiheit, die sich nie einstellte, indem sie die „Grenzen des Lagers“ nach außerhalb verlegten.

Im Dezember 1978 holten die Repressoren Jorge Paladino, aus dem CCDTyE Olimpo und brachten ihn irgendwohin in die Stadt. Sie sagten zu ihm: „Schau vorwärts und geh weiter. Nimm dir den *Tabique* ab und schau nicht zurück. Du bist jetzt frei.“ War dieser Befehl eine Sicherheitsmaßnahme, damit er ihre Gesichter nicht sah? Was war es, das er dort hinten nicht anschauen sollte? Und welche Art von Freiheit erlaubte dieses „nach vorne Schauen und Weitergehen“? Welchen *Tabique* konnte er abnehmen? Das „Hinten“, das er nicht anschauen sollte, war die Zeit vor der Entführung: das Leben, an dem man teilhaben wollte, in dem man träumen und kämpfen wollte. Das „Vorne“, auf das er zugehen sollte, war dagegen begrenzt durch die beengenden Scheuklappen einer geborgten Freiheit. Es hieß nicht: „du ist jetzt *frei*“, sondern: „du bist *jetzt* frei“. Für Jorge, so wie für uns alle, ist die Freiheit nach wie vor nur eine Leihgabe, ausgehändigt in Raten, die jederzeit vom Leihgeber als verfallen erklärt werden kann.

Weiter oben bemerkte ich, wie viele Wörter beginnend mit „re-" bzw. „wieder-" dieses „Dispositiv des Verschwindenlassens", das auch ein „Dispositiv des Wieder-Auftauchens" ist, kennt. Andere Wörter, die mit dem gleichen Präfix beginnen, sind etwa: „Wiederauferstehung", „wiederfinden", „wiedererleben", „Wiedergeburt". Sie alle benennen die Waffen in unseren großen Schlachten, um mit Würde zu überleben. Selbst unter den schlimmsten Umständen versuchten wir kleine große „Ritzen" und „Spalten" zu öffnen, die der Kontrolle der Repressoren entkamen.

„Ich bin absolut bereit weiterzuleben, auch wenn dann nichts mehr von dem da sein sollte, was heute noch besteht", schrieb Ana María Ponce während ihrer Gefangenschaft in der ESMA. „Mit diesem Vertrauen, verlorene Welten wieder zu erschaffen, während in mir drinnen ein reißender Strudel von Ideen wächst, weiterwächst, damit niemand uns besiegen könne", fuhr sie fort – bis sie am Faschingsmontag des Jahres 1978 auf eine „Überstellung" geschickt wurde.

Graciela Daleo,
Überlebende der ESMA

Dank

Eine Arbeit wie die vorliegende ist ohne die Unterstützung einer Vielzahl von Menschen nicht umzusetzen. Manche von den hier genannten Personen haben sie über weite Strecken ihres Entstehens begleitet, anderen wiederum ist es vermutlich gar nicht bewusst, welch essenziellen Beitrag sie dafür geleistet haben.

Mein Dank gilt zuallererst allen Überlebenden, die durch ihre Bereitschaft, ihre traumatischen Erfahrungen öffentlich weiterzugeben, Bücher wie dieses überhaupt erst ermöglichen. Mir war es nicht möglich, alle Personen, deren Interviews und Erzählungen dieser Arbeit zugrunde liegen, persönlich kennenzulernen. Ungeachtet dessen möchte ich allen hier den gleichen Dank aussprechen. Dies sind in alphabetischer Reihenfolge: Rufino Almeida, Osvaldo Barros, Andrea Bello, Margarita Cruz, Graciela Daleo, Isabel Fernández Blanco, Enrique Mario Fukman, Liliana Gardella, Juan Agustín Guillén, Carlos Lordkipanidse, Emilio Argentino Montoya, Susana Muñoz, Gilberto Ponce, Hugo Sánchez, Elisa Tokar und Mario Villani. Osvaldo Barros, Graciela Daleo, Enrique Mario Fukman und Carlos Lordkipanidse haben darüber hinaus weitere Fragen von meiner Seite zugelassen und ausgehalten und mir durch ihre geduldigen und kompetenten Beantwortung ein besseres Verständnis dessen ermöglicht, was es bedeutet, „verschwunden“ bzw. „zerlegt und neu zusammengesetzt“ worden zu sein.

Den institutionellen Rahmen für die Erarbeitung dieses Textes bot mir die *Universidad Nacional de Tres de Febrero* in Buenos Aires, im Speziellen das *Centro de Estudios sobre Genocidio* (CEG). Zu besonderem Dank verpflichtet bin ich dessen wissenschaftlichem Leiter Daniel Feierstein, der vom ersten Moment der Kontaktaufnahme an das Projekt unterstützt und ihm den nötigen personellen Rückhalt gegeben hat. Bedanken möchte ich mich auch bei Claudia Massuh und Beatriz González Selmi für ihre Hilfe bei einer Vielzahl von Angelegenheiten sowie für nette Gespräche in den Arbeitspausen. Ohne den Austausch mit den Forschern und Forscherinnen des CEG wäre diese Arbeit wohl dem einen oder anderen Irrtum unterlegen. Für ihre Kollegialität und wichtige inhaltliche Inputs danke ich daher: Marta Bermúdez, Luciana Bertoia, Tomás Borovinsky, Mariana Córdoba, Iván Fina, Anita Jemio, Guillermo Levy, Lucrecia Molinari, Pamela Morales, Bárbara Ohanian, Perla Sneh, Ely Stacco, Adriana Taboada, Emmanuel Taub, Jorge Wozniak und Lior Zylberman. Ebenso bedanke ich mich bei *Memoria Abierta*, insbesondere bei Nancy Lucero und Alejandra Oberti, für den unbürokratischen Zugang zu den dort verwahrten Interviews mit Überlebenden.

Der Tatsache nicht bewusst, dass ihre Arbeit fundamental für das Entstehen dieses Textes war, sind sich vermutlich all jene, die als Interviewer die verwendeten Interviewsammlungen mit aufgebaut haben. Mein Dank geht insbesondere an: Flavia Angelino, Tomás Borovinsky, Vera Carnovale, Verónica Daian, Guillermo Levy, Rosario Figari, Eugenia Jeria, Juan Ignacio Leonardo, Daniela Nahmad, Pablo Palomino und Marcelo Rest.

Gabriel Périès hat mir mit seinen Gedanken zur Kontrollgesellschaft und seiner kritischen Auseinandersetzung mit dem theoretischen Zugang dieses Textes wertvolle Hinweise geliefert. Für ihre Unterstützung bei inhaltlichen Fragen und für die Einblicke in die Arbeit des *Archivo de la Memoria* in Buenos Aires danke ich Lucila Quieto.

Auf österreichischer Seite danke ich meinen Kolleginnen und Kollegen des Archivs der KZ-Gedenkstätte Mauthausen. Ihr Verständnis für die Notwendigkeit eines zeitweisen Tapetenwechsels und die Bereitschaft, meinen personellen Ausfall mit zusätzlichem Einsatz auszugleichen, hat mir dieses Projekt überhaupt erst ermöglicht. Besonders danke ich Barbara Glück, die mir die nötige Auszeit gewährt hat, und Ralf Lechner, der vermutlich den größten Anteil der zu verteilenden Last abgefangen hat. Helga Amesberger und Brigitte Halbmayr sei dafür gedankt, dass sie mich während des einen oder anderen gemeinsamen Bieres methodisch auf Vordermann gebracht haben.

Mein Dank gilt ebenso dem Metropol Verlag, insbesondere Nicole Warmbold, die von Anfang an großes und ehrliches Interesse an diesem Buchprojekt gezeigt und es vorangetrieben hat.

Ein besonderer Dank geht an Yariv Lapid. Alles begann mit seiner Teilnahme an einer Konferenz in Buenos Aires. Dass sich die Dinge entwickelten, wie sie es taten, liegt auch an dem Zuspruch und den Ermutigungen, die ich von seiner Seite erfahren habe.

Zuletzt, aber dafür ganz besonders, gilt mein Dank für Hilfe, Unterstützung und Rückhalt in vielfältigster Hinsicht Mariela Zelenay: dafür, dass sie mich bei sich aufgenommen hat; dass sie mir in zahllosen Stunden gemeinsamer Gespräche einen Einblick in die Kultur, die Menschen, die Geschichte und die Gegenwart Argentiniens vermittelt hat – und dass sie mir das Gefühl gegeben hat, dort zu Hause zu sein.

Quellen und Literatur

Audiovisuelle Quellen

Interviewsammlung des *Centro de Estudios sobre Genocidio* (CEG), Universidad Nacional de Tres de Febrero, Buenos Aires

Interview mit Rufino Almeida, La Plata, 2003.
Interview mit Osvaldo Barros, Buenos Aires, 2007.
Interview mit Andrea Bello, Buenos Aires, 2007.
Interview mit Margarita Cruz, Buenos Aires, 2005.
Interview mit Enrique Mario Fukman, Buenos Aires, 2007.
Interview mit Isabel Fernández Blanco, Buenos Aires, 2008
Interview mit Liliana Gardella, Buenos Aires, 2003.
Interview mit Juan Agustín Guillén, Buenos Aires, 2008.
Interview mit Carlos Lordkipanidse, Buenos Aires, 2001.
Interview mit Emilio Argentino Montoya, Tucumán, 2003.
Interview mit Susana Muñoz, Mendoza, 2009.
Interview mit Gilberto Ponce, Buenos Aires, 2008.
Interview mit Hugo Sánchez, Tucumán, 2003.
Interview mit Elisa Tokar, Buenos Aires, 2002.
Interview mit Mario Villani, Buenos Aires, 2001.

Memoria Abierta, Archivo Oral, Buenos Aires

Interview mit Enrique Mario Fukman, Buenos Aires, 2001.
Interview mit Isabel Fernández Blanco, Buenos Aires, 2005.

Vom Autor durchgeführte Interviews

Interview mit Carlos Lordkipanidse, Buenos Aires, 23. 4. 2014.
Interview mit Enrique Mario Fukman, Buenos Aires, 26. 4. 2014.
Interview mit Osvaldo Barros, Buenos Aires, 28. 4. 2014.

Interview mit Graciela Daleo, Buenos Aires, 24. 6. 2014.

Interview mit Daniel Feierstein, Leiter des Centro de Estudios sobre Genocidio der Universidad Nacional de Tres de Febrero, Buenos Aires, 27. 6. 2014.

Literatur

Abelardo Ramos, Jorge, Historia de la nación latinoamericana, Buenos Aires 2012.

Agamben, Giorgio, Homo sacer. Die souveräne Macht und das nackte Leben, Frankfurt a. M. 2002.

– Was von Auschwitz bleibt. Das Archiv und der Zeuge, Frankfurt a. M. 2003.

Almeyra, Guillermo, La protesta social en la Argentina (1990–2004), Buenos Aires 2004.

Améry, Jean, Die Tortur, in: ders., Jenseits von Schuld und Sühne, Stuttgart 2000, S. 46–73.

Arendt, Hannah, Social Science Techniques and the Study of Concentration Camps, in: Jewish Social Studies 12 (1950) 1, S. 49–64.

– Vita activa oder Vom tätigen Leben, München 2005.

Bettelheim, Bruno, Behaviour in Extreme Situations, in: Politics (March 1944), S. 199–208.

Biglieri, Paula/Perelló, Gloria, The Names of the Real in Laclau's Theory: Antagonism, Dislocation and Heterogeneity, in: Filosofky vestnik XXXII (2001) 2, S. 47–64.

Black, Edwin, IBM und der Holocaust. Die Verstrickungen des Weltkonzerns in die Verbrechen der Nazis, Berlin 2001.

Calveiro, Pilar, Poder y desaparición. Los campos de concentración en Argentina, Buenos Aires 2001.

CONADEP, Nunca Más. Informe final de la Comisión Nacional sobre la Desaparición de Personas, Buenos Aires 2003. (dt.: Hamburger Institut für Sozialforschung (Hrsg.), Nie wieder! Ein Bericht über

Entführung, Folter und Mord durch die Militärdiktatur in Argentinien, Weinheim/Basel 1987).

Colectivo Situaciones, Escrache. Aktionen nichtstaatlicher Gerechtigkeit in Argentinien, München 2004.

D'Andrea Mohr, José Luis, Memoria Debida, Buenos Aires 1999.

De Giorgi, Alessandro, Tolerancia cero. Estratégias y prácticas de la sociedad de control, Barcelona 2005.

– El gobierno de la excedencia. Postfordismo y el control de la multitud, Madrid 2006.

Deleuze, Gilles, Postskriptum über die Kontrollgesellschaften, in: ders.: Unterhandlungen. 1972–1990, Frankfurt a. M. 1993, S. 254–262.

– Was ist ein Dispositiv?, in: Francois Ewald/Bernhard Waldenfels (Hrsg.), Spiele der Wahrheit. Michel Foucaults Denken, Frankfurt a. M. 1993, S. 153–162.

de Vries, Hans, „Sie starben wie Fliegen im Herbst", in: Mauthausen 1938–1998, Westerfort 2000, S. 7–18.

Donda, Victoria, Mi nombre es Victoria. Una lucha por la identidad, Buenos Aires 2009 (dt.: Mein Name ist Victoria: Verschleppt von der Militärjunta, München 2010).

Deyfus, Hubert L./Rabinow, Paul, Michel Foucault. Jenseits von Strukturalismus und Hermeneutik, Weinheim 1994.

Drucaroff, Elsa, Los prisioneros de la torre. Política, relatos y jóvenes en la postdictadura, Buenos Aires 2011.

Dürr, Christian, Jenseits der Disziplin. Eine Analyse der Machtordnung in nationalsozialistischen Konzentrationslagern, Wien 2004.

– Von Mauthausen nach Gusen und zurück. Verlassene Konzentrationslager – Gedenkstätten – traumatische Orte, in: Daniela Allmeier/Inge Manka/Peter Mörtenböck/Rudolf Scheuvens (Hrsg.), Erinnerungsorte in Bewegung. Die Neugestaltung des Gedenkens an Orten nationalsozialistischer Verbrechen, Bielefeld 2016, S. 144–165.

– /Ralf Lechner, Töten und Sterben im Konzentrationslager Mauthausen/Gusen, in: Verein für Geschichtsforschung und Gedenken in österreichischen KZ-Gedenkstätten (Hrsg.), Gedenkbuch für die Toten des KZ Mauthausen. Bd. 1: Kommentare und Biografien, Wien 2016 (im Erscheinen).

Feierstein, Daniel, El genocidio como práctica social. Entre el nazismo y la experiencia argentina, Buenos Aires, Fondo de Cultura Económica, 2007.

– (Hrsg.), Terrorismo de Estado y genocidio en América Latina, Buenos Aires 2009.

– National Security Doctrine in Latin America, in: Dirk Moses/Donald Boxham (Hrsg.), The Oxford Handbook of the History of Genocide, Oxford 2010, S. 489–508.

– Memorias y representaciones. Sobre la elaboración del genocidio, Buenos Aires, Fondo de Cultura Económica, 2012.

– Juicios. Sobre la elaboración del genocidio II, Buenos Aires, Fondo de Cultura Económica de Argentina, 2015.

Fischer, Gottfried/Riedesser, Peter, Lehrbuch der Psychotraumatologie, München/Basel 2003.

Fleck, Christian/Müller, Albert, Bruno Bettelheim and the Concentration Camps, in: Journal of the History of the Behavioral Sciences 33 (1997) 1, S. 1–37.

Foucault, Michel, Mikrophysik der Macht. Michel Foucault über Strafjustiz, Psychiatrie und Medizin, Berlin 1976.

– Der Wille zum Wissen. Sexualität und Wahrheit 1, Frankfurt a. M. 1989.

– Der Gebrauch der Lüste. Sexualität und Wahrheit 2, Frankfurt a. M. 1989.

– Überwachen und Strafen. Die Geburt des Gefängnisses, Frankfurt a. M. 1991.

Gatti, Gabriel, Las narrativas del detenido-desaparecido (o de los problemas de la representación ante las catástrofes sociales), in: CONfines 2 (2006) 4, S. 27–38.

– Imposig Identity against Social Catastrofes. The Strategies of (Re) Generation of Meaning of the Abuelas de Plaza de Mayo (Argentina), in: Bulletin of Latin American Research 31 (2002) 3, S. 352–365.

Goldberg, Amos, Trauma, Narrative, and the Two Forms of Death, in: Literature and Medicine 25 (2006) 1, S. 122–140.

Goldstein, Jacob/Lukoff, Irving F./Strauss, Herbert A., Individuelles und kollektives Verhalten in Nazi-Konzentrationslagern. Soziologische und psychologische Studien zu Berichten ungarisch-jüdischer Überlebender, Frankfurt a. M./New York 1991.

Gutman, Daniel, Sangre en el monte. La increíble aventura del ERP en los cerros tucumanos, Buenos Aires 2012.

Hensele, Michael P., Die Verrechtlichung des Unrechts. Der legalistische Rahmen der nationalsozialistischen Verfolgung, in: Wolfgang Benz/Barbara Distel (Hrsg.), Der Ort des Terrors. Geschichte der nationalsozialistischen Konzentrationslager, Bd. 1: Die Organisation des Terrors, München 2009, S. 76–90.

Herbert, Ulrich, Von der Gegnerbekämpfung zur „rassischen Generalprävention". „Schutzhaft" und Konzentrationslager in der Konzeption der Gestapo-Führung 1933–1939, in: ders./Karin Orth/Christoph Dieckmann (Hrsg.), Die nationalsozialistischen Konzentrationslager. Entwicklung und Struktur, Bd. 1, Frankfurt a. M. 2002, S. 60–86.

– /Karin Orth/Christoph Dieckmann, Die nationalsozialistischen Konzentrationslager – Geschichte, Erinnerung, Forschung, in: dies. (Hrsg.), Die nationalsozialistischen Konzentrationslager. Entwicklung und Struktur, Bd. 1, Frankfurt a. M. 2002, S. 17–42.

Hirsch, Joachim, Vom Sicherheitsstaat zum nationalen Wettbewerbsstaat, Berlin 1998.

Keller, Reiner, Diskurse und Dispositive analysieren. Die Wissenssoziologische Diskursanalyse als Beitrag zu einer wissensanalytischen Profilierung der Diskursforschung, in: Historical Social Research 33 (2008) 1, S. 73–107.

Klein, Naomi, The Shock Doctrine, London 2000.

Klüger, Ruth, Von hoher und niedriger Literatur, in: dies., Gelesene Wirklichkeit: Fakten und Fiktionen in der Literatur, Göttingen 1996, S. 29–67.

Kranebitter, Andreas, Zahlen als Zeugen. Soziologische Analysen zur Häftlingsgesellschaft des KZ Mauthausen, Wien 2015.

Laclau, Ernesto, New Reflections on the Revolution of Our Time, London/New York 1990.

- Emancipation(s), London/New York 1996.
- La razón populista, Buenos Aires, Fondo de Cultura Económica, 2014.
- /Mouffe, Chantal, Hegemony and Socialist Strategy. Towards a Radical Democratic Politics, London/New York 1985.

Levi, Primo, Ist das ein Mensch?, München 1999.

Löwenthal, Leo, False Prophets. Studies on Authoritarianism, New Brunswick 1987.

Luchterhand, Elmer, Prisoner Behavior and Social System in the Nazi Concentration Camps, in: International Journal of Social Psychiatry 13 (1967), S. 245–264.

Luhmann, Niklas, Soziale Systeme. Grundriß einer allgemeinen Theorie, Frankfurt a. M. 1991.

Luna, Felix, Breve historia de los argentinos, Buenos Aires 1994.

Martínez, Tomás Eloy, La novela de Perón, New York 2011 (dt.: Der General findet keine Ruhe, Frankfurt a. M. 1999).

McSherry, J. Patrice, Tracking the Origins of a State Terror Network. Operation Condor, in: Latin American Perspectives 29 (2002) 1, S. 38–60.

Neurath, Paul Martin, Die Gesellschaft des Terrors. Innenansichten des Konzentrationslagers Dachau und Buchenwald, Frankfurt a. M 2004.

Paoletti, Alipio E., Como los nazis, como en Vietnam. Los campos de concentración en la Argentina, Buenos Aires, Ediciones Madres de la Plaza de Mayo, 2008.

Périès, Gabriel, De Argelia a la Argentina: estudio comparativo sobre la internacionalización de las doctrinas militares francesas en la lucha anti-subversiva. Enfoque institucional y discursivo, en: Inés Izaguirre et al., Lucha de clases, guerra civil y genocidio en la

Argentina. 1973–1983. Antecedentes. Desarrollo. Complicidades, Buenos Aires 2009, S. 391–421.

– La doctrina militar contrainsurgente como fuente normativa de un poder de facto exterminador basado sobre la excepcionalidad, in: Daniel Feierstein (Hrsg.), Terrorismo de Estado y genocidio en América Latina, Buenos Aires 2009, S. 221–247.

Perz, Bertrand, Verwaltete Gewalt. Der Tätigkeitsbericht des Verwaltungsführers im Konzentrationslager Mauthausen 1941 bis 1944, Wien 2013.

– /Christian Dürr/Ralf Lechner/Robert Vorberg, Die Krematorien von Mauthausen, in: Bundesministerium für Inneres (Hrsg.), Forschung, Dokumentation, Information. KZ-Gedenkstätte Mauthausen – Mauthausen Memorial 2008, Wien 2009, S. 12–23.

Pflug, Gabriele, Notte, nebbia – Nacht und Nebel. Erinnerungen des italienischen Widerstandskämpfers Lodovico Barbiano di Belgiojoso an das KZ Gusen. Übersetzung, Glossar und literaturwissenschaftliche Analyse, Salzburg, Dipl.-Arb., 2002.

Pingel, Falk, Häftlinge unter SS-Herrschaft. Widerstand, Selbstbehauptung und Vernichtung im Konzentrationslager, Hamburg 1978.

Ranalletti, Mario, Contrainsurgencia, catolicismo intransingente y extremismo de derecha en la formación militar argentina. Influencias francesas en los orígenes del terrorismo de Estado (1975–1976), in: Daniel Feierstein (Hrsg.), Terrorismo de Estado y genocidio en América Latina, Buenos Aires 2009, S. 249–280.

Rehrmann, Norbert, Lateinamerikanische Geschichte. Kultur, Politik, Wirtschaft im Überblick, Reinbek 2005.

Ricœur, Paul, Zeit und Erzählung 3. Die erzählte Zeit, München 1991.

Rosenthal, Gabriele, Erlebte und erzählte Lebensgeschichte. Gestalt und Struktur biographischer Selbstbeschreibungen, Frankfurt a. M./New York 1995.

Santucho, Julio, Los últimos guevaristas. La guerrilla marxista en la Argentina, Buenos Aires 2005.

Schwartz, Michael, Critical Reproblemization. Foucault and the Task of Modern Philosophy, in: Radical Philosophy 91 (1998), S. 19–29.

Seoane, María/Muleiro, Vicente, El dictador, Buenos Aires 2001.

Sofsky, Wolfgang, Die Ordnung des Terrors. Das Konzentrationslager, Frankfurt a. M. 1997.

– An der Grenze des Sozialen. Perspektiven der KZ-Forschung, in: Ulrich Herbert/Karin Orth/Christoph Dieckmann (Hrsg.), Die nationalsozialistischen Konzentrationslager. Entwicklung und Struktur, Bd. 2, Frankfurt a. M. 2002, S. 1141–1169.

„Spucken Sie ihm ins Gesicht!" Interview mit Daniel Feierstein, in: Konkret. Politik und Kultur (2015) 1, S. 34–37.

Strauss, Anselm/Corbin, Juliet, Grounded Theory Methodology. An Overview, in: N. K. Denzin/Y. S. Lincoln (Hrsg.), Handbook of Qualitative Research, Thousand Oaks 1994, S. 273–285.

Tuchel, Johannes, Konzentrationslager. Organisationsgeschichte und Funktion der „Inspektion der Konzentrationslager" 1934–1938, Boppard am Rhein 1991.

Urondo, Francisco, La patria fusilada, Buenos Aires 2011.

Verbitsky, Horacio, El vuelo, Buenos Aires 1995.

Villani, Mario/Reati, Fernando, Desaparecido. Memorias de un cautiverio. Club Atlético, el Banco, el Olimpo, Pozo de Quilmes y ESMA, Buenos Aires 2011.

Villarreal, Juan, Los hilos sociales del poder, in: Eduardo Jozami et al., Crisis de la dictadura argentina. Política económica y cambio social (1976–1983), Buenos Aires 1985, S. 201–281.

Walsh, Rodolfo, Operación Masacre, Madrid 2008 (dt.: Das Massaker von San Martin, Zürich 2009).

Wertz, Armin, Operation Condor, in: Journal21, https://www.journal21.ch/operation-condor (8. 4. 2015).

Wierling, Dorothee, Oral History, in: Michael Maurer (Hrsg.), Aufriß der historischen Wissenschaften, Bd. 7: Neue Themen und Methoden der Geschichtswissenschaften, Stuttgart 2003, S. 81–151.

Wildt, Michael, Funktionswandel der nationalsozialistischen Lager, in: Mittelweg 36 (2011) 4, S. 76–86.

Zibechi, Raul, Genealogía de la revuelta. Argentina: La sociedad en movimiento, Bilbao 2005.

Žižek, Slavoj, Why Should a Dialectician Learn to Count to Four?, in: Radical Philosophy 58 (1991), S. 3–9.

Websites

Abuelas de la Plaza de Mayo (Großmütter der Plaza de Mayo: Organisation von Müttern „Verschwundener", die nach ihren in Gefangenschaft geborenen und illegal angeeigneten Enkelkindern suchen), http://www.abuelas.org.ar/

Asociación de Ex Detenidos Desaparecidos, http://www.exdesaparecidos.org.

Asociación Madres de la Plaza de Mayo, http://www.madres.org.

Asociación Madres de la Plaza de Mayo Línea Fundadora, http://madresfundadoras.blogspot.com.ar/.

Centro de Estudios Legales y Sociales – CELS (1979 gegründete NGO für die Verteidigung der Menschenrechte und die Stärkung demokratischer Strukturen in Argentinien), http://www.cels.org.ar.

CELS – Juicios (Ausführliche Übersicht und regelmäßige Updates zu den aktuell laufenden Gerichtsprozessen gegen die Täter der Militärdiktatur sowie Sammlung sämtlicher bereits ergangener Urteile), http://www.cels.org.ar/blogs/.

Equipo Argentino de Antropología Forense (Argentinisches Forschungsteam für anthropologische Forensik), http://www.eaaf.org/.

Espacio para la Memoria y Derechos Humanos (Öffentliche Körperschaft zur Errichtung und Förderung eines Erinnerungsorts in der ehemaligen *Escuela de Mecánica de la Armada*), www.espaciomemoria.ar.

Ex CCDTyE Olimpo (Offizielle Website des Erinnerungsortes im ehemaligen CCDTyE *Olimpo*), http://exccdolimpo.org.ar/.

H. I. J. O. S. por la Identidad y la Justicia contra el Olvido y el Silencio (Söhne und Töchter für Identität und Gerechtigkeit gegen Vergessen und Schweigen; Organisation der Söhne und Töchter von „Verschwundenen"), http://www.hijos.org.ar/.

Memoria Abierta, http://www.memoriaabierta.org.ar/.

Ministerio de Educación, Mapas de la Memoria (Bildungsministerium, Interaktive Karten von Gedenkorten und ehemaligen geheimen Internierungszentren), http://www.mapaeducativo.edu.ar/Atlas/Mapas-de-la-Memoria.

Nunca Más (Online-Version des Endberichts der *CONADEP*, 1984), http://www.desaparecidos.org/nuncamas/web/investig/articulo/nuncamas/nmas0001.htm.

Secretaria de Derechos Humanos, Red Federal de Sitios de Memoria (Staatssekretariat für Menschenrechte, Dachverband nationaler Orte des Gedenkens an die Verbrechen der Militärdiktatur), http://www.jus.gob.ar/derechoshumanos/red-federal-de-sitios-de-la-memoria.aspx.

Secretaría de Derechos Humanos, Registro Unificado de Víctimas del Terrorismo de Estado (Staatssekretariat für Menschenrechte, Gesamtverzeichis der namentlich bekannten Opfer der Militärdiktatur sowie der identifizierten CCDTyE) http://www.jus.gob.ar/derechoshumanos/areas-tematicas/ruvte.aspx.

Personenregister

Reihe Zeitgeschichte*N*

Herausgegeben von Sonja Häder und Ulrich Wiegmann

Band 1

Ulrich Wiegmann

Machtprobe

Die Staatssicherheit und der Kampf um die Schule in M…z

ISBN 978-3-936411-21-8

2003 · 160 Seiten · 14,00 Euro

Band 2

Annette Leo

Umgestoßen. Provokation auf dem Jüdischen Friedhof in Berlin Prenzlauer Berg 1988

ISBN 978-3-938690-06-2

2005 · 156 Seiten · 16,00 Euro

Band 3

Heinz Schneppen

Odessa und das Vierte Reich

Mythen der Zeitgeschichte

ISBN 978-3-938690-52-9

2007 · 280 Seiten · 19,00 Euro

Band 4

Sebastian Richter

Norm und Eigensinn

Die Selbstlegitimation politischen Protests in der DDR 1985–1989

ISBN 978-3-938690-62-8

2007 · 223 Seiten · 18,00 Euro

Band 5
Wanja Hargens
Der Müll, die Stadt und der Tod
Rainer Werner Fassbinder und ein Stück deutscher Zeitgeschichte
ISBN 978-3-938690-81-9
2010 · 277 Seiten · 19,00 Euro

Band 6
Angelika Benz
Der Henkersknecht
Der Prozess gegen John (Iwan) Demjanjuk in München
ISBN 978-3-86331-011-0
2011 · 248 Seiten · 19,00 Euro

Band 7
Heinz Schneppen
Walther Rauff. Organisator der Gaswagenmorde. Eine Biografie
ISBN 978-3-86331-024-0
2011 · 232 Seiten · 19,00 Euro

Band 8
Sergei Kropachev
Von der Lüge zur Aufklärung. Verluste durch „Großen Terror" und Krieg in der sowjetischen und russischen Historiografie
ISBN 978-3-86331-056-1
2011 · 207 Seiten · 19,00 Euro

Band 9
Armin Fuhrer
Tod in Davos
David Frankfurter und das Attentat auf Wilhelm Gustloff
ISBN: 978-3-86331-069-1
2012 · 192 Seiten · 19,00 Euro

Band 10

Markus Roth · Annalena Schmidt

Judenmord in Ostrów Mazowiecka. Tat und Ahndung

ISBN: 978-3-86331-120-9

2013 · 144 Seiten · 16,00 Euro

Band 11

Patricia Pientka

Das Zwangslager für Sinti und Roma in Berlin-Marzahn

Alltag, Verfolgung und Deportation

ISBN: 978-3-86331-159-9

2013 · 239 Seiten · 19,00 Euro

Band 12

Adriaan in 't Groen

Jenseits der Utopie

Ostprofessoren der Humboldt-Universität und
der Prozess der deutschen Einigung

ISBN: 978-3-86331-160-5

2013 · 192 Seiten · 19,00 Euro

Band 13

Matthias Steinbach

Der Fall Hodler. Krieg um ein Gemälde 1914–1919

ISBN: 978-3-86331-197-1

2014 · 125 Seiten · 14,00 Euro

Band 14

Peter Jochen Winters

Den Mördern ins Auge gesehen

Berichte eines jungen Journalisten vom Auschwitz-Prozess 1963–1965

ISBN: 978-3-86331-253-4

2015 · 236 Seiten · 19,00 Euro